碳税的国际协调

邢 丽 著

中国财政经济出版社

图书在版编目（CIP）数据

碳税的国际协调/邢丽著．—北京：中国财政经济出版社，2010.7
ISBN 978－7－5095－2355－1

Ⅰ．①碳…　Ⅱ．①邢…　Ⅲ．①二氧化碳－排气－税收管理－研究－中国
Ⅳ．①F812.424

中国版本图书馆 CIP 数据核字（2010）第 135948 号

责任编辑：陆宗祥　　责任校对：王　英
封面设计：郁　佳　　版式设计：兰　波

中国财政经济出版社出版
URL：http：//www.cfeph.cn
E－mail：cfeph @ cfeph.cn

社址：北京市海淀区阜成路甲 28 号　邮政编码：100142
发行处电话：88190406　财经书店电话：64033436
涿州市新华印刷有限公司印刷　各地新华书店经销
787×960 毫米　16 开　14 印张　225 000 字
2010 年 10 月第 1 版　2010 年 10 月涿州第 1 次印刷
定价：30.00 元
ISBN 978－7－5095－2355－1/F·1898
（图书出现印装问题，本社负责调换）
本社质量投诉电话：010－88190744

序

气候变化已经成为人类21世纪面临的最大全球公共风险和挑战。联合国政府间气候变化专门委员会先后完成了四份气候评估报告，对气候变化造成的严重后果向人类发出严正的警告。应对气候变化已经成为人类无法回避的公共风险和挑战。与一般环境问题相比，气候变化问题的特殊性在于它已超出了环境和气候领域，不仅仅是科学问题，更多地涉及政治、经济、外交和科技等诸多领域，也是重大的国际问题，已成为影响未来世界经济和社会发展、重构全球政治和经济格局的最重要因素之一。应对气候变化，不仅需要单个国家的行动，更需要全球合作，共同治理。对一个国家来说，在应对气候变化的全球互动过程中，思想与理论往往决定了一个国家在未来世界新格局中的位置。当气候变化、碳排放与税收联系在一起的时候，一个新的研究领域就产生了。

碳税是以减少二氧化碳的排放为目的，对化石燃料（如煤炭、天然气、汽油和柴油等）按照其碳含量或碳排放量征收的一种税。在应对气候变化的众多手段中，碳税对二氧化碳排放的控制效果已经在一些经济合作与发展组织国家得到初步验证。但是，正如本书所论证的那样，如果仅是少数国家单方面开征碳税，就会对开征碳税国家的国际竞争力产生一定的负面影响，会产生污染的跨境转移或未采取减排措施国家的排放量增加，造成“碳泄漏”现象。因此，有研究报告指出，碳税除非是国际层面的统一碳税，否则是无效的。这对中国是否应当单独开征碳税，是否至少应当与周边国家联合行动，提出了一个值得深入思考的重大问题。邢丽博士的研究为我们提供了一项值得参考的学术成果。

碳税的国际协调是确保碳税有效性的前提。在严格意义上，只有实行全球统一的国际碳税才是有效的。然而，我们所面对的现实是目前国际上并不存在一个世界政府，征收国际碳税还只是一种概念模式。因此，一些已经或准备开征碳税的国家，呼吁开展必要的国际合作措施，通过国际合作联合应用碳税，也就是实施碳税的国际协调。

《碳税的国际协调》在分析碳税的国际制度差异以及碳税的政治经济影响后，设计了碳税国际协调的三个模式，具有创意地提出：通过签订税收协定，以碳税“饶让制度”或“预约碳税税率制度”进行协调解决发展中国家和发达国家之间的碳税利益冲突。同时结合中国的国情，提出了中国同其他国家之间碳税协调的不同国别对策。该书的一个重要特色是基于全球公共风险理论的视角分析碳税的国际协调。从现有的研究成果来看，税收国际协调的理论依据大多是相互依存的。然而相互依存只是国际经济政策合作的一个结果，促使各国走向协调与合作的动力是全球公共风险。本书按照“风险—公共风险—全球公共风险”这个逻辑链条，在风险理论和公共风险理论基础上，提出全球公共风险理论，指出全球公共风险具有超国家性、损害的回归性以及后果的不可逆性等特点，惟有国际社会集体行动才可防范与化解。气候变化属于全球公共风险，显然需要形成国际共识、构建国际制度去共同应对。全球公共风险理论为应对气候变化的国际合作提供了更具解释力的理论支撑，对避免“搭便车”现象，实现集体行动，完善全球气候治理具有重要的现实意义。

值得一提的是，国内对碳税的研究大多还停留在对经济合作与发展组织国家碳税经验的总结，并在借鉴国外经验的基础上单独构建中国碳税制度的层面。应当说，关于碳税国际协调的系统研究在国内是前沿性的，该书即是这方面的一项前瞻性的研究成果。把碳税的国际协调，纳入中国碳税制度的构建之中，避免孤立地设计中国碳税制度是十分必要的。这不仅对真正发挥碳税的作用，促进中国经济发展方式和世界发展方式转变具有重要作用，而且有利于中国在当今全球政治、经济格局重构的机遇中抢占先机，增强中国在应对气候变化过程中的话语权。

总体来看，该书的不少观点和结论具有开拓性和启发性，值得一读。当然，该书也还存在着需要进一步改进的地方。希望作者能再接再厉，使这一研究日臻完善。

刘尚希

2010年10月

前　言

碳税是指对化石燃料（如煤炭、天然气、汽油和柴油等）按照其碳含量或碳排放量征收的一种税。开征碳税主要目的是通过提高化石燃料和其他高耗能产品的价格，降低化石燃料消耗，减少二氧化碳排放以及其他污染物排放，最终实现减缓全球气候变暖的目标。碳税不仅能够发挥税收手段的激励作用，其收入中性的特点也有利于碳税的实施。因此，在各种应对气候变化的政策工具中，碳税被认为是促进减少碳排放的一种重要而有效的经济手段。

气候变化问题是全球公共风险。单个国家的行动往往是无效的，需要全球集体行动，共同治理。同样，开征碳税，发挥碳税在碳减排方面的有效性，也有必要进行碳税的国际协调，合作运用碳税。其必要性主要表现在以下几个方面：其一，全球公共风险理论为碳税的国际协调提供了理论基础。全球公共风险理论是在公共风险理论基础上发展而来，全球公共风险具有超国家性、损害的回归性、后果的不可逆性的特点。气候变化问题是人类面临的全球公共风险，防范和化解全球公共风险需要集体行动，构建国际气候制度共同应对。碳税的国际协调也可以看作是广义的国际气候制度的创新，能更好地发挥碳税的有效性。其二，碳税国际制度的差异要求碳税进行国际协调。目前，大约有十多个发达国家开征了碳税。从各国的碳税税制来看，碳税征收形式多样，差异较大。这种税收制度的差异使得碳税的国际协调成为无法回避的现实问题。其三，碳税的国际协调将对国际经济和政治产生深刻影响。碳税对国际经济的影响是多方面的，主要表现在对国际贸易中的国际竞争力和碳泄漏的影响，以及对投资的影响；另外，碳税随着国际气候问题政治化显示出其在某种程度上已经嬗变为一个政治“利器”，在世界政治格局重塑方面扮演着重要的角色。因此，进行碳税的国际协调必将成为全球共同关注的问题。

早在 20 世纪 90 年代，欧盟就曾经试图推行欧盟“统一碳税”的计划，即在欧盟范围内以规定最低碳税标准的形式，实行“统一碳税”，但最终因为其主要竞争伙伴——美国未加入《京都议定书》而搁置，但该计划被认为是一个“沉睡中但并未死亡”的方案。时至今日，欧盟依然没有放弃在“统一碳税”方面的努力。同时，发达国家试图利用边境税收调整措施对未开征碳税的国家征收进口税的形式，以避免“碳泄漏”问题。但在 WTO 机制和《联合国气候框架公约》共同约束下，边境税收调整措施是否适用于碳税的合法、合理性方面尚存在着争议。

本书关于碳税国际协调的总体思路如下：碳税国际协调的目标，不仅是要消除各国碳税税制差异而带来的税收利益冲突，而且是要致力于实现向低碳经济模式转变，应对气候变化全球公共风险。在这个总体思路下，我们还应遵循集体行动原则、共同但有区别的责任原则、部分主权让渡原则以及国际税收中性原则等四个原则，构建三种碳税协调的模式：一是各国在主动引入碳税的前提下，进行碳税的双边或多边协调。这一模式主要用于解决发展中和发达国家的碳税利益冲突，通过签订税收协定，以碳税“饶让制度”或“预约碳税税率制度”进行协调。二是碳税的区域性协调。可区分为区域性经济一体化经济组织和其他区域性经济组织之间的碳税协调。三是碳税的全球性协调。由于国际碳税只是个“理想”的模式，因而在实施中仍需采用折中的方案，如全球碳基金返还体系等。

碳税国际协调的实施是一条漫长而又艰难的道路。从近期看，碳税国际协调要在全球范围内实施，还需要克服一些实际障碍。有鉴于此，有必要从“小规模”试行开始，即从双边、多边到区域范围，逐步扩大发展到全球范围。碳税国际协调的顺利实施需要在制度构建方面不断加以完善，包括税制的完善和国际税收组织的构建与完善等；也需要运用多主体、多种经济手段的配合予以保障。

作为有重大国际影响的经济大国之一，中国在碳税国际协调的框架下构建完善的碳税制度将对世界经济与政治制度产生积极影响。为了应对国际社会的减排压力和国内的生态环境恶化的压力，中国政府已经在积极研究开征碳税。我们要在“坚持负责任的主权和公平原则为前提，效率优先，积极应对全球公共风险”的原则下主动参与碳税国际协调。同时，应结合碳税国际协调的总体思路，针对美国、欧盟、东盟等国家和地区制定不同的碳税国际协调政策。

作　者

2010 年 6 月

Preface

Carbon tax, which is levied on fossil fuels (such as coal, natural gas, gasoline and diesel, etc.) according to their carbon content or carbon emissions, will reduce fossil fuel consumption and emissions of carbon dioxide emissions, and ultimately achieve the goal of mitigating global warming by increasing the price of fossil fuel and other high energy – consuming products. Carbon tax can not only play the role of tax incentives means, but also be implemented easily for the characteristics of its revenue neutral feature. Therefore, carbon tax is an important and effective economic instrument for the purpose of reducing carbon emissions among various policy instruments to address Climate Change.

It is often ineffective to address the Climate Change for the individual states because of Climate Change becoming a global public risk. That is to say collective action and global governance are essential. Similarly, for the purpose of effectiveness, the international coordination of carbon tax is also the need. The necessity lies in the following aspects: First, the theory of global public risk provides a theoretical basis for international coordination of carbon tax. Global public risk theory is developed from the theory of public risk, with the characteristics of super – national, the return of damage and irreversible consequences. The international climate regime should be built to prevent and eliminate the global public risk caused by Climate Change. And international coordination of carbon taxes can also be seen as a broad international climate system innovation to better the effectiveness of a carbon tax. Secondly, international coordination of carbon tax will be required by the differences of carbon taxes in the different countries. Currently, there are more than 10 countries which have introduced a carbon tax. On the national level, the large differences in the tax system constitute the main reason for the international coordination of carbon tax; and thirdly, on the international level, the carbon tax will cause profound impact on international economic and political aspects. The impacts on the international competitiveness and carbon leakage are the main aspects from the point of international trade, and the impact on investment included; In addition, accompanying with the politicization with Climate Change issues, it shows the carbon tax has been changed into a political "weapon" at some extent and plays an important role in reshaping the world political situation. Thus, international coordination of carbon tax is necessary compared to the independence and the uncooperative implement to the carbon tax on the national level, and will become the future trend.

The research of the international coordination of carbon taxes could be traced back to1990's. At that time, the European Union proposed the members to introduce Carbon Tax with the minimum tax rate. However, the implementation of Union Carbon Tax had to stop because the main competitors – the United States did not join the Kyoto Protocol. But until now the plan is considered to be "sleeping, but not dead." However, the EU still will not abandon the Union Carbon Tax plan today in the coming future. Nowadays, in order to avoid carbon leakage caused by the carbon tax, the developed countries try to use border tax adjustments in the form of import duties to the state which has not introduced carbon tax. However, the legality and the Rationality of the border tax adjustment on carbon tax are controversial based on WTO and the United Nations Framework Convention on Climate Change.

The general idea on international coordination of carbon tax will be designed as follows: the target is not just to eliminate an interest conflict of carbon tax caused by differences in national tax systems, but also to address Climate Change on the realization of the shift to a low carbon economy. Three models on international coordination of carbon tax should be built following the principles of collective action, common but differentiated responsibility, Part of the sovereignty transfer and international tax neutrality. Respectively, the first model is to make bilateral or multilateral coordination of carbon tax based on the national introduction of a carbon tax. And the purpose of the model is to resolve interest conflicts of carbon taxes between the developing and developed countries by signing tax agreements, in which a carbon tax sparing system or advance adjustment system of carbon tax rate is proposed; The second model will be implemented in regional areas which can be divided into regional economic integration organizations and other regional economic organizations. The third model will be implemented in the global. As the international carbon tax is only ideal model, a compromised measure is recommended, such as the global refunding system.

It is a long and difficult road to implement the international coordination of a carbon tax. Thus, in the short term, some obstacles need to be overcome. In view of this, it is necessary to start from the "small scale", which means to start from bilateral, multilateral to regional and gradually expanding the development to the global. Meanwhile, some related systems should be perfected, including carbon tax systems and international tax organizations; also, the participation of non - organizations and a variety of economic instruments are appreciated.

The reform of carbon tax in china will be considered under the framework of international coordination. In response to the pressure from the international and domestic level, the Chinese government has been actively studying the introduction of a carbon tax. China will follow the principle of efficiency priority based on responsible sovereignty and upholding the premise of the principle of equity to actively deal with global public risk in the international coordination of carbon tax. Meanwhile, different strategies of international coordination should be considered to the varied countries and regions, such as the United States, European Union and ASEAN.

目　录

第1章

绪　　论

1.1 选题背景和意义

气候变化是21世纪人类面临的最大风险和挑战。人类对气候变化问题的认知，在经历了一个由静态到动态、由稳定到突变的过程后，尽管依然还存在着不同的声音，但基本达成了共识：人类活动使地球变暖。联合国政府间气候变化专门委员会（IPCC）于1990年、1995年、2001年和2007年相继完成了四份气候评估报告，针对气候变化的严重后果向人类发出严正的警告。如何应对气候变化问题已经成为人类能否实现可持续发展的关键。

国际社会对全球气候变暖问题已基本达成共识。但在应对气候变化中，发达国家与发展中国家、最不发达国家之间在成本和收益上的不均等，使国际社会合作应对气候变化问题陷入了困境。原因主要是，与一般环境问题相比，气候变化问题的特殊性在于它已超出了环境和气候领域，更广泛地涵盖了能源利用、农业生产、生活方式和消费模式等问题，最终影响到各国在未来能源发展和经济竞争中的优势地位，关系到各国的经济利益和今后的发展权益。气候变化问题已不仅仅是科学问题，更是涉及政治、经济、外交和科技等多领域的重大国际问题，必将成为影响未来世界经济和社会发展、重构全球政治和经济格局的最重要因素之一。

碳税作为应对气候变化的最有效的经济手段之一，其对二氧化碳排放的控制效果已经在开征碳税的经合组织（OECD）国家得到验证。碳税不仅发挥税收手段的激励作用，其收入中性的特点也有利于碳税的实施。但如果仅是少数国家单方面开征碳税，就会出现污染的跨境转移或是未实施碳减排的国家碳排放的增加，从而对开征碳税国家的国际竞争力产生一定的负面影响，即所谓的“碳泄漏”现象。为了保障本国产品的竞争力，避免碳泄漏，开征碳税的国家通常会采用大量的税收优惠措施，最终使碳税的效果大打折扣。因此，有研究报告指出，碳税除非是国际层面的统一碳税，否则是无效的，OECD 国家的碳税实践也证明了这一点。欧盟曾经尝试推行欧盟统一碳税的计划，最终因为其主要竞争伙伴——美国未加入《京都议定书》而搁置。尽管如此，这一计划还是被视为碳税国际协调的一个最初尝试。

为了避免碳税的无效性，OECD 国家曾研究过利用碳税边境调整措施——对进口产品征收进口税——的可行性，得出的结论却是在 WTO 框架下，碳税边境调整措施合法性尚有不明确的地方。当前，一些发达国家拟采用碳关税、碳税边境调节措施等手段实施碳税的国际协调，一方面是出于增强碳税有效性的目的，另一方面是为了促使未承诺减排的国家承担减排义务，增加本国在气候谈判中的砝码。由此可见，碳税已不再是一种简单的经济手段，它已嬗变为一种政治利器，在重塑世界政治经济格局中扮演着重要的角色。

中国是世界上最大的碳排放国之一，碳减排的国际和国内压力都很大。中国政府对此高度关注，并宣布将在 2020 年实现将单位碳排放比 2005 年减少 40%—45% 的目标。这一承诺为中国在国际社会树立了负责任的大国形象。中国适时引入碳税，不仅有利于这一目标的实现，而且使中国在碳税国际协调中居于领导地位，发挥主导作用。

因此，研究碳税的国际协调，将中国碳税制度的构建纳入到碳税国际协调的视角下，不仅对促进中国转变经济发展模式具有积极的意义，更能使中国在当今全球政治、经济格局重构的机遇中抢占先机。

1.2 研究现状概述

1.2.1 碳税国际协调的国际研究概述

1.2.1.1 碳税的研究

国外对碳税的研究，从基础理论到应用理论，再到具体的税收实践，已形成基本框架。

1. 碳税的基础理论研究

国外对碳税的研究，最早源于庇古税思想的提出。英国经济学家 Arthur C. Pigou（1962）根据外部性理论指出，要使环境外部成本内在化，应由国家采用干预的手段进行外部性的内部化，就是通过税收或补贴的办法，消除边际私人成本和边际社会成本相背离的状况，即对边际私人成本大于边际社会成本的部门征税，对边际私人成本小于边际社会成本的部门实行补贴。这就是著名的庇古税思想。

与其他税收思想相比较，庇古税思想具有如下特点：（1）源于行为的外部成本，具有行为上的操纵性或驱动性；（2）其目的不在于提供财政收入，而在于调节人的行为，因此，随着驱动性目标的实现，税基会呈现缩小趋势；（3）庇古税的征收能够纠正市场扭曲，增进市场效率，其相应的税收负担随之衍生了再分配效应。

任何经济理论都必须建立在一定的假设条件上，庇古税思想也不例外。庇古假设的条件包括：污染者追求自身利益最大化；其所处的市场是充分竞争的，不存在垄断性扭曲；不考虑信息费用等。这些假设条件连庇古本人也认为很难达到，因此在实践中庇古税的可行性几乎没有。换言之，庇古税被认为是完全理想化的税收形式。

为解决庇古税的实施问题，Baumol 和 Oates（1975）对庇古税思想进行了拓展，提出了“环境标准——定价方法”，即政府首先设定一个污染排放标准（环境质量标准），税率根据可接受的环境标准进行调整，直至合适的水平。但是，也有研究者认为 Baumol 和 Oates 的方法忽略了三个问题：其一，初始税率将迫使企业在污染控制设施上投资不当，妨碍企业成本最小化；其二，初始税率过低，会给水域或空气带来十分严重甚至不可逆转的破坏；其三，总的边际控制成本函数是随着时间而变化的，它受周期性变动的能源成本、投入品成本和产品价格的影响，同时也受通胀的影响。所以，想要获得适当的税率几乎是不可能的。此外，在这类研究中往往忽视了问题的动态变化。事实上，目标区域中可能会有新的排污者进入。

Burrows（1979）提出，在不完全的信息条件下，政府可以有两种选择：一是可以通过逐步控制法，对太高或太低的庇古税进行持续调整，直到找到最优的税率，以达到社会最优；二是选择规制成本法（regulatory charge）以及确定标准和收费法（the standard and charge approach）。

2. 碳税的应用理论研究

在碳税的实践中，西方理论界对碳税的应用理论研究也取得了重大进展，主要包括双重红利和收入中性理论。

Repetto，Robert，Roger C. Dower，Robin Jenckins and Jacqueline Geoghegan（1992）测算了美国 20 世纪 80 年代减税政策实施前的税制体系。通过测算，发现社会保障税、个人所得税、企业所得税会产生负的激励作用，使社会福利水平下降；而环境税中的污染排放税（庇古税）只会产生降低污染排放的激励作用。因此，自 20 世纪 90 年代开始，发达国家对环境税的研究着重关注以环境税替代现行的扭曲性税收，以实现环境税改善环境质量和降低超额税负、增加就业等非环境目标的双重功效，这就是所谓的环境税的“双重红利（Double Dividend）”效应。双重红利，也被称为“双赢”效应，是环境税的主要特点。“双重红利”这一术语的起源，可以追溯至 Pearce（1991）得出的结论，即二氧化碳税的收入可以被用来大幅度减少现有具有扭曲性的所得税或资本税，这一税收替代可能以零福利成本或负福利成本获得环境收益。20 世纪 90 年代中后期，双重红利理论进入到发展阶段。Goulder，Bovenberg，Parry，De Mooij 等对双重红利理论进行了更为深入的阐述。当前，尽管各国研究人员对环境税的是否存在“强式双重红利”和“就业双重红利”还在争论不休，但基本承认环境税具有绿色红利和弱式双重红利。

关于碳税收入中性的研究，则是伴随着对碳税的研究同时进行的。大多数 OECD 国家在开征环境税之前，税负水平已经很高。若要开征一种新税，政治妥协唯一可行的途径就是要相应地减轻现行其他税种的负担，即保持税收收入的中性。开征碳税的国家，大多通过调整税制结构，减少社会保障税、所得税等扭曲性税种，实现收入中性。

3. 碳税的税收实践

当前，OECD 的部分国家已经开征了碳税，研究人员对碳税的效应进行了较为深入的研究，并取得了一些研究成果。

（1）建立一般均衡和局部均衡模型，对不同国家碳税税制进行模拟，进而分析碳税对 GDP、能源系统、社会福利、投资、进出口、燃料价格等宏观经济产生的影响。Goto（1995）通过一个简化的一般均衡模型分析了碳税对宏观经济和工业部门的影响；Floros 和 Vlachou（2005）利用两阶段 translog 成本函数，分析了碳税在静态模型下对希腊生产部门的影响；Greedy 和 Sleeman（2006）研究了碳税对新西兰消费品价格和社会福利的影响，结果表明由碳税引起的超额边际负担很小，最终可以通过收入的再分配得到补偿；Lee（2008）分析了碳税和排污权交易对不同工业部门的影响，结果表明仅征收碳税对 GDP 有负面影响，若同时实施排污权交易则会拉动 GDP。

上述研究结果大多认为碳税能够减少能源消费以及二氧化碳的排放，但减排将对 GDP 造成一定的损失，对资本、进出口、价格弹性、福利等产生负面影响。部分文献提出，存在着一个最优的减排水平，可以使 GDP 损失最小化。

（2）分析碳税对收入分布和国际竞争的影响。Symons（1994）和 Smith（1994）从不同角度分析和探讨了碳税对不同收入阶层的影响，分析结果认为，相对高收入家庭而言，低收入家庭用于燃料的支出比重较大，因而会由于碳税的征收遭受较大的损失。Dorfman（1975）考察了 1972 年美国生态规制成本的分配情况，同时还估计了 1976 年和 1980 年的效应，认为生态税的收入分配是具有适度累退性的；Robinson（1985）利用一般均衡模型研究了 1973 年和 1977 年美国规制工业污染的成本分配情况。该研究显示工业污染规制成本在各收入群体之间具有相当的累退性。此外，Gianessi 和 Peskin（1980）分析了 1972 年美国《净水法》实施的效应，Pearson 和 Smith（1991）研究了英国、德国、意大利、荷兰以及西班牙等国环境政策实施的情况，也都得出了类似的结论。

当然也有学者对此提出不同的看法。Cornwell 和 Creedy（1997），Symons *et al.*（1994），Labaneira 和 Labeaga（1999）分别针对澳大利亚、英国和西班牙的家庭支出进行了能源税的累退效应研究，发现各国的情况不一致，能源税的累退效应在澳大利亚明显，但在西班牙则不存在。Zhongxiang Zhang（2004）回顾了各国现有关于碳税或能源税方面的实证研究，认为碳税或能源税政策导致的竞争力损失和分配效应并不是很大，但是在给定的《框架公约》目标限定下，税率有可能会逐渐增大，进而对经济产生剧烈的影响，而且碳税收入的使用方式对碳税政策的最终经济影响具有决定性的作用。

1.2.1.2 碳税国际协调的研究

碳税主要是用于应对气候变化。鉴于气候变化的全球风险属性，国外经济学家对碳税的理论研究，最初就是以国际碳税的形式展开的。为了实现《21 世纪议程》，Dale Chua 提出碳税、国际飞行税（International Air Transportation Tax，IATT）和托宾税（Tobin Tax）① 这三种可能的全球税。Dale 认为征收碳税也许是一个较合适的全球环境战略，其优点是：一方面鼓励提高矿物燃料使用效率，另一方面鼓励对节能型能源的使用。碳税可以由各国政府自己征收，其税率应适当提高到足以达到削减二氧化碳排放的目标。

Hoel（1992）认为，为了限制二氧化碳的排放，应根据所用化石燃料的含碳量对其释放的二氧化碳的过程收费。在解决全球变暖问题上，在一定目标下规定每个国家相同的削减目标，其结果肯定是效率不佳，因为这种方法并没有考虑到不同国家的削减成本差异。相反，利用税收可能是个更有效率的办法，而这个税收就是国际碳税。当然碳税只有在全球范围内实行统一的标准，才是有效的。Hoel 也认为，实施国际碳税难度很大，因为一项税收如果进行国际性管理并由某个中心机构征收可能会牵涉到国家主权，因此难以被采纳；如果由各国分别征收，则难免会存在“免费搭车”的现象。Hoel 认为，碳税应由一个中心机构来征收，譬如由联合国环境规划署等环境专门机构召集，由各会员国代表参加组成一个专家委员会，下设具体的征收机构及相关机构；税基为各国二氧化碳排放量或承诺的二氧化碳的削减量；税率应该对每个国家保持一致，统一设计；所征收的碳税应按照某种方

① Dale Chua, The Scope For Economic Instruments For Mitigating redients, Global Environmental Problems, TEGMFI, P183 - 195.

法返还。

锡德里克·桑德福在《成功税制改革的经验与问题》第四卷中指出，在解决全球环境问题方面，碳税时代已经来临。为达到治理全球环境效果、防止气候变化的行为在所有国家展开，所有国家都应在行动中联合起来，仅由一个国家采取措施来防止地球变暖，对整个地球来说微不足道①。

随着20世纪90年代荷兰、丹麦、瑞典等国家引入碳税，OECD对应对气候变化的经济手段——碳税的研究就一直没有停止。其中，OECD在其出版的《国际经济手段和气候变化》（International Economic Instruments And Climate Change）一书中，设计了温室气体排放税②制度的几个模式。按照课征目的，温室气体排放税可分为以筹资和刺激为目的的两种模式。同时，在国际一体化水平基础上，将上述两种模式的碳税具体划分为六种类型（见表1－1），并对两种模式下的六种类型碳税进行了详细的优缺点评述。

表1－1　　温室气体排放税税制模式

目的	一体化水平		
	单方国家税	经协调的国家税	国际税
筹资	Ⅰ	Ⅱ	Ⅲ
刺激	Ⅳ	Ⅴ	Ⅵ

单方国家税是少数国家出于碳减排的目标，在国家层面引入碳税。但为了提高国际竞争力，一些国家往往通过设置不同税率的形式，或对敏感部门（主要是能源密集型部门）采取全面或部分的税收减免，或限制最高值等税收优惠政策。这就大大制约了碳税税制应有的对环境的影响，是对高耗能部门的刺激作用的扭曲，也加重了那些没有得到减免的行为者的负担。这种税制可以认为是处于向具有较高国际一致性税制的过渡阶段。

经协调的国家税是单方国家税的改进和延伸，是把单一的国家措施与其他国家的碳税政策进行协调。通常，一个经协调的国家税是建立在设定最低程度征税基础之上的，是在现有的能源产品税之外征收的，同时还允许政府

① 锡德里克·桑德福：《成功税制改革的经验与问题》（第四卷），中国人民大学出版社2001年版。

② OECD对其成员国开征的“碳—能源税”以及针对GHG课征的税收统称为GHG税，即温室气体排放税。文中大量采用的是成员国的“碳—能源税”的案例。

在磋商条件下实行收入中性原则。虽然这个阶段仍然是政府征收管理和使用税收，但支配这些国家税收系统的条件具有一定的国际协调基础。

国际税是每一成员国向国际组织支付的一项税收。分为以筹资为目的的国际税和以刺激为目的的国际税，两者在运作方法上存在着一些差异。以筹资为目的的国际税是依据一定的规章由各个国家支付的税，在此框架下，征税是用来筹集一项特别的调节基金，其设计关键在于简单、透明和各国之间的公平。“全球性环境基金”可以看作是这个国际性税收的雏形。但是，这种税制不可避免地增加了两个不确定性：一是共同基金使用的效率；二是基金分配可能会背离经济和环境效率的准则。以刺激为目的的国际税是每一成员国向国际组织支付的一项税收，每个国家可自由选择其削减排放的国内政策和可能支付的税额。根据事先已决定的规则在各国政府间重新分配。该方案具有公平、有效和可接受性，是在国际水平上提高经济效率的一个强有力的方法。但 OECD 也认识到这种方案在当前的国际关系状况下是一个不大现实的体系，不执行协议的可能性很高，也存在着回避执行的可能。

之后，理论界对碳税的国际模式进行了很多探索，其中 Hans Gersbach (2008) 提出了一种基于国际组织框架的全球性碳基金返还体系（Global Refunding System）。建议先由发达国家注入启动资金，各国自行决定是否加入该制度，只要接受全球碳基金返还体系的规章并征收最低水平的碳税，就可以成为全球碳基金返还体系的成员。全球碳基金返还体系会定期将一部分资金返还给各个加盟国，该返还制度是按照有利于发展中国家的规则设立的，一定程度上体现了“共同但有区别的原则”，容易为发展中国家所接受，其缺点是缺乏严格的履约机制。

1.2.2 碳税国际协调的国内研究概述

1.2.2.1 国内碳税研究的进展

近年来，随着对气候变化问题认识的加深，促进节能减排、发展低碳经济已经成为中国的可持续发展战略。在中国税收理论界，碳税的理论和实践研究也日趋增多。但现阶段的研究，还主要停留在引入碳税、完善中国税制的阶段。纵观中国国内有关碳税的相关研究，可以概括为以下几个方面：

其一，碳税基础理论的研究。中国对碳税基础理论的研究起步较晚。主要是在对国外碳税理论介绍分析的基础上进行的，外部性理论、公共产品理论、双重红利理论和污染者付费原则都被认为是碳税开征的理论依据。

其二，碳税概念的界定。对碳税概念的界定，国内理论界争论不大，大多倾向于定义为：碳税是以减少二氧化碳的排放为目的，对化石燃料（如煤炭、天然气、汽油和柴油等）按照其碳含量或碳排放量征收的一种税①。

其三，对 OECD 国家开征碳税的国际实践和借鉴性研究。尤其是对实施环境税较成功的国家如荷兰、瑞典、丹麦以及美国等进行了详细的介绍和评价，并且结合中国的社会、经济、环境与税制特点提出相应建议。

其四，碳税对经济的影响分析，主要通过模型构建，模拟碳税对经济增长、能源消费以及收入分配等方面的影响。

其五，对中国碳税税制构建的具体政策研究。主要是探讨开征碳税的必要性和可行性，分析碳税对经济的影响，并对碳税的课税对象、税率的选择以及实施方案等方面提出具体的政策建议。

1.2.2.2 国内碳税研究的主要成果

为应对 2008 年全球性金融危机，中国进行了税制结构性调整，碳税作为税制结构性调整中的增税措施，被认为在当前开征是最佳时机，因此，这方面的研究尤以碳税对经济影响分析以及以碳税税制构建为主的碳税研究成果众多。主要包括：

1. 碳税税制设计

在改善国内生态环境和减少国际碳排放的双重压力下，引入碳税在中国有着紧迫性和必要性。相关政策部门对中国碳税税制的设计进行了多方面的论证，取得了一系列的研究成果。

财政部财政科学研究所苏明等（2009）提出的《我国开征碳税问题研究》等系列报告，从理论与现实相结合的角度，分析了中国开征碳税的必要性和可行性，提出了开征碳税的基本目标和原则。从税制诸因素角度初步设计了碳税制度的基本内容，并具体提出了中国碳税制度的实施框架，包括碳税与相关税种的功能定位、开征碳税的实施路线图以及相关的配套措施建议等。碳税的制度设计见表 1－2。

---

① 目前有一种新观点认为，农业、畜牧业的碳排放比工业还多。本文的研究是建立在化石燃料的使用是二氧化碳排放增加的主要原因的结论基础上的。

表 1－2 碳税的制度设计

税制要素	基本规定
纳税人	因消耗化石燃料向自然环境直接排放二氧化碳的单位和个人为二氧化碳环境税的纳税义务人。
征税范围	在生产、经营和生活等过程中直接向自然环境排放的二氧化碳，按规定征收环境税。
计税依据	估算排放量，按照纳税人的化石燃料消耗量计算。 二氧化碳排放量＝化石燃料消耗量×排放系数 化石燃料消耗量是指企业的生产经营中实际消耗的产生二氧化碳的化石燃料，包括煤炭、原油、汽油、柴油、天然气等，以企业账务记录为依据。
税率	实行定额税率，采取从量定额形式。
征税环节	在化石能源的生产环节征收碳税。
税收优惠	(1) 根据实际情况，在不同时期对受影响较大的能源密集型行业给予一定程度的减税； (2) 对积极采用技术减排和回收二氧化碳并达到一定标准的企业，给予减免税优惠； (3) 个人生活使用的煤炭和天然气排放的二氧化碳，暂不征税。
其他税制要素	包括纳税期限、纳税地点等制度要素规定。
收入归属	碳税为中央和地方共享税，中央与地方的共享比例建议为 7:3。
收入使用	碳税收入纳入预算管理，主要用于节能环保支出。

资料来源：苏明等：《我国开征碳税问题研究》，《经济研究参考》，2009 年第 72 期。

中国环境与发展国际合作委员会（以下简称“国合会”）2009 年 11 月发布的政策研究报告《能源效率和环境保护经济政策》提出，碳税是中国应对气候变化、促进节能减排和发展低碳经济的重要税收政策选择。应借鉴国外碳税制度经验，合理设计中国碳税制度。根据碳税的环境、经济影响和国内经济社会形势，合理选择碳税税率水平和开征时机。国合会关于碳税的具体制度设计基本同财政部财政科学研究所的设计是一致的。所不同的是，国合会在碳税的税率选择上，提出比前者更低的方案，他们建议在碳税开征初期选择低税率起步的做法，即根据实际需要设计 5 元/吨二氧化碳、10 元/吨二氧化碳和 15 元/吨二氧化碳作为低、中、高三种碳税税率方案，最高不超过 15 元/吨二氧化碳的水平开征，并建议建立碳税税率的动态调整机制。

中国环境规划院王金南等采用国家发展和改革委员会能源研究所自主开发的我国能源政策综合评价模型——能源经济模型（IPAC—SGM 模型），模拟不同碳税方案对中国国民经济、能源节约和二氧化碳排放的影响，最终认为：近期在中国征收碳税是一种可行的选择，对中国抑制温室气体排放、促进节能减排具有重要战略意义，是中国应对气候变化的重要政策选择。为使碳税方案不对经济发展产生较大影响，中国碳税税率宜从低方案起征，按照循序渐进的原则，逐步形成完善的碳税税制，具体是在 2010 年最低采用 20 元/吨二氧化碳，最高 100 元/吨二氧化碳的征收标准。同时，必须切实加强碳税收入的合理使用，达到碳税征收的预期激励效果。

从上述的研究成果看，中国当前对开征碳税的必要性和可行性已经进行了充分论证，认为开征碳税是应对国际国内压力、节能减排、发展低碳经济的必然选择。碳税的税制设计也差异不大，其中碳税的税率设计大多主张由低向高，循序渐进，动态调整。只是对具体的税率水平还存在一定的差异，但差异不大。碳税开征的时机选择最早在 2012 年，最晚也必须在 2020 年前推出。

2. 碳税的影响分析

对碳税的影响分析，是其政治上可接受程度的关键。国内理论界大多通过构建模型（主要是一般均衡模型），对不同的碳税方案进行模拟，分析碳税对经济增长、能源消费、碳减排和收入分配等方面的影响。魏元涛（2002）、张中祥（2004）、梁巧梅（2005）、马中等（2005）、张明文（2009）、王金南（2009）、苏明（2009）等先后分析碳税对社会经济的影响。主要内容如下：

（1）碳税对经济增长的影响。一般来说，碳税对经济增长的影响具有两面性：一方面，征收碳税会降低私人投资的积极性，对经济增长产生抑制作用，产生碳税的负效应；另一方面，征收碳税可以增加政府的财政收入，从而扩大政府的整体投资规模，对经济增长起到拉动作用，产生碳税的正效应。综合两方面的分析，碳税对经济增长究竟能够产生多大的影响，当前国内外理论界众说不一。

苏明等（2009）在 2005 年投入产出表数据的基础上进行了可计算一般均衡（CGE）模型的分析，从静态和动态的视角分析了不同的碳税税率方案对宏观经济的影响效果。从静态分析看，与不开征碳税的基准情形相比，开征碳税会带来 GDP 和通货膨胀率的双下降，GDP 下降的百分比并不大，最大情形也只有 0.08 个百分点；从动态分析，其对经济的影响程度在不断增强，碳税税率越大，增强的幅度越大。对 GDP 的负面影响随时间增加而增大，对最小碳税税率（10 元/吨二氧化碳）和最大碳税税率（70 元/吨二氧化碳）的情形而言，相对基准不开征碳税而言，GDP 的 10 年累计降低幅度分别为 0.19 个百分点和 1.67 个百分点。

王金南等根据不同的碳税税率方案，模拟碳税征收对中国 GDP 的影响，得出如下结论：征收碳税对中国 GDP 将产生一定的负面影响，但影响有限。三种碳税税率方案对 GDP 的损失影响都不超过 0.5%。然而，研究并没有考虑中国减少进口对经济的促进作用，以及减少国内对能源产业的投资而增加对一些新兴产业投资所带来的正效果。若考虑这些因素，碳税征收对 GDP 的损失将更为有限，甚至表现为正面作用。如果再进一步考虑绿色 GDP 的话，那么这些损失会更加减少。

国家发展改革委能源研究所姜克隽通过模型定量分析研究表明，征收碳税对中国未来二氧化碳排放的抑制作用明显。这主要是由于能源价格的上升导致了对有关经济部门的抑制作用和能源产业产值下降。对 GDP 的影响最高在 0.45% 左右，影响不明显。在刚实施碳税时，由于经济体的结构受到冲击，即使在税率较低的情况下，GDP 损失在初期就达到 0.4% 左右。而其后随着税率升高，GDP 损失率没有明显升高，而在 2025 年之后开始下降。

张明文（2009）等利用 1995—2005 年中国 GDP、能源消费和资源税样本数据，通过构建基于面板数据的计量模型，分析征收碳税对中国 28 个省（市）的经济增长、能源消费与收入分配的影响。张明文认为，由于不同地区的经济发展水平存在差异、产业结构不同、能源资源秉赋特性不同，在东部地区征收碳税，可以显著促进经济增长、减少能源消耗；而在西部地区情况却正好相反，由于西部地区的经济发展仍然依靠高投入、高消耗的发展模式，因此在中、西部地区征收碳税，同时要求政府优化产业结构，提高能源效率①。

张健（2009）通过对 2006 年农业、矿业、能源、制造和服务业在碳税

---

① 张明文等："碳税对经济增长、能源消费与收入分配的影响分析"，《技术经济》，2009 年第 6 期。

和排放权交易机制的假设前提下，进行模拟计算，得到以下结论：在碳税施行的假设前提下，2006 年 GDP 将降低 0.23%，但假如引入碳交易机制的话，GDP 降幅将减少为 0.17%。基于中国间接税为主的税制，能源源头的矿业和对直接能源消耗巨大的能源企业受碳税施行的影响将会很大。这主要是由于间接碳税将直接导致能源价格上涨。

大部分研究认为，碳税对经济增长等方面将产生一定的负面影响，但如果碳税税率水平设计合理，影响并不大。

（2）碳税对能源消费和碳减排的影响。碳税主要是通过对化石燃料征税来达到抑制能源消费，减少碳排放的目的。那么实践中，碳税对能源消费是否能起到抑制作用，学者对此进行了多方面的研究，并得出不同的结论。

中国气候变化国别研究组[①]（2000）采用一种可计算的一般均衡 ERI－SGM 模型，结合中国实际试算了两种碳税税率方案，即 100 元/吨二氧化碳和 200 元/吨二氧化碳。其结果初步显示：征收碳税可显著地降低能源消费的增长，改善能源的消费结构，并能有效地削减温室气体的排放。虽然实行碳税政策的同时，也会给经济的发展带来一定的负面影响，但通过 ERI－SGM 模型的运算，采用较低强度的碳税政策（如 100 元/吨二氧化碳和 200 元/吨二氧化碳）对中国的未来经济没有明显的负面影响。

魏涛远（2002）[②] 等通过一般均衡 CNAGE 模型，分别计算了生产部门和中国居民的能源消费量，包括煤炭、石油、天然气及其制品等 19 种主要的商业能源产品，同时考虑了固定燃烧、移动燃烧和用作原材料等能源产品的不同用途，设定了 5 美元/吨二氧化碳和 10 美元/吨二氧化碳两种碳税税率。研究指出：征收碳税将使经济增长率出现不同程度的下降，碳排放量也将出现很大程度的下降。在对每吨碳征收 5 美元税时，短期内 GDP 将下降约 0.4%，碳排放量将下降 8%；长期内 GDP 将下降 0.1%，碳排放将下降 2%。在对每吨碳征收 10 美元税时，短期内 GDP 将下降 0.85%，碳排放量将下降 14%；长期内 GDP 将下降 0.07%，碳排放量将下降 4%。这表明：短期内征收碳税对经济和碳排放量的影响都相当大，而长期的影响则小得多。

① 中国气候变化国别研究组：《中国气候变化国别研究》，清华大学出版社 2000 年版。

② 魏涛远、格罗姆·斯洛德：“征收碳税对中国经济与温室气体排放的影响”，《世界经济与政治》，2002（8），第 47—49 页。

苏明等（2009）认为，从静态分析看，开征碳税当然也必然会导致碳排放下降，碳税税率越高，碳排放下降的幅度越大，最大降幅为8.84个百分点。从动态分析看，二氧化碳排放持续下降，最小和最大税率下二氧化碳累计减排幅度分别为18.57个百分点和114.15个百分点，减排成效显著。

王金南等认为，随着碳税税率的提高，碳税对节约能源的影响呈明显增长趋势。采取低税率碳税方案，当2010年征收碳税税率为20元/吨二氧化碳时，碳税征收产生的节能效益也将接近3%左右。在高碳税税率情景方案中，当2030年税率提高到200元/吨二氧化碳时，与基准情景对比，节能率可达20%以上。碳税的征收对抑制二氧化碳排放作用明显：与基准情景相比，当2010年征收20元/吨二氧化碳的碳税税率时，二氧化碳减排量可达0.9亿吨二氧化碳，相当于中国二氧化碳排放量的4.5%左右。若2010年征收碳税税率为50元/吨二氧化碳，则二氧化碳减排量可达1.9亿吨二氧化碳，相当于二氧化碳排放量的9.5%。由此可见，碳税征收对抑制中国二氧化碳的排放具有明显的刺激效果。

研究结果表明，征收碳税对限制能源消费能起到积极作用，随着税率的逐步提高，减排作用越来越大。即使在税率很低的情况下，通过传达一种积极信号，对促进中国节能也将发挥重要作用。

（3）碳税对收入分配的影响。碳税对收入分配的影响，其实质就是碳税的税收归宿问题。也就是说，碳税征税过程中的税负转嫁，使纳税主体最终并没有真正承担税负，最终将由消费者承担，从而对收入分配产生影响。国内的一些学者在这方面进行了相关的研究。

汪曾涛（2009）利用投入产出模型、扩展线性支出系统（ELES）等模型，分析得出：对各产业石化能源的最终使用和居民石化能源消费征税，通过直接和间接两种方式引起各种消费品价格不同比例的上升，从而导致碳税的最终归宿的不一致。总体来说，无论是城市还是农村，收入低的消费者负担较重的税负，因此，如果将城市与农村分开考虑的话，碳税是累退的。也就是说，如果征收碳税，将加大城市内部和农村内部各自收入分配的不公；如果考虑到碳税税负归宿的后转，其累退性会减弱；考虑到商品组合内部的变化，其累退性还将有所增强。

苏明等（2009）认为，从静态分析看，征收碳税会导致可支配收入下降，城市可支配收入下降幅度低于农村可支配收入下降幅度，城市与农村可支配收入最大降幅分别为0.17个百分点和0.27个百分点；从动态分析看，可支配收入也是不断下降，最小和最大税率下，农村可支配收入累计减少幅度分别为 0.44 个百分点、3.21 个百分点，最小和最大税率下城镇可支配收入累计减少幅度分别为 0.25 个百分点、1.92 个百分点。

张明文（2009）等认为，从收入分配的角度看，在全国的大部分省市，征收碳税能够显著扩大资本和劳动要素的收入差距，其主要原因是碳税不像财产税和所得税那样具有直接调节社会公平的作用，它具有分配累退性。政府为了扩大经济规模，一般会将征收的碳税用于资本积累，这将提高财产收益占国民收入的比重，降低劳动报酬在国民收入中的比重；同时征收碳税最终会提高工资成本，使雇主对劳动力的需求下降。因此征收碳税必然会扩大资本所有者和劳动者之间的收入差距。所以在对各地区征收碳税时，必须完善财产税和所得税的税收制度，充分发挥其调节社会公平的作用。

通过对以上文献的分析，可以清晰得出，碳税会对收入分配产生影响，尤其是对低收入者的影响较大，即碳税具有累退性。因此，应结合完善税制，消除碳税的累退性，实现社会公平。

1.2.2.3 国内碳税国际协调的相关研究

由于中国对碳税的研究起步较晚，因此大量的研究都关注其应用性，即对碳税的税制构建方面研究。针对当前国际社会拟对我国开征碳关税，国内社会大多集中在对碳关税的合理合法性方面的探讨如那力（2005）、马相昭（2008）、谢来辉（2008）、马建平（2009）、王群（2009）等。较为普遍的观点认为，WTO 框架下碳税边境调整措施的合法性尚不明确，在《气候框架公约》下，碳税的边境调整措施是不合理的，违背了“共同但有区别的原则”。为此，应该引入碳税作为积极应对的措施之一，并认为中国当前应在国家层面引入碳税，发达国家就很可能不对中国征碳税，因为这样就存在国际双重征税（樊纲，2009）。

目前，国内研究人员对碳税的国际协调方面的研究很少涉及，对中国如何参与碳税国际协调研究更是屈指可数。计金标（1999）对国际碳税进行介绍，并概括性提出中国应坚持发展中国家立场参加国际碳税体系。贾康、王桂娟（2009）认为未来碳税的国际合作与协调将成为一种趋势；陈琍（2009）在对国际税收协调理论框架进行分析的同时，认为环境税也应该进行协调。

从收集的国内文献看，只有厦门大学的张会萍在其博士论文《环境税及其国际协调》（2002）一文中，将环境税纳入国际框架进行讨论，认为由于跨国外部性的存在，环境税必须进行协调。该论文对环境税国际协调的原则、方法以及 WTO 下环境税国际协调等进行了阐述，并提出如何在国际协调框架下构建中国的绿色税制。然而，该论文并未区别发达国家和发展中国家在碳减排义务上的差异，仅仅主张采用边境税收调整手段作为国际间碳税协调的主要工具。

1.2.3 碳税国际协调研究现状的评析

国外碳税研究文献，无论是对碳税理论基础，还是碳税税制的构建，都有不同层次的探讨，特别是 OECD 部分国家的碳税实践，更为其构建一般均衡模型分析碳税的影响提供了基础。但目前，碳税税制的具体构建仍然停留在原有税制框架内，进展缓慢。由于气候变化问题的特殊性，虽然碳税国际协调偶有实践，但基本上还处于理论层面。另外，国外对碳税及其国际协调的研究，基本上是基于从发达国家立场出发，而并未考虑到发展中国家的实际国情，因此缺乏对发展中国家的指导作用。

国内对碳税的研究起步较晚，大多直接引用国外的理论和一些分析方法，注重于碳税的税收制度构建和经济影响分析。然而，尽管强调中国要适时引入碳税，但并没有将碳税放在国际税收的框架内进行针对性研究。特别是在当前碳排放问题政治化的新形势下，中国应对碳税国际协调方面的研究几乎是空白。

1.3 研究方法与结构安排

1.3.1 研究方法

本书综合运用了理论与实践相结合、规范分析与实证分析相结合、比较分析方法等方法。

1.3.1.1 理论与实践相结合

碳税的国际协调研究是理论与实践相结合的应用性研究领域，它涉及国际税收理论、环境经济学理论、国际政治经济学理论、贸易经济学等诸多理论问题，但更多研究的是碳税国际协调的实践问题。因此，在研究过程中本着理论与实践相结合的原则，既对现实问题进行理论提炼总结，提升到理论高度，又将理论同实践相结合，结合国际实践以确保制度设计的合理性。

1.3.1.2 规范分析与实证分析相结合

实证分析与规范分析是经济科学研究中被广泛应用的方法。规范分析是说明“应该是什么”的问题，即经济现象的社会意义；实证分析是说明“是什么”的问题，即确认事实本身，研究经济现象的客观规律和内在逻辑。本书通过实证分析，对碳税的一般特点和国家层面的碳税现状进行客观描述，同时又根据规范分析，对当前碳税国际协调存在的问题作出理性判断，从而得出碳税国际协调的思路。

1.3.1.3 比较分析方法

他山之石，可以攻玉。通过比较分析的方法，了解已经开征碳税的国际税制差异，这不仅是碳税国际协调的基础，也为中国开征碳税提供了相应的国际经验。但一般性总是包含在特殊性之中，中国在参与碳税的国际协调中，应充分考虑中国具体国情和其他各国在应对气候变化问题上的共性和差异，制定中国碳税国际协调的国别对策。

1.3.2 结构安排

本书主要从 4 个部分共 8 章进行研究。第 1 部分包括第 1、2 章，绪论及碳税的一般性介绍；第 2 部分包括第 3、4、5 章，碳税国际协调的必要性及协调现状分析；第 3 部分包括第 6、7 章，提出碳税国际协调的总体思路及实施战略；第 4 部分包括第 8 章，碳税国际协调框架下中国碳税税制的构建。具体如下：

第 1 章作为导论，主要介绍本书的背景和意义、国内外相关研究情况，以及研究的思路和框架。

第 2 章是对碳税的一般分析。从碳税的起源和发展切入，通过具体分析碳税的概念与分类、理论依据，以及碳税的分配效应和补偿机制、碳税的收入使用等，试图在对碳税国际协调分析之前，对碳税进行概括性介绍。

第 3 章是从全球公共风险理论视角分析碳税协调。全球公共风险理论是在公共风险理论基础上提出来的，全球公共风险具有超国家性、损害的回归性、后果的不可逆性等特点。气候变化已经成为全球公共风险，需要构建国际气候制度共同应对。碳税作为应对气候变化的主要经济手段之一，只有实现国际合作才能发挥碳税的有效性。碳税的国际协调不仅是国际税收协调，也是国际气候制度的一种创新。

第 4 章是从碳税的国际实践和国际影响的角度分析碳税国际协调。主要从碳税国际经验入手，分析碳税在国家层面的税收制度差异，而税收制度差异则是构成碳税国际协调的主要原因之一；从国际层面看，碳税已经成为重要的国际问题，不仅对国际经济产生影响，还在世界政治格局重塑方面扮演着重要的角色。因此，与单个国家独立而且互不协调地实施碳税政策相比，碳税走向国际协调是必要的，且将成为未来的趋势。

第 5 章分析碳税国际协调的现状及存在的主要问题。碳税的国际协调尚处于探索阶段，总结并剖析探索阶段的碳税国际协调有着重要的意义。为此，本章的框架设计包括了三部分内容：一是分析了欧盟的国际税收协调的探索——一个沉睡中但并未死亡的方案；二是一个有争议的碳税协调措施——边境税收调整措施，并对边境税收调整措施在 WTO 规则下的合法性和《联合国气候框架公约》下的合理性进行了剖析；三是对当前碳税国际协调存在的主要问题进行简要分析。

第 6 章首先提出碳税国际协调的目的、应遵循的原则以及具体的思路，接着对碳税国际协调的潜在难点进行分析。碳税国际协调目标，不仅仅是要消除各国碳税税制差异而带来的税收利益冲突，还应从实现向低碳经济模式转变，应对气候变化全球公共风险这个角度来思考。应遵循集体行动原则、共同但有区别的责任原则、部分主权让渡原则以及国际税收中性原则等，构建三种碳税协调的模式：一是在各国主动引入碳税的前提下，进行碳税的双边或多边协调。这一模式主要用于解决发展中和发达国家的碳税利益冲突，通过签订税收协定，以碳税“饶让制度”或“预约碳税税率制度”进行协调。二是碳税的区域性协调。可区分为区域性经济一体化经济组织和其他区域性经济组织之间的碳税协调。三是碳税的全球性协调。由于国际碳税只是个“理想”的模式，应采取折中的方案，如全球碳基金返还体系。

第7章设计了碳税国际协调的实施战略，并针对碳税国际协调的潜在难点提出碳税国际协调的保障。具体来说，应该从“小规模”开始，即从双边、多边到区域范围，逐步扩大发展到全球范围。碳税国际协调的顺利实施需要在制度构建方面加以完善，包括税制完善和国际税收组织的构建与完善等；也需要多主体、多种经济手段的配合予以保障。

第8章首先明确在碳税国际协调框架下如何把握中国的碳税制度，并在总结中国现行应对气候变化税收政策现状的基础上，提出中国碳税税制的具体构想；同时提出，中国应遵循“坚持负责任的主权和公平原则为前提，效率优先，应对全球公共风险”的原则主动参与碳税国际协调；最后，结合国际碳税协调思路，对美国、欧盟、东盟等未来的碳税国际协调尝试提出相应的国别对策。

1.4 创新与不足

本书的创新主要体现在以下几个方面：

其一，本书在写作之中将运用多学科交叉分析的方法，将税收学、国际政治经济学、环境经济学、贸易经济学等有机融合在一起，多方位、多角度对碳税及碳税的国际协调进行研究，以期对应对全球气候变化提供可供参考的意见。

其二，基于全球公共风险理论的视角分析碳税的国际协调。从现有的研究成果看，对税收国际协调的理论依据大多是相互依存理论。然而，相互依存只是国际经济政策合作的一个前提，并不能促使各国走向协调与合作。只有当国际社会充分认识到气候变化的全球公共风险属性，并对全球公共风险的后果不可逆性有了充分的认识后，才能促使各国政府采取集体行动，共同应对。在公共风险概念的基础上，本书提出了全球性公共风险的概念，并将这一概念应用于应对气候变化中。本书还指出，从国家层次上看，防范和化解公共风险是政府的使命，政府的主要职责就是防范和化解经济、社会改革和发展过程中的公共风险，使其最小化，避免使公共风险转化成为公共危机。全球性公共风险的特性决定了单个国家不愿，往往也无力解决这些问题。从战略上看，应该采取集体行动，其途径就是构建国际制度，碳税的国际协调就是广义的国际制度中的一种。

其三，碳税的国际协调在国内属于前瞻性研究。由于国外也只有少数国家开征了碳税，而中国尚没有开征碳税，国内对碳税的研究大多还停留在对OECD国家层面碳税经验的总结，并在借鉴国外经验的基础上构建中国碳税制度这样的层面。因此，通过研究碳税的国际协调，将中国碳税制度的构建纳入碳税国际协调的视角，不仅对促进中国转变经济发展模式具有积极的意义，而且对促使中国在当今全球政治、经济格局重构的机遇中抢占先机，更是一项前瞻性研究。

其四，对碳税国际协调总体思路以及实施战略的创新。本书指出，碳税是一种对产品课征的税种，因此碳税国际协调可以借鉴间接税国际协调的经验。然而，碳税国际协调并不等同于一般意义的税收协调。由于碳税国际协调必须在遵守《联合国气候框架公约》的前提下进行，因此碳税国际协调的原则和思路都和一般意义上的税收协调有所不同，其中“共同但有区别的原则”是协调必须强调的前提和基础。在此基础上，本书构建了碳税协调的三种模式：在引入碳税的基础上进行双边或多边的协调，并首次提出发展中国家和发达国家以税收协定的形式，通过“碳税饶让制度”或“预约碳税税率制度”的方式达成双边或多边协议；碳税区域性协调以及全球性碳税协调模式。

其五，对中国参与碳税国际协调国别对策的创新。本书分析了未来美国、欧盟等国家和地区可能对中国实施的碳税的边境税收调节手段，并在碳税国际协调总框架下提出了中国具体的国别对策；同时还对中国可能实施的碳税区域性协调——“中国—东盟”碳税区域性协调——进行了分析。

碳税国际协调毕竟是个前瞻性的研究，在撰写本书时尽管查阅了大量的资料，进行了艰苦的探索，并采用了一些比较科学的研究方法，但还是存在很多不尽人意的地方。

第一，创新中可能存在的风险。在构建的碳税国际协调的思路及实施战略时，由于可供借鉴的资料很少，颇有些摸着石头过河的感觉，在一些观点和方法上，还存在许多值得商榷之处。

第二，由于对计量经济学方法驾驭能力的不足，本书未敢尝试构建一般均衡模型对中国碳税税率设计及其经济影响进行分析，只能是在现有的国内较成熟的研究方案基础上进行比较分析。但是值得欣慰的是，这些研究成果，给我们提供了很多有益的启发和指导。

第三，本书的很多研究涉及不同的学科，跨学科的研究使一些非本专业理论与术语的表述难免存在差错，并可能存在着研究的广度和深度都有局限性的问题，所有这些有待于今后研究中弥补。

第2章

碳税的一般分析

二氧化碳是引起全球气候变化的最重要的温室气体之一，削减温室气体、尤其是二氧化碳的减排已经成为当前国际社会普遍关注的热点环境问题。在各种减缓气候变化的政策工具中，碳税被认为是减少碳排放最有效的经济手段之一。因此，对碳税进行一般性分析，了解相关国家碳税的起源与发展、基本特点及其效应，将有助于对碳税国际协调的研究。

2.1 碳税的起源与发展

作为环境税制的一个重要组成部分，研究碳税的起源，离不开环境税。发达国家的环境税收制度是随着环保意识日益高涨、经济的迅速发展及全球政治的变化而逐渐发展并完善起来的。从20世纪70年代至今，发达国家环境税经历了一个从开征零散的、个别的环保税种，到逐渐形成环保税收体系的过程；环境税也经历了由筹集资金向激励减轻污染转变；从单纯税收手段向多种手段“混合”使用转变，环境税的目标已扩展到促进资源节约、促进生产模式和消费模式转变等方面。

从国外环境税的具体应用来看，大体经历了三个阶段。

第一阶段：环境税引入期，主要表现为补偿成本的收费形式（20世纪70年代到80年代初）。其理论基础主要基于“污染者负担”的原则，要求排污者承担监控排污行为的成本。这种收费形式主要包括用户费、特定用途收费等种类，尚不属典型的环境税，只能说是环境税的雏形。

第二阶段：环境税迅速发展期，碳税开始出现（20 世纪 80 年代至 90 年代中期）。这一时期，环境税作为经济杠杆的调节作用被人们认识并接受，开始在解决环境问题方面起到主导作用。环境税种类日益增多，如排污税、产品税、能源税、二氧化碳税和二氧化硫税等纷纷出现，对环境保护效果明显。尤其从 80 年代末开始，环境税在 OECD 成员国得到了迅猛的发展，环境方面的税收收入不断增长，其占国家总税收中的比重逐年上升，并在国内生产总值中占据了相当大的比重。根据 OECD 的统计，1995 年 17 个 OECD 成员国环境税收入居前的为不含铅汽油税、柴油税和机动车税等（见图 2－1），与环境有关的税收占税收总收入的比例为 3.8%—11.2%，平均为 7%；与环境有关的税收占 GDP 的比例在 1%—4.5%，平均在 2%左右。（图 2－2）。

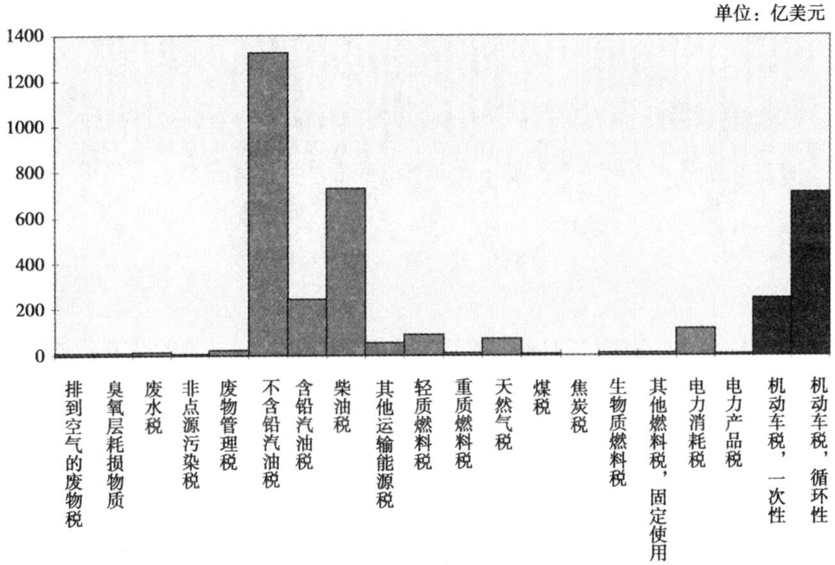

图 2－1　1995 年 OECD 成员国各种环境税收入

资料来源：OECD 成员国估计值。

第三阶段：环境税纳入国家税收体系，全球环境问题受到关注（20 世纪 90 年代中期至今），碳税在应对气候变化方面的作用得到重视。

20 世纪 90 年代中后期，为了实施可持续发展战略，各国纷纷推行有利于环保的财政税收政策，许多国家实施了综合的环境税制“绿色化”改革：

包括废除或修正现行的对环境有害的补贴及税收，增加现行税制“绿色化”程度，开征新的环境税等。同时，发达国家尤为注重各种环境管理手段综合运用，许多沟通性、规劝性、志愿性的新途径、新方式和新手段不断涌现。如自愿性协议方式、环境标志和环境管理系统等基于信息的手段等被采纳，并开始实行排污权交易政策、能源税与企业节能自愿协议结合使用等。环境相关税收收入占 GDP 的比重也有了较大幅度的提高（见图 2-2）。

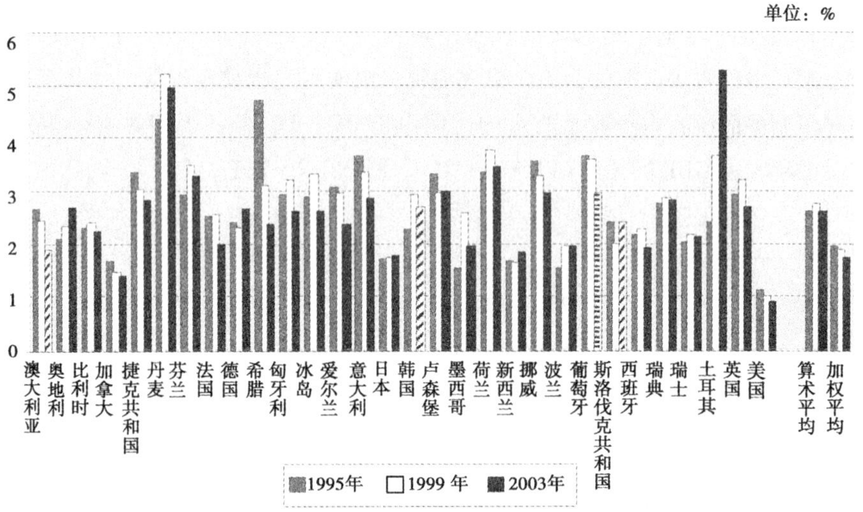

图 2-2　1995 年、1999 年、2003 年环境相关税收收入占 GDP 的百分比

资料来源：OECD/欧洲环境署的环境政策措施数据库。

注：斜线阴影的柱状图代表 2002 年数据，水平线阴影的柱状图代表 2001 年数据，平均值是根据 2003 年的数据计算得到的。

随着局部环境问题的解决，全球环境问题越来越受到关注。人们关注的重点转向全球气候变暖、水资源的匮乏、野生的和稀有的动植物资源急剧减少、荒漠化等重大环境问题。特别在全球气候变暖问题上，控制二氧化碳排放成为解决全球升温问题的重点，碳税作为控制二氧化碳排放的重要措施之一，被 OECD 部分国家首先采纳，并取得了一定效果。

追溯环境税的起源与发展，不难发现碳税的“足迹”。碳税产生于 20 世纪 90 年代初期环境税的迅速发展期，并繁荣于 90 年代中后期。随着人们对环境问题的关注更多地转移到全球气候变暖等全球性环境问题上来，碳税的作用愈发凸显出来。

2.2 碳税的概念与分类

2.2.1 碳税概念的界定

碳税是以减少二氧化碳的排放为目的，对化石燃料（如煤炭、天然气、汽油和柴油等）按照其碳含量或碳排放量征收的一种税。开征碳税，主要是通过减少化石燃料消耗和二氧化碳排放，达到减缓全球气候变化的目的。在各种减缓气候变化的政策工具中，碳税被认为是减少碳排放的一种重要经济手段之一。

碳税是20世纪90年代在北欧国家开始兴起的，开征时间并不长。在开征碳税之前，各国已经有针对化石燃料开征的税种，如环境税、能源税等，这些税种的课税对象和税基差异很大。碳税开征后，往往与先前的能源税等税种并存，有些国家的碳税是作为能源税或消费税的组成部分而存在的，因此是否直接称为“碳税”并不能构成判断碳税的标准。本书采用广义的碳税概念，即最终只要是以减少二氧化碳的排放为目的，对化石燃料（如煤炭、天然气、汽油和柴油等）按照其碳含量或碳排放量征收的税收都属于碳税的“家族”。

2.2.2 碳税与相关概念的比较

2.2.2.1 碳税与能源税

能源税是泛指对各种能源征收的所有税种的统称，包括一些国家的燃油税、燃料税、电力税以及中国目前征收的成品油消费税等税种。有些国家，能源税也直接作为一个税种的名称出现。

从能源税的定义上看，能源税的内涵要大于碳税，碳税属于能源税。二者既有区别又有联系：从产生时间上看，能源税的产生要早于碳税，碳税是在人类意识到排放温室气体对全球变暖的巨大影响后，在能源税基础上发展而来；从征税范围看，二者在征税范围上有相同之处，都是对化石燃料进行征税。相对于能源税对所有能源征税而言，碳税只针对化石能源征税，征税范围要比能源税小得多。在计税依据上，碳税按照化石燃料的含碳量或碳排放量进行征收，而能源税一般是对能源的数量进行征收。因此，一些能源税的税负与其所征收的化石燃料的含碳量往往是不一致的，甚至是相反的，如大多数国家对含碳量较高的煤征收的消费税税率都很低，甚至不征税。从征收效果上看，碳税与能源税都具有一定的二氧化碳减排和节约能源等作用，但碳税的效果更加直接。

虽然在概念上，碳税与能源税的区分比较直观，但在实践中，碳税与能源税的关系，可以说是“你中有我，我中有你”，很难简单地将二者区分开来。碳税开征的历史并不长，通常被视作是对能源税的补充而不是替代，与旧的能源税并存。因此，要想简单地将二者分割开并进行精确的说明，实际上是很困难的。欧洲委员会关税联盟总理事在网站上发表了“消费税目录”，该目录对每个欧盟成员国的能源税整体形势进行了回顾。最具权威的OECD/EEA 环境税数据库也提供了不同能源的税率，但这两种信息源都不能提供碳税的真实税率。因此，在 OECD 国家的大量文献中，可以看到“碳—能源税”这一术语被广泛采用。“碳—能源税”被作为一个通用词语，指代能源载体税收的总体水平。欧洲委员会提议，能源税可以支持总体能效提高，碳税能够为燃油替代提供激励作用，应该将二者都予以保留。碳税应被视为一种对能源税收的补充。为了强调碳税的重要性，碳税被作为独立税种或一个税目引入后，为了不增加税收负担，通常能源税会作出相应的调整。欧盟为其成员国一系列能源产品确定了最低能源税税率，有些国家已对其能源税收制度进行了调整。例如，瑞典在 1991 年引入碳税的时候，将能源税降低了 50%。

2.2.2.2 碳税与环境税

国际上对环境税没有统一的定义。如国际财政文献局（IBFD）在《国际税收词典》（第二版）中将环境税定义为对污染企业或者污染物所征收的税种，或对投资于防治污染和环境保护的纳税人给予的减免。OECD 通过举例的方式对环境税进行了界定，环境税的目的在于通过对环境各种用途的定价来改善环境，具体包括税收和收费、税收减免、对不同产品实行差别税收等。

总的看来，环境税概念分为狭义和广义两种。广义的环境税是指为实现特定的环境保护目标、筹集环境保护资金而征收的具有调节与环境污染、资源利用行为相关的各种税及相关税收特别措施的总称，以及政府影响某些与环境相关的经济活动的性质和规模的税收手段。狭义的环境税是指与污染密切相关的税收，是政府为了限制环境污染的范围、程度，而对污染环境的经济主体征收的特别税种。通常，狭义环境税根据征税对象的不同，可以划分为污染排放税和污染产品税。其中，污染排放税是基于激励目的，对污染物排放行为（如二氧化硫和氮氧化物等）征收的环境税种；污染产品税同样是一种基于激励的环境税种，对象是有潜在污染的产品，如能源燃料、臭氧损耗物质、化肥农药、含磷洗涤剂、汞镉电池等。

一般来说，环境税具有如下性质：一是调节性，环境税一般以调节污染行为为主，而不是取得税收收入；二是反比性，环境税收入应随着环境的好转和达标排放纳税人的增多而逐渐减少；三是点源性，环境税一般是针对污染物的排放量进行征收，与污染链的最后排放环节直接相关，但由于排污的监测成本和管理成本较高，因此环境税更适用于对固定点源进行课征；四是多向性和灵活性，由于污染排放物呈多样性，环境税应设置多个税目，并要随着经济社会发展和环监手段的不断提高而适当调整。

从环境税定义看，环境税的外延最大，既包括能源税和碳税，也包括其他与环境保护相关的税种，如二氧化硫税、氮氧化物税、污水税等。碳税则属于环境税大“家族”中的一个成员。

2.2.2.3 碳税与隐含的碳税

碳税同隐含的碳税是两个不同的概念，但由于表述相近，往往容易产生歧义，因此有必要对两者加以区分。

任何一种产品的生产，都会直接或间接地产生碳排放，通常将整个生产链中所排放的二氧化碳被称之为“隐含碳”（Embodied Carbon）。早在 1974 年，国际高级研究机构联合会（IFIAS）能源分析工作组的一次会议曾指出，为了衡量某种产品或服务生产过程中直接和间接消耗的某种资源的总量，可以使用“embodied”这一概念。之后，隐含碳的概念几经发展，逐渐被接受。Haugland（1992），Hoellerhe Coppel（1992）等指出，分析一个国家碳税的税收负担状况，不能仅局限于被冠以“碳税”名衔的税收，还应该包括所有与二氧化碳排放相关的产品的税收，即“隐含的碳税”。这种

“总计税收负担”形式将有助于不同国家以及在不同时期进行比较。因此，“隐含的碳税”的内涵要大于碳税的内涵。

但 OECD 的研究认为，使用隐含碳税的概念应当谨慎。由于并不是所有的税收在对经济的影响或对总排放的影响都是一致的，因此，不能简单地把“隐含的碳税”作为衡量各国在温室气体减排方面的努力标准。但“隐含的碳税”可以为比较某一特定国家在建立一项新税收前后其税制的差异，提供非常有价值的信息。

2.2.3 碳税的分类

碳税有不同的分类方法，大致可以分为以下几种：

2.2.3.1 基于激励目的的碳税和基于收入目的的碳税

按照实施碳税的目的分类，碳税可分为基于激励目的和基于收入目的两种类型。

基于激励目的的碳税，主要是通过提高燃料或排放的价格来削减化石燃料的排放。OECD 认为，激励目的至少有三方面的含义：一是税基选择必须起到影响行为的作用。二是税率的设置必须足够高，以便使社会费用（如果边际外部损害可以获得的话）全部内部化，或是达到一个专门的环境效果。一般来说，考虑到需求的弹性，激励目的的税率通常较高，就温室气体来说，激励性税率可能高于单纯筹资目的的税率 10—20 倍。三是那种由于激励性碳税具有收入中性的特点而担心其会全面加重税收负担的想法是没有根据的。

基于收入筹资目的的碳税，强调税收传统的收入功能，目的是为了国家范围内改进能源效率或国际范围内为发展中国家而筹集资金。通常，税率水平与筹资计划所需要的资金量有一定的比例关系，要大大低于在最优削减水平下排放削减的边际费用。一般来说，较低的税率水平会使以收入为目的的碳税达不到激励作用，对经济行为无显著影响。

2.2.3.2 差别碳税和统一碳税

按照征税标准分类，碳税可以分为差别碳税和统一碳税。差别碳税是指在不同行业或不同地区实施不同的碳税政策，主要体现在税率的差异上。统一碳税则正好与差别碳税相反，不区别行业或地区，征收统一的、以边际费用为基础的碳税，从而保障碳税的有效性。

差别碳税和统一碳税可以从国家和国际两个层面进行分析。如果把税收的静态经济效率（最优收费或最小费用）作为唯一的评价准则，收费标准的建立应当采用统一的税率。但是，考虑到税收公平问题，情况则不同。从国家层面看，考虑到社会公平问题和落后地区的发展问题，需要实施差别税率，以照顾不同地区、不同行业间分配公平的问题。从国际层面看，碳排放是个历史积累的问题，不加区别实行统一的碳税税率，无疑使得边际控制费用较低的排放者承担更多的削减责任，发展中国家将要比发达国家承担更多税负。因此，统一碳税虽然在刺激减排方面效果最佳，但在具体实施中有一定难度。

2.2.3.3　国家碳税和国际碳税

按调节对象分类，OECD 将碳税分为单方国家税、经协调的国家税和国际税。概括地说，即国家碳税和国际碳税。单方国家税是指在国家范围内实施的碳税政策，由于国情差异会导致税制差异较大。经协调的国家税是单方国家税的改进和延伸，把单一的国家措施与国际间不同国家的政策进行协调。通常，各国需要具有一定的国际协调基础，以便可以在一个宽松的国际框架下由各主权国家自主决定的税收体系，碳税此时已经进入国际层面，因此需要在不同的主权国家进行国际协调。国际税是碳税的理想模式，指在全球范围内由专门的国际税收组织，按照统一的国际税收体系和标准征收的碳税。

2.3

碳税的理论依据

2.3.1　外部性理论

外部性理论是环境经济学的理论基础，碳税作为环境税的一种，其征收的理论基础与环境税是一致的。碳排放引起气候变暖，实质上也就是福利经济学派所谓的外部不经济性问题，这就构成了碳税的理论基础。

2.3.1.1 外部性理论的产生与发展

外部性问题在经济学体系中处于独特地位。一个世纪以来，许多经济学家都曾从不同角度对外部性概念的内涵进行过探讨。人们对外部性问题的争论始终与经济福利、市场失灵、政府规制等重大议题密切相关，外部性理论及其政策的演进是整个20世纪经济思想发展的重要线索之一。

所谓外部性，就是两个经济主体之间在缺乏任何相关交易的情况下，一个主体对另一个主体的福利所造成的影响，这种影响包括正、负两个方面。外部性理论是人们在反思古典经济学过程中产生和发展的。一般认为，对外部性理论的贡献，具有里程碑意义的有三位经济学家：马歇尔、庇古和科斯。

1. 马歇尔的“外部经济”理论

外部性概念源于马歇尔1890年发表的《经济学原理》一书中提出的“外部经济”概念。马歇尔是英国剑桥学派的创始人，新古典经济学派的代表，也是最早对外部经济现象进行分析的经济学家。他的《经济学原理》[①]一书中用“内部经济”和“外部经济”概念来说明第四类生产要素——组织的变化如何能导致产量的增加。在马歇尔看来，除了以往人们多次提出过的土地、劳动和资本这三种生产要素外，还有一种要素，这种要素就是“工业组织”。工业组织的内容相当丰富，包括分工、机器的改良、有关产业的相对集中、大规模生产，以及企业管理。马歇尔用“内部经济”和“外部经济”这一对概念，来说明第四类生产要素的变化如何能导致产量的增加。马歇尔指出：“我们可把因任何一种货物的生产规模之扩大而发生的经济分为两类：第一是有赖于这工业的一般发达的经济；第二是有赖于从事这工业的个别企业的资源、组织和效率的经济。我们可称前者为外部经济，称后者为内部经济。”

实际上，马歇尔把企业内分工而带来的效率提高称作是内部经济，而把企业间分工而导致的效率提高称作是外部经济。马歇尔虽然没有提出内部不经济和外部不经济概念，但从他对内部经济和外部经济的论述中，可以从逻

① 马歇尔著：《经济学原理》，朱志泰译，商务印书馆2005年版。

辑上推出内部不经济和外部不经济概念及其含义。其分析方法给经济学后继研究者提供了无限的想像空间。

专栏 2－1　外部性问题研究的奠基者：西奇威克

对外部性理论的研究可以追溯到剑桥学派的亨利·西奇威克(Henry Sidgrwick)。西奇威克最初对外部性的认识，体现在他对穆勒“灯塔”问题的继续探讨。他在《政治经济学原理》一书中的“生产关系中自然自由的体系”一章中写道：“在大量的各种各样的情况下，这一论断(即通过自由交换，个人总能够为他所提供的劳务获得适当的报酬)明显是错误的。首先，某些公共设施，由于它们的性质，实际上不可能由建造者或愿意购买的人所有。例如，这样的情况经常发生：大量船只能够从位置恰到好处的灯塔得到准备，灯塔管理者却很难向它们收费。”

在西奇威克这段话的表述中，虽然没有直接提到“外部性”，但他已经认识到，在自由经济中，个人并不是总能够为他所提供的劳务获得适当的报酬，这种个人提供的劳务与报酬之间差异，正是我们所研究的“外部性”。因此，拉丰(J. J. Laffont)把西奇威克视作外部性问题研究的奠基者之一。

资料来源：张宏军：《西方外部性理论研究述评》，《经济问题》，2007 年第 2 期。

2. 庇古的外部经济理论

马歇尔的得意门徒、福利经济学创始人庇古在《福利经济学》[①] 一书中，首次用现代经济学的方法，从福利经济学的角度系统地研究了外部性问题。庇古在马歇尔提出的“外部经济”概念基础上扩充了“外部不经济”的概念和内容，分析了外部性的形成机理，主张借助政府干预解决外部性问题。庇古在马歇尔研究的基础上，赋予“外部经济”和“外部不经济”这两个概念不同的意义。同马歇尔强调的企业活动从外部受到影响所不同的是，庇古强调的是企业活动对外部的影响，从而将马歇尔的外部性理论加以发展。庇古提出的用“庇古税”解决外部性问题做法，成为开征环境税的理论基础，对后人的研究影响很大。

① 庇古著，金镝译：《福利经济学》，华夏出版社 2007 年版。

3. 科斯定理

20 世纪 60 年代，新制度经济学家科斯在其经典名著《社会成本问题》① 一文中对庇古的外部性理论进行了重大发展。科斯利用新古典经济学的成本收益分析法、均衡分析法和边际分析法，通过引入产权、交易成本等概念，提出了产权界定和产权安排在经济交易中的重要性。认为在交易成本比较低的情况下，市场是解决经济活动中的外部性问题的有效手段，无需政府干预经济交易，主张按照成本最小化的原则在两种外部性解决方式中自由选择。

除了上述对外部性理论具有里程碑意义的探讨外，西方理论界对外部性理论的研究一直处于不断发展之中。20 世纪 70 年代，政府干预经济的合理性受到了质疑，政府失灵现象逐渐引起了关注。以布坎南、塔洛克为代表的公共选择学派开始深入研究政府失灵问题。1988 年，鲍默尔和奥茨（Baumol 和 Oates）将"外部性"概括为"如果某个经济主体的福利（效用或利润）中包含的某些真实变量的值是由他人选定的，而这些人不会特别注意到其行为对于其他主体的福利产生的影响，此时就出现了外部性；对于某种商品，如果没有足够的激励形成一个潜在的市场，而这种市场的不存在会导致非帕累托最优的均衡，此时就出现了外部性。"这个概念被认为是关于外部性表述方面较为全面的，后来的许多教材在探讨"外部性"问题时都借用这一表述。

近十几年来，外部性理论研究领域出现了一些新变化。这种变化主要体现在，一是重视外部性研究的动态化，即从经济增长和分工的角度研究报酬递增问题，其实质是正外部性问题；二是关注外部性范畴在时间、空间等方面出现的拓展，网络外部性、代际外部性、国际外部性以及政府行为外部性成为研究重点。

2.3.1.2 外部性问题的分类

外部性经典的分类方式是将其分为正外部性（外部经济）和负外部性（外部不经济）两种。正外部性是指"某一经济主体的生产或消费使其他经济主体受益但没有得到后者补偿"，如自然保护区和流域上游的生态环境保护所产生的生态服务功能（效益）问题；负外部性是指"某一经济主体的

① 盛洪主编：《现代制度经济学（上卷）》，北京大学出版社 2003 年版。

生产或消费使其他经济主体受损但没有补偿后者”，如企业的环境污染和自然资源开发中造成的生态环境破坏问题。这些成本或效益由于没有在生产或经营活动中得到很好的体现，从而使得破坏生态环境者没有得到应有的惩罚，而保护生态环境者所产生的生态效益却被他人无偿享用，生态环境保护领域难以达到“帕累托最优”。

正外部性与负外部性是外部性理论中对外部性问题的最经典的分类，之后学者们又从不同角度对外部性类型进行了分析，进一步分为：技术外部性与金融外部性、生产外部性与消费外部性、简单外部性与复杂外部性、帕累托相关的外部性与帕累托不相关的外部性、公共外部性与私人外部性等。

2.3.1.3　外部性的纠正

外部性对利益相关者来讲是不公平的，因此必须对外部性进行纠正，即通过外部性的内部化来解决这一问题。外部性的纠正，经济学界通常有两种截然不同的方法，即“庇古税”方法和科斯“产权”方法。前者是基于政府机制的手段，后者则是基于市场机制的手段。鉴于庇古税在环境外部性纠正中的特殊地位，下文将对其进行详尽阐述。

1. 庇古税原理及其发展

英国经济学家 Arthur C. Pigou（1962）接受了外部性理论，并提出了著名的庇古税（污染税）。庇古认为，应由国家采用干预的手段进行外部性的内部化，即通过税收或补贴的办法，如根据污染所造成的危害对排污者收税，将污染的成本加到产品的价格中去，来消除这种边际的私人与社会成本相背离的状况，弥补两者之间的差距。具体来说，对边际私人纯产值大于边际社会纯产值的部门征税，对边际私人纯产值小于边际社会纯产值的部门实行补贴。通过这种征税和补贴，就可以导致经济资源从边际私人纯产值小的地方转移到边际私人纯产值大的地方，以减少边际私人纯产值与边际社会纯产值之间的差距，其结果将使经济福利增加。

与其他税种相比较，庇古税具有一定特点，主要包括：（1）源于行为的外部成本，具有行为上的操纵性或驱动性；（2）庇古税的目的不在于提供财政收入，而在调节人的行为，因此，随着驱动性目标的实现，税基会呈现缩小趋势；（3）庇古税能够纠正市场扭曲，增进市场效率，其相应的税收负担也具有再分配的效果。

庇古税是建立在如下一些假定条件基础上的：污染者追求自身利益最大化；其所处的市场是充分竞争的，不存在垄断性扭曲；不考虑信息费用等。庇古税的结论是建立在厂商最优行为和局部均衡分析基础之上的。因此，纯粹的“庇古税”的设计，不仅需要关于外部性以及导致外部性活动的信息，而且需要取得有关的效用、损失和边际成本的信息，这在现实中几乎是不可能的。1947 年，庇古本人在谈到私人成本和社会成本的差异时也强调征税和补贴的难度①，“我们如何才能计算一个工厂排出的烟增加了多少公众用于清洗的支出？（显然这种困难是无法克服的）相关的知识是我们目前所无法得到的。”因此，以庇古税为理论依据的碳税政策不可避免地存在一些局限。

实践中，由于不完全信息，要确定污染的边际损害费用在现实中几乎是不可能的，因此 Buchanan（Cordato，1992）将这种成本归结为是决策者主观的想法②。Baumol 和 Oates（1975）为解决庇古税的实施问题，提出了“环境标准——定价方法”，即政府首先设定一个污染排放标准（环境质量标准），税率根据可接受的环境标准进行调整，直至合适的水平。Baumol 和 Oates 认为，“环境标准——定价方法”有两个优点：一是实现一些环境目标的成本最小化；二是它不仅适用于追求利润最大化的厂商，也适用于管理者。同时，Baumol 和 Oates 强调，实施税率调整并不是无成本的，但通过预先宣告，厂商可以在选择污染控制设备时保持一定的灵活性。通过这种方法，环保局可以达到它选择的任何环境质量标准③。

2. 庇古税的应用

碳税是根据化石燃料中的碳含量或碳排放量征收的一种产品税，因此碳税就是庇古税。如果税率确定合理，那么碳税将是一种直接使温室气体排放的外部费用内部化的有效手段，比较适合于解决长期性环境问题，如全球气候变暖。

碳税的征收原理如图 2－3 所示。横坐标轴表示碳排放量，纵坐标表示边际成本，曲线 MAC 表示碳减排的边际削减成本，MEC 表示碳排放的边际

---

① Pigou, A. C, Socialism Versus Czpitalism, London, Macmillan & Campany, 1947, p42－44.

② Cordato, Roy E., Welfare Economics and Externalities in an Open Ended Universe, A Modern Austrian Perspective, Boston, Kluwer Academic Publishers, 1992, p 140.

③ Baumol, W. J, Oates, W. E, The Use of Standards and Prices for Protection of the Environment, Swedish Journal of Economics, 1971, 73: p42－54.

外部（损害）成本，两条曲线相交即两者费用相等，所对应的 A 即为最佳碳税标准，相对应的 P^* 即为最佳碳排放量。污染者会自动对税收作出反应，将排放水平降低到单位税率与边际污染减排成本持平的水平。在图 2-3 中，边际减排成本曲线自右向左升高，因为污染物减少越多，单位（边际）成本就越高。如果征收税率为 t^* 的一种税，污染者将会将污染水平从 B 降到 P^*，因为在这一水平 A 点之下，纳税要比进一步减排便宜。

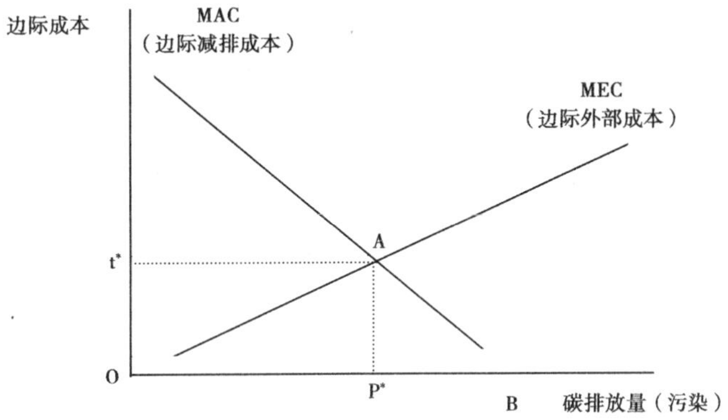

图 2-3 庇古税经济学原理示意图

根据庇古税的分析，不难发现，通过碳税将碳排放成本内在化的方式有两种：一是衡量外部的污染成本，求出边际削减成本等于边际损害费用时的税率，即严格的庇古税；二是达到设定的环境标准时的税率。由于人们对于环境气候的损害机理并不完全清楚，加之这种损害的定量化和货币化还存在很大困难，要确定碳排放的边际损害费用在现实中几乎是不可能的，因而第二种次优的方法得到人们的青睐。第二种方法在实践中的可操作性较强，国外目前开征的环境税、污染产品税等都是以此为依据的。

2.3.2 公共产品理论

美国经济学家萨缪尔森指出“纯粹的公共产品是指这样的产品，即每个人消费这种产品不会导致别人对该产品的消费的减少”。可以看出，纯粹公共产品的两个本质特征是非排他性和非竞争性。通常，这两个特征被用来作为判断公共产品和私人产品的基本标准。根据排他性、竞争性这两个基本标准，通常可以将现实中的物品大致分为以下四个类别：

表 2-1 公共产品分类

	竞争性	非竞争性
排他性（较低的排他成本）	（1）私人产品：手表、衣服、食品等。	（1）俱乐部产品（准公共产品）：电影院、图书馆等。
非排他性（较高的排他成本）	（2）公共资源（准公共产品）：石油、煤炭、淡水、森林等。	（2）纯公共产品：国防、新鲜空气、新闻等。

非排他性是指在技术上不可能阻止不付费者对公共产品的消费，即排他不经济。非竞争性是指一个人对公共产品的消费不会影响其他人从对该公共产品消费中获得的效用，即增加额外一个人消费该公共产品不会引起产品任何成本的增加，也可以说，公共产品的边际生产成本为零。公共产品的两个特性意味着公共产品在消费上是不可分割的，它的需要或消费是公共的或集合的。如果由市场提供公共产品，这种非排他性和非竞争性，使得每个消费者都不会自愿为公共产品付费，而愿意享受他人购买后所带来的利益，这就是“搭便车”现象。“搭便车”问题的普遍存在，必然使得公共产品难以出售。这说明由市场提供公共产品机制是不完全的，存在明显的不足，需要通过非市场力量即由政府负责提供。

环境无疑是纯粹的公共产品，具有非排他性和非竞争性。因此，环境的公共产品的提供，如果依靠市场来完成，势必存在着普遍的“搭便车”现象。由政府提供适宜生存和生活的环境，可以弥补市场提供的不足。政府通常通过税收的形式，筹集收入，以生产或购买公共产品。当前生态环境恶化，对污染环境行为课税，资金用于环境治理，无疑是提供环境这一公共产品的良好方式。

2.3.3 双重红利理论

双重红利理论是在 20 世纪 90 年代初，由 David W. Pearce（1991）首先提出的。他认为环境税收入可以被用来减少现有税收的税率，如所得税或资本税的福利成本。具体解释为，第一种红利是实施环境税可以改善环境质量；第二种红利是将环境税带来的收入增加部分用以降低其他税率，可以带来就业增加、投资增加或者使得经济更有效率。双重红利理论提出后，被很多经济学家所接受。他们认为环境税可以替代其他扭曲性税种。Shackleton

等人（1992）通过四个模型对美国二氧化碳税收入的不同使用形式的结果进行分析比较，认为将二氧化碳收入用于减少不利于资本形成和劳动力供给的税收，能够有效地降低碳税成本。

虽然多数经济学家都赞成环境税具有改善环境质量和减少税收超额负担的作用，但一些学者对该观点也提出了质疑。目前对于双重红利理论仍然存在着较大的争议。20 世纪 90 年代中后期，很多学者对“双重红利”进行了更全面和更深入的阐述，同时，一些学者对该观点提出了质疑。

Goulder，Bovenberg，Parry，de Mooij 等对双重红利理论做了更深入的阐述。在对非环境受益的解释上，目前主要有三种观点：一是弱式双重红利论，它是指用环境税收入减少原有的扭曲性税收，减轻税收超额负担；二是强式双重红利论，即通过环境税改革可以实现环境收益以及现行税收制度效率的改进，以提高福利水平；三是就业双重红利论，这种观点是指相对于改革之前，环境税改革在提高环境质量的同时促进就业。目前，对环境税的强式双重红利和就业双重红利尚存在很大争论，至今未达成明确的结论。但对环境税的绿色红利和弱式双重红利大多数学者认为是存在的。

实践中，20 世纪 90 年代欧盟国家环境税的改革主要是立足于环境税的第二重目标，即降低税收超额负担、增加就业等非环境目标，并取得了显著的效果。据 OECD 的资料，比利时于 1993 年开始实施的能源专项收费收入列入专项基金，用于社会保险支出。1998 年，丹麦新设和增加与环境有关的税收收入增加 122 亿丹麦克朗，与此同时降低了所得税。从 1996 年起新增的工业二氧化碳税用于补偿雇主的社会保险支出；自 1997 年起，芬兰所得税和劳动税的减少，一部分被新的生态税和能源税所抵消。

2.3.4　污染者付费原则

污染者付费原则形成于 20 世纪 60 年代末期，其宗旨是解决污染者的环境责任问题，即环境外部成本该由谁来负担。其出发点是商品或劳务的价格应充分体现生产成本和耗用的资源（包括环境资源）。因此，污染所引起的外部成本，有必要使其内在化，即由污染者承担。

1972 年，经济合作与发展组织（OECD）环境委员会在“关于环境政策的国际经济方面的控制原则”中将“污染者付费原则”作为经济原则提出来（EC Treaty，Article 174）。1974 年又提出了关于执行该原则的建议。在这一原则的指导下，一些国家和地区相继实行了行政污染税或排污收费制度。1985 年，OECD 成员国发表了《未来环境资源的宣言》，提出要在污染者付费原则上结合法律行政手段，更有效地使用经济手段。

污染者付费原则不只适用于污染行为，对所有引起具有经济外部性质的环境成本的行为，包括自然资源开采和使用、破坏生态行为等也同样适用。大量使用化石燃料向大气中排放二氧化碳的行为，最终造成全球气候变暖。排放者在获得自身利益的同时，增加了社会成本，故应该为其自身的污染环境行为“埋单”。对二氧化碳的排放量征收碳税，符合污染者付费原则。

2.4 碳税的分配效应和补偿机制

在许多已开征碳税的国家，碳税的分配效应往往成为政治辩论中的一个重要议题。为了获得公众对实施碳税的支持，政府往往需要采用一系列配套措施，即对碳税所涉及的利益群体采取的补偿措施。碳税的分配效应及其相应的补偿措施将直接影响到碳税能否顺利实施。

2.4.1 碳税分配效应的理论分析

碳税的分配效应主要是指碳税政策对不同群体，包括收入群体、产业、地区等形成的不均等的负担。碳税的分配效应通常分为长期分配效应和短期分配效应。长期分配效应反映了因开征碳税所导致的经济活动形式的长期变化特征，包括税收支付的分配、削减成本的分配以及环境收益的分配等；短期效应则是指在调整过程中产生的短期分配问题，包括由于产业竞争地位变化或主要产业的重组引起的低投资回报、高失业或低水平的工资等，虽然这些问题只是过渡性、非永久性的，但较难精确给出调整成本的持续时间，因此在某种情况下，调整成本的持续时间可能较长。

碳税的分配方式，分为不同形式负担者之间的分配，主要包括：一是在不同收入群体间的分配；二是在不同家庭类型间的分配，尤其是按照年龄和家庭成员所划分的家庭类型；三是在工商业和家庭间的分配；四是在各类企业或产业部门间的分配；五是在地区间的分配。由于不同收入群体间的分配、工商业和家庭间的分配最为直观，因此理论界相应的分析也较多。

理论界大多认为，如果没有其他补偿措施，碳税具有累退性。所谓税收的累退性（累进性）是指低收入群体承担的税收占其收入的比例更高（更低），它通常被用来作为标准评价一个税种是否公平。碳税的课税对象为化石燃料，具有流转税性质。流转税与商品价格有必然联系，通过提高或压低价格就能较容易地实现税负转嫁。化石燃料的多数产品供给弹性较大、需求弹性较小，具有一定程度垄断性。按照税负转嫁原理，碳税容易向前转嫁给消费者承担，商品生产者和要素供给者承担的税负相对较少。碳税税收负担的转嫁，对不同消费者的影响是不同的。由于低收入家庭对于能源产品的需求弹性较小，即使能源商品的价格发生改变，低收入家庭的使用量却不会显著减少，最终税负增加，这就是通常所说的碳税的累退效应，其作用机理见图 2－4。

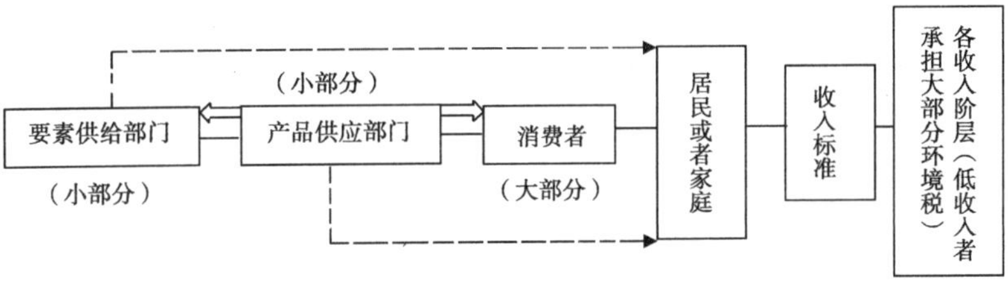

图 2－4　碳税累退效应示意图

资料来源：李坤、付伯颖："对环境税分配效应的思考"，《内蒙古科技与经济》，2008 年第 4 期。

2.4.2　碳税分配效应的实证分析

西方一些学者还考察了环境税政策的福利分配效应。一般认为，各利益群体对于规制的偏好存在差异。假设环境质量是个奢侈品，那么高收入群体比低收入群体对环境质量的改善具有更高的评价（Baumol & Oates，1975）。遵循这一逻辑，人们可以认为高收入群体承担更多的规制成本。然而一些经验性研究表明，环境税收施加于居民的负担很可能是累退性分布的，即年总支出相对低的家庭（低收入群体）会承担较高的环境税税负。Dorfman

（1975）考察了 1972 年美国生态规制成本的分配情况，同时他还估计了 1976 年和 1980 年的效应。发现在 1972 年和 1976 年的规制成本的分配是具有适度累退性的，而在 1980 年这种累退性则比较大。Robinson（1985）利用一个一般均衡模型考察了 1973 年和 1977 年美国规制工业污染的成本分配情况。该研究显示，在 1977 年最低收入阶层收入的 1.090% 或个人消费支出的 0.510% 被间接用于支付污染的削减成本，而相对应的高收入阶层的数据是 0.218% 和 0.423%。因此，Robinson 认为，工业污染规制成本在各收入群体之间具有相当的累退性。此外，Gianessi & Peskin（1980）研究了 1972 年美国《净水法》实施的效应，Pearson & Smith（1991）考察了英国、德国、意大利、荷兰以及西班牙等国环境政策实施的情况，也都得出了类似的结论。但是，Cornwell 和 Creedy（1997），Symons et al.（1994），Labaneira 和 Labeaga（1999）分别针对澳大利亚、英国和西班牙的家庭支出进行了能源税的累退效应研究，发现各国的情况不一致，能源税的累退效应在澳大利亚明显，但在西班牙则不存在。Fullerton 和 Heutel（2005）从生产要素（劳动、资本和污染）替代性角度对环境税的所有一般均衡效应进行了理论分析。他发现，环境税的各种效应一定程度上取决于生产中的要素替代程度。该研究在一定程度上为环境税在不同领域、不同行业产生不同的效果提供了理论依据①。

但西方的一些学者同时也指出，碳税确实具有一定的累退性，会使低收入阶层受损，但研究碳税是否公平，应放在整个税制中进行判断，由于碳税的收入中性特点，利用碳税收入来减少其他扭曲性税收，如所得税和财产税等，宏观上保持税收收入的中性。同时可以采纳一些配套措施来抵消其累退性。

通过碳税分配效应的理论和实证分析，不难发现，在不存在补偿机制的情况下，碳税确实存在累退性，尽管这种累退性在不同的国家存在一定的差异。因此，碳税的分配效应的补偿机制研究至关重要。

2.4.3 碳税分配效应的补偿机制

OECD（1994）认为，碳税分配效应的补偿机制可分为缓解和补偿两种

---

① Fullerton, Don and Garth Heutel, The General Equilibrium Incidence of Environmental Taxes, Working Paper 11311, National Bureau of Economic Research, 2005.

选择性策略。缓解是指在事前就降低某一计划的影响，使潜在影响不会发生。补偿是指事后对特定群体进行资助，以使他们至少是部分地维持现状。

2.4.3.1　缓解措施

事前的缓解措施更多地被用来控制实行碳税的过渡成本，消除其短期影响，而较少用它来抵消碳税对收入分配的长期影响。缓解措施有以下几个方面：

其一，对特定行业或部门实行差别税率和税收减免。实施碳税的 OECD 国家，出于对国际竞争力的考虑，大多对包括钢铁、化学、有色金属、水泥、玻璃、纸浆、造纸等能源密集型行业实行差别税率和税收减免。

其二，采用“碳—能源税”的混合形式，而不是 100% 的碳税形式。之所以采用混合形式，其主要是考虑碳密集能源国家在税制调整方面的政治压力。这种方式既能提高能源效率，同时也可以促使向碳含量少或不含碳的能源转变。

其三，对高能源的使用者设置税收负担的上限。如瑞典在 1991 年开征碳税的时候，采用这一方法。上限表示为一定百分比的转换率，是基于企业所需支付的税负来决定的。1995 年对该项内容重新进行调整，仅限于石灰和水泥工业的一些企业及其他非矿物燃料油。

2.4.3.2　补偿措施

补偿措施同缓解措施相比，其事后性的特点以及灵活多样的形式，能更好地弥补由碳税引起的各种形式的分配问题。

1. 收入方式的补偿

针对碳税分配效应的累退性，政府通常可以在开征碳税的同时，通过降低其他税收的形式实现收入中性以弥补碳税分配效应的累退性。实践证明，这种补偿形式是一种行之有效的策略，通常也被称为碳税的收入中性特点。所谓收入中性是指政府税收收入的净增长为零，纳税人不会因为碳税的调整而增加额外负担。在碳税引入的优势分析中，通常会强调其收入中性的特点，收入中性使得碳税改革更加侧重于税制结构和多个税种的调整，而不仅仅是新开征某一种能源税，或者单独提高某些税率，这将使因开征新税而可能遇到的阻力减小。

专栏 2-2 税收中性与收入中性

在实践中，人们常常会将收入中性与通常所说的税收中性原则混淆，事实上，这是两个完全不同的概念。“税收中性”思想最早体现于英国古典经济学家亚当·斯密的赋税理论中。随着西方经济理论的演变和发展，税收中性理论也在不断演变和发展。传统的税收中性原则是针对税收的超额负担提出的，可以概括为：国家征税使社会所付出的代价以税款为限，尽可能不给纳税人或社会带来其他的额外损失或负担。随着经济社会的发展，税收中性原则有了引申的含义，即国家征税应避免对市场经济正常运行的干扰，尤其不能使税收成为超越市场机制而成为资源配置的决定因素。由此可见，现代意义上的税收中性原则已经不再局限于纯理论性的“税收超额负担”的讨论，而转向研究税收与各项经济活动的关系方面。税收中性的实现方式实际上是对效率原则的强调，即征税有可能带来效率损失，由此而要求政府征税应尽量减少对经济个体行为的不正常干扰，一个理性的税收制度应是超额负担最小的制度。其评价依据是课税对消费选择和生产决策的影响程度；对经济资源配置、对经济机制运行的消极影响越小越好。比较两者的区别，不难发现，收入中性是从政府预算和纳税人负担的角度，强调纳税人不会因为某一税种的调整而增加额外负担；税收中性是从经济效率和市场运行的角度，提出税种设计的原则——税收产生的负面影响最小化。

2. 转移支付

政府的直接支出手段同税收手段相比，其弥补效果往往更直接、更明显。如政府可以通过转移支付手段，而不是税收手段，来实现更有效地向贫困家庭返还收入的目标。

除了上述两种方式，政府还可以通过对改变家用能源供应的价格结构实施补偿、纠正与能源效率有关的各种市场失灵等办法，来补偿能源环境税的分配效应。

比较缓解策略和弥补策略的效果，不难发现，应该尽可能避免使用事前缓解方式，尽量采用独立的、透明的补偿方式。因为缓解措施虽然通过碳税结构的一定程度调整可降低对特定群体的影响，但同时也会降低其在促进这些群体改变行为方面的有效性，而这与通过碳税来削减碳排放的目的不一致。

2.5 碳税收入的使用

简而言之，碳税收入的使用概括来说有两种方式：一种是指定收入的使用用途（即通常所称的“专款专用”）；另一种则是不指定使用用途，与其他税收收入一起统筹使用。一般来说，专款专用制度在环境税处于起步阶段，税率水平较低、无法达到理想的环境目标的情况下，有利于改善环境。而纳入一般预算的环境税收一般用来制订补偿计划，抵消环境税可能带来的累退性，一些发达国家通常采用这一方式。

专款专用主要是指碳税收入专门用于对污染者的生产补贴，补偿其污染削减成本和资助一些大型的环境工程或清洁生产计划等。传统的公共经济学认为，指定税款的用途是税收决策无效的潜在根源，因为它会阻碍政府财政支出结构的优化。政府支出的构成应以成本—效益分析和对方案的评估为基础，而专款专用意味着用于某类支出的资金数量取决于环境税收收入的增减趋势。从长期看，这会导致资金使用的低效和僵化。但是，也有学者认为环境税收入中不仅包含着当代人损耗的环境与资源所应缴纳的税款，而且还包含着当代人损耗后代人应当拥有的环境与资源的补偿款项，应该将环境税的收入与支出作为一个整体，专门用于环境与资源方面的保护和污染的治理。而且，资金的专项使用能极大地提高生态税收在政治上的可接受性，而这对于纳税人来说，其缴纳的税费在某种意义上以服务、公用设施、拨款以及其他可以看见的形式“返还”给了纳税人，具有透明性。在实践中，处于经济转轨阶段的国家，专款专用被认为是弥补环保措施和治污欠账的一种有效的过渡措施，采用较为广泛。

纳入一般财政预算使用的环境税收入，可以统一进行支出分配，不指定用途；或者限定支出仅用于减少其他扭曲税收，在这几方面 OECD 国家目前均有实践。

2.6 与其他环境保护手段的比较

保护环境，应对气候变化的手段多样，碳税只是其中的一种。不同的环境保护手段各有优缺点，了解碳税同其他环境保护手段的差异，有利于对碳税有效性的理解。

2.6.1 环境手段的概念及现状

环境手段形式多样，分类方法也各有不同。传统的分类方法着眼于政府是否直接对经济活动主体的环境行为实施控制，将环境政策分为基于管制的命令控制型政策和基于市场的经济激励型政策。目前国际上大多采用世界银行哈密尔顿等所著的《里约后五年——环境政策的创新》一书中的分类，将实施可持续发展战略的政策手段列成了一个矩阵（见表 2－2）。

表 2－2　政策矩阵：可持续发展的政策与手段

利用市场	创建市场	行政手段	信息公开和公众参与
（1）减少补贴 （2）环境税 （3）使用费 （4）补偿金/保证金 （5）押金—返还制度 （6）专项补贴	（1）产权（环境权、资源权、排放权等）确立 （2）权力下放/私营化 （3）可交易的许可证/权利 （4）国际补偿制度	（1）标准 （2）禁令 （3）许可证/配额	（1）公众参与 （2）信息公开

资料来源：世界银行汉密尔顿等著，张庆丰等译：《里约后五年：环境政策的创新》，中国环境科学出版社 1998 年版。

2.6.1.1 环境经济手段

环境经济政策是指按照市场经济规律的要求，运用价格、税收、财政、信贷、收费、保险等经济手段，调节或影响市场主体的行为，以实现经济建设与环境保护协调发展的政策手段。它以内部化环境行为的外部性为原则，对各类市场主体进行基于环境资源利益的调整，从而建立保护和可持续利用资源环境的激励和约束机制。①

从环境经济政策的概念可以看出，其实质是为了消除环境行为的外部性，通过利用经济杠杆调控经济主体的行为，使环境资源达到社会最佳配置。与传统行政手段的“外部约束”相比，环境经济政策是一种“内在约束”力量，具有促进环保技术创新、增强市场竞争力、降低环境治理成本与行政监控成本等优点。国内外的理论研究和实践经验均已表明，环境经济政策是将环境问题外部性内部化的最为有效的途径。在市场经济体制下，环境经济政策是实施可持续发展战略的关键措施。

环境经济手段也有着多种分类方法。如表2－3所示，2002年世界银行在对环境经济政策领域进行系统梳理的基础上，将环境经济政策细分为7大类（世界银行，2002）。这些经济手段广泛应用于污染控制、自然保护、资源利用、流域、区域综合环境管理、国际和全球环境问题、生产和消费等领域。在2007年的OECD环境经济政策数据库中，又把环境经济政策分为环境税费、交易许可制度、押金—退款制度、环境激励补贴和自愿方法等5种类型（OECD，2007）②。中国学者沈满洪从理论研究的角度，把环境经济手段分为庇古手段和科斯手段两大类，前者强调通过政府干预的手段使得外部性内部化，后者强调由市场机制本身来解决外部性问题。

表2－3　　环境经济政策类型

政策领域	具体政策方式
明晰产权	所有权：土地保有权、水权、矿权等。 使用权：许可证、管理权、特许权、开发权等。
创建市场	可交易的排污许可证、可交易的开发配额、可交易的水资源配额、可交易的环境股票等。
税收手段	污染税、原料投入税、产品税、出口税、进口税、差别税收、租金和资源税、土地使用税、投资税减免等。

① 潘岳：“中国需要什么样的环境经济新政策”，《中国经济时报》，2007年9月13～14日。

② 见OECD/EEU环境政策和自然资源管理手段数据库，http：//www2. oecd. org/ecoinst/queries/index. htm。

续表

政策领域	具体政策方式
收费制度	排污费、使用者费、准入费、管理收费、资源/生态/环境补偿费等。
财政手段	财政补贴、软贷款、赠款、利率优惠、周转金、部门基金、生态/环境基金、加速折旧等。
责任制度	法律责任处罚、环境资源损害责任、保险赔偿、执行鼓励金等。
债券与押金制度	环境债券、押金制度等。

在中国的实际政策运用中，主要是按照政策类型来划分。环境经济政策包括：市场创建手段，如排污权交易；环境税费政策，如环境税、排污收费、使用者付费；金融和资本市场手段，如绿色信贷、绿色保险；财政激励手段，如对环保技术开发和使用给予财政补贴；还有以生态补偿为目的的财政转移支付手段等。

2.6.1.2 环境管制手段

环境管制手段也称为环境行政手段或命令和控制（Command and Control）手段，是指政府根据相关的法律、规章条例和标准等，直接规定活动者产生负外部性的允许数量及其方式。环境管制可分为直接管制和间接管制两种。前者是直接对污染物排放进行规定；而后者是通过对生产投入或消费的前端过程中，可能产生的污染物数量进行规定，最终达到控制污染排放的目的。环境管制手段是政府以非市场途径对环境资源利用的直接干预，其方式很多，如禁令、行政许可证制等。

在环境管理政策领域中，管制手段尤其是直接管制手段一直到20世纪60年代后期在发达国家和发展中国家都是传统的、占主导地位的环境管理手段，其原因主要在于管制是直接对活动者行为进行控制，在环境效果方面有很大的确定性，易于政府对污染者行为的直接控制。但环境管制手段在环境和经济的协调上日益显示出不灵活性，在实施过程中显露出来管理费用高、缺乏激励措施等局限性也越来越多。在20世纪70、80年代，OECD国家开始大力推行环境经济手段，环境政策中出现了法律手段、行政手段和经济手段并重的局面。从近年来的实践来看，环境行政手段与其他环境手段之间也出现了相互融合的趋势。

2.6.2　碳税与排污权交易制度的比较

碳税与排污权交易制度作为减缓气候变化战略中的两种碳定价方案，越来越被广泛接受。排污权交易制度是需要以定量配额，即通常所说的总量控制为基础的交易制度，又被称为“限额—交易”制度。该制度首先由政府先设定排放总量的上限，然后发放可转让的许可限度，对能够以更低的成本降低排放量的企业可以把多余的许可限额转让出去。通过这种排放权的交易，可以有效地实现所规定的减排幅度。碳税则是通过对二氧化碳排放者征税，提高其成本，从而促使其降低碳排放量。

一般认为，碳税同排污权交易相比，更加具有优势，具体包括以下几个方面：

第一，碳税具有管理方便性。由于税收有着严格的征管制度与经验，只需做较少的工作就可以实现。针对美国的一项评价报告表明，碳税若应用到 2 000 个实体中，则可以覆盖所有的化石燃料消耗行为，从而限制逃税机会；而配额制度将涉及大量的技术补充，如配额分配问题、额外的交易程序等。

第二，碳税具有价格可预测性。虽然碳税和“限额—交易”方法都会提高二氧化碳排放的成本，但是它们达到这一效果的方法则大不相同。碳税的税率由政府制定，碳税直接影响价格，是可预测的。相反，排放权证的价格则由市场的供需情况所决定，随着社会、经济情况的变化而自动调整，较有弹性。同时，配额将会加强能源价格的波动，从而影响商业投资和家庭消费的决定。

第三，碳税的有效性。开征碳税，可以提高碳的产品价格，从而使私人成本增加，同时企业为了降低生产成本，便要在节能技术研究上增加投入，为降低污染和技术创新建立起激励的长效机制。“限额—交易”方法通过自由市场的运作，利用价格体系的机能，促使污染的外部成本内部化，以达到最适当的二氧化碳排放水平。该方案直接控制二氧化碳排放量，效果比较确定。但在涉及利益各方众多的条件下，交易成本也非常高。

第四，碳税可限制既得利益集团的操控。同所有的配额分配制度一样，“限额—交易”方法很容易被利益集团操纵。由于配额量、排污交易价格等指标的确定，需要通过政治过程决定，而政治过程又往往易受利益集团的控制，比如电力公司、石油公司、工业和零售商，有人甚至认为分配限额“实际上无异于送钱给那些掌握配额量的人”。相比起来，碳税受既得利益集团的操控的程度要小得多。

第五，碳税具有公平性。碳税的收入归政府所有，可以通过转移支付等形式更多地分配给低收入者，或者用于减少其他税项，具有收入中性的特点；而“限额—交易”方法所得的收入往往只是留在大集团内部，低收入者并没有享受到气候变化带来的补偿。

然而，联合国开发计划署（UNDP）在其发布的《2007/2008 年人类发展报告》中指出，征税和“限额—交易”方法之间的差异可能会被夸大。实际上，在本质上它们谁也不比谁复杂。两者的实施均需要监督、强制执行和有效的管理制度，同时两者都必须解决一个问题，即如何将成本和收益在全社会范围内进行分配。两者在管理复杂程度上的差异也被夸大。任何一个经济部门中，以配额为基础的制度都会造成极其困难的管理问题。但是，二氧化碳的排放往往集中于大型发电厂和碳密集的行业，这样在一批少数的公司中实行“限额—交易”政策是可行的。通过税收制度产生的碳征税管理在操作上有一些优势。但是，税收制度和伴随其产生的各种免税条例同样十分复杂。此外，税收制度的制定及实施同样受到既得利益集团的影响，其受影响程度一点也不逊色于“限额—交易”政策中的许可配额。因此，在实践中，可以将两者结合使用。

2.6.3 碳税同环境管制手段的比较

环境管制手段由于管理费用高、缺乏激励措施等局限性，已经不再成为主导性环境管理手段。但管制手段在实现环境目标方面具有确定性、短期效果明显等优点，使其成为国家层面碳税手段的必要补充。

相比之下，从时效性看，碳税作为长期性减排激励机制，其效果要通过较长的时间才能体现。管制手段则在短时期内就能收效。从实施层面看，碳税被用于应对气候变化的全球风险，可以在全球范围内实施，碳税的国际协调可以提高碳税的效果。但管制手段只能在国家层面实施，如果要在全球范围内制定控制温室气体的法规标准，无论在制定和实施中都将会遇到许多技术障碍，因此管制手段在国际层面上具有极大的不可行性。

第3章

从全球公共风险理论视角分析碳税国际协调

在各种减缓气候变化的政策工具中，碳税被认为是减少碳排放的最有效的经济手段之一。目前世界上已有一些国家征收碳税，如芬兰、瑞典、丹麦、荷兰、挪威等，并取得了较好的效果。但目前碳税还不是一项覆盖面广泛的现实政策，少数国家开征碳税的这种局面必将对本国产品的国际竞争力造成影响，会产生“碳泄漏”问题，国际社会对此所展开的讨论已经很多，一般倾向于在某项国际协议的框架下，由各国来制定相应的碳税政策，即采用碳税的国际协调模式。

一般认为，相互依存理论是国际经济政策合作的理论基础。然而事实上，相互依存只是国际经济政策合作的一个前提，并不能促使各国走向协调与合作，在应对气候变化问题时出现的“囚徒困境”现象，也充分证明了这一点。本书认为全球公共风险理论可以为碳税的国际协调提供良好的理论支撑，正是由于气候变化具有全球公共风险的属性，其灾难性的后果促使各国走向国际协调与合作，而碳税作为应对气候变化的有效的经济手段之一，也需要国际合作，进行碳税的国际协调。

3.1 全球公共风险理论

不同的语义代表了不同的时代特征。时代的进步可以通过语义的演变表现出来。在最近20年，可以明显感受到社会语义正在从“经济语义”向“风险语义”转换[①]。与资源稀缺和价值失衡的基本生活实践中经济语义占据主导地位不同的是，随着高科技及其带来的后果和负面影响，人们开始承受风险的巨大威胁，新的风险语义占据了主流地位。新的风险语义包括了一系列相关的词语和意义，像危险、危机、灾害、安全、风险分析、风险焦虑等，风险已经成为20世纪后期和21世纪新语义中的核心范畴。

风险问题渗透到了人类活动的各个领域，伴随着社会语义的转换，人类认知结构也呈现出向“风险判断”转化的特点，判断事物的标准不再单纯依靠“发展指标”而开始重视风险和环境脆弱性指标。这种认知结构的转换，体现在各种领域，而在生态环境的认知及治理方面，风险的概念尤其被广泛使用。

3.1.1 西方理论界对风险的界定

自20世纪50年代开始，关于风险问题的讨论就在西方的公共领域展开。它最早源于与环境相关的风险事件的讨论。经历了半个世纪的发展，风险已经完成了由“旧”的语义到“新”的语义的嬗变，被赋予了新的内涵，揭示了更深层次的人类文明进化中的新认识。

3.1.1.1 风险问题在西方的研究历程

对风险问题的争论基本上分为四个阶段：第一阶段是20世纪50年代，争论的主要内容是关于利用核能的可能产生的风险问题。争论的主体是专家。这一时期风险研究涉及的学科主要是系统理论分析、商业管理、决策和游戏规则以及成本收益分析。第二阶段大体上在20世纪60年代，争论的范围开始扩大，参加主体中除了专家和管理人员外，风险争论中第一次出现了公众的声音。风险分析开始渗透到不同的社会科学领域。第三阶段是20世纪70年代，这一阶段的风险讨论由批评者和新技术的反对派们的辩论所支配，他们反对高科技的后果所带来的负效应，明显地具有从技术经济的争论向价值和世界观冲突的变化的特点。第四阶段大约从20世纪70年代后期到

① 周战超：“风险文明：一种新的解释范式”，《马克思主义与现实》（双月刊），2005年第6期。

今天，这一时期展开了全方位的风险讨论，风险分析涉及社会学、政治学、文化伦理等学科。参与主体涉及各个领域的人员。这一时期风险的讨论主要是在可持续发展、生态现代化以及与此相对的反思现代化、集体责任和生态公民身份的框架下进行①。

3.1.1.2 西方主流学派对风险的概念与特征的认识

“风险”一词的语义来源比较模糊，颇多争议。自 17 世纪通过法国和意大利进入英语语系时，其现代的意思已经不是最初的“遇到危险”，而是“遇到破坏或损失的机会或危险”。经过两个多世纪的发展，“风险”被视为对待影响个人和群体的事件的特定方式，与人类的决策和行动的后果联系更加紧密。

总体看来，西方学者在风险问题上主要有三种不同的观点：贝克的风险社会理论、卢曼的偶然性社会不可知论和道格拉斯的风险文化理论。贝克主要是基于批判的立场对当代社会进行反思；卢曼则怀疑可以从整体上来把握社会，有点类似于后现代主义和后建构主义对整体性进行的解构；道格拉斯则用风险文化的思想来解释风险社会的概念，提出了与贝克的风险理论不同的解释。

1. 风险社会理论中的风险概念

德国社会学家乌尔里希·贝克（Ulrich Beck）是风险社会理论的创始人。1986 年以来，贝克在其发表的包括《风险社会》（1986）在内的一系列著作和文章中，全面而深入地论述了风险以及风险社会概念。以生态环境与技术的关系作为切入点，他首先把风险定义为“技术对环境产生的威胁”，接着不断拓展该概念的适用范围，将这一概念与反思的现代性理论紧密联系，从而抽象出了一个具有普遍意义的概念，用于揭示现代性对人类产生的影响。可以说，贝克关于风险的定义具有很高的洞察力和学理性，比较充分地揭示了风险的现代性本质。

1986 年，在风险社会理论的论述中，贝克进一步赋予“风险”一词新的涵义。在他的《自由与资本主义》一书中指出：“风险是一个指明自然终结和传统终结的概念。或者换句话说：在自然和传统失去它们的无限效力并

---

① 杨雪冬：“全球化、风险社会与复合治理”，《马克思主义与现实》（双月刊），2004 年第 8 期。

依赖于人的决定的地方，才谈得上风险。风险概念表明人们创造了一种文明，以便使自己的决定将会造成的不可预见的后果具备可预见性，从而控制‘不可控制’的事情，通过有意识地采取的预防性行动以及相应的制度化的措施，战胜种种（发展带来的）副作用。”

贝克认为①，风险是“一种应对现代化本身诱致和带来的灾难与不安全的系统方法。与以前危险不同的是，风险是具有威胁性的现代化力量以及现代化造成的怀疑全球化所引发的结果。它们在政治上具有反思性”。在其以后的著作中，他更明确地提出，风险是“预测和控制人类行为未来后果的现代方式”，而这些后果是“彻底的现代化产生的意料之外的后果”；风险已经“成为了政治动员的主要力量”，成为一种造成传统政治范畴过时的话语体系。总而言之，风险是一种“虚拟的现实，现实的虚拟”。最后贝克认为，风险社会中的“风险”可以被定义为处理由现代化本身所带来的灾害和危险的系统方法（Beck，1992）。当人类总是承受着一定程度的风险时，现代社会就要面对现代化过程本身所带来的特定风险，它改变了社会组织原则。

对“关系”的定义是贝克对风险论述的中心要素。在风险社会，主要的社会关系涉及由谁来界定风险。贝克认为风险社会的定义“关系”和马克思的生产关系相似。他提出了四类中心问题（Beck，1999）②：第一类问题涉及由谁来定义并确定哪种产品会带来风险以及风险的责任归属；第二类问题是风险需要涉及哪些认知形式以及由谁来决定这些认知形式的可采纳程度；第三类问题涉及在一个环境风险的知识必定是有争议的和随机的知识这样的社会里，什么可以算是充分的证据。第四类问题是谁决定对受害者的赔偿。

总的说来，贝克的社会风险理论中的“风险”具有四个特点：（1）风险造成的灾难不再局限于发生地，而是经常产生无法弥补的全球性破坏。因此风险计算中的经济赔偿无法实现。（2）风险的严重程度超出了预警监察和事后处理的能力。（3）因风险发生的时空界限发生了巨大变化，甚至无法确定，因此风险计算无法操作。（4）灾难性事件产生的结果多样，使得

---

① Ulrich Beck，1992，Risk Society：Towards a new modernity. Translated by Mark Ritter. London：Sage Publications，p21.

② 薛晓源、周战超：《全球化与风险社会》，社会科学文献出版社 2005 年版。

风险计算过程中使用的计算程序、常规标准等无法把握。

2. 卢曼不可知论中的风险概念

卢曼是风险社会不可知论的代言人。卢曼认为，“风险”是 20 世纪晚期因全新问题的出现而产生的，是一种认知或理解的形式。他指出，风险是一种具有时间规定性的概念。它是一种非常不同的时间限制形式，或者说是一种“意外（偶然）出现的图式”。这种意外或偶然性是由人的认知决定的。因此，卢曼提出“时间上的偶然性促生社会的不确定性”（Luhmann，1993），是当代社会的特征。

卢曼认为，要理解和把握风险，其核心是现代社会在时间跨度上同时发生的变化。基于这一特点，过去和未来的差异不仅获得了新的含义，而且在失去了一体化文化的基础上，新的可能性和定位的多样化也同样具有了新的含义。

3. 风险文化理论的风险概念

作为人类学者、文化学者，玛丽·道格拉斯和维尔达沃斯基等人把风险定义为一个群体对危险的认知。他们认为，这种对危险的认知，是社会结构本身具有的功能，其最大的作用在于辨别群体所处环境的危险性。道格拉斯认为“风险应该被视为关于未来的知识与对于最期望的未来所持共识的共同产物”。鉴于知识是不断变化的社会活动的产物，并总处于建构过程中，因此，尽管风险在本质上有其客观依据，但必然通过社会过程才能得以形成。也就是说，“风险总是社会产物”，是“集体建构物”。这样，由于环境的不同，“每一种社会生活形态都有自身特有的风险列表”。

3.1.2 公共风险的基本理论

通过对西方理论界关于风险概念的梳理，基本廓清了风险的概念和特点。定义风险的目的是为了化解、防范风险。因此，从防范与化解风险的角度研究风险，更加具有实际意义。

从风险的属性及其化解、防范方式来看，可划分为两大类：私人风险和公共风险。私人风险的分散、转移及化解和防范是通过分散的市场机制来实现的。但有些风险是无法通过市场机制来化解和防范的，这种市场无法化解的风险，就表现为公共风险，只能由政府出面来集中解决。

3.1.2.1 公共风险的概念

公共风险是相对于私人风险而言的。私人风险是指产生“私人”影响，可以由个人和企业承担的风险。私人风险的承担具有可选择性。人们愿意承担风险是因为可以获得风险收益，所以人们可以在权衡风险所带来的额外收益和由此造成的损失成本基础上决定承不承担风险以及承担风险的大小。私人风险成本具有可分割性。私人可以通过市场机制对风险加以化解，如保险公司提供的各种商业保险、企业的风险管理、个人的风险投资组合等。

公共风险是指产生“群体（或社会）”影响，是指个人和企业无法承担的风险，只能由政府来承担的风险。公共风险的承担则不具有可逃避性，即社会中的每个人都可能承担这种风险，没有办法置身于风险范围之外。公共风险不具有可分割性，即人们不可能根据自己所面临的风险大小来分担风险成本，或在技术上没有办法将风险成本加以分割。例如，银行不良资产可能造成金融危机，影响到社会中的每个人，但人们无法对自己是否承担这一风险作出选择。要化解风险，就得付出成本，但是要想通过市场机制来对每个私人分摊其所承担的风险成本却是不可能的。

可见，私人风险的分散、转移及化解和防范是通过分散的市场机制来实现的。当风险单靠个人和企业已经无能为力、市场调节不能发挥作用时，只能由政府出面来集中解决，这时的私人风险转化为公共风险，也可以说，公共风险是私人风险异化的结果。

公共风险具有三个特征①：一是内在关联性。公共风险在发生过程中，对个人和企业来说，是相互关联的。如在全球传播的甲型 H1N1 流感，具有广泛的传染性，社会危害极大，具有公共性。二是不可分割性。对每一个人和企业来说，公共风险将在未来的哪个时间发生是不确定的，而一旦发生，每个社会成员都不可避免地要遭受损失，尽管损失存在大小差异。三是隐蔽性。公共风险最初表现并不明显，通常在累积到了一定的程度后才被发现。如气候变化问题在工业化时期并没引起人们足够的关注，直到由此产生严重的环境和生态问题后才为人们所关注。因此，无论是在过去还是现在，公共风险的防范往往表现为亡羊补牢的事后行为。

---

① 刘尚希：“论公共风险”，《财政研究》，1999 年第 9 期。

3.1.2.2　公共风险成因：社会分工的发展

公共风险是和“社会性”紧密联系在一起的，因为只有在一个集体的社会中，风险才能呈现公共性的特点，否则只是相对个体而言的私人风险。社会面临的风险通常来自两个方面的不确定性：自然环境的不确定性和社会发展过程内部的不确定性。

在自给自足的自然经济社会，社会分工不发达，加之各种自然屏障的阻隔，社会内部的相互依存性不强，社会成员之间的相互联系主要局限在自然地理空间的范围内，如自然村落、自然集镇。在经济、社会活动相对孤立和封闭的这种社会形态，公共风险的关联性与传染性相对较弱，在时间和空间的延展性上则比较小，公共风险的影响不大。

在现代社会，除了来自自然界的风险外，真正的、具有更大破坏力的风险则来自社会经济运行过程内部的不确定性及由此导致的各种危机。首先，由于现代社会存在着难以消除的各种自然分工与差别，使社会经济互动过程中的各成员之间难以沟通、协调，从而奠定了各种社会矛盾和冲突的自然基础。比如，地域之间、种族之间以及个人禀赋差异等，使社会运行变得纷繁复杂，导致人类对人类社会的认知比对自然界的认知更为困难。其次，社会分工使个别劳动社会化，个别劳动产品变成了社会产品，社会成员之间既相互依赖又彼此协作。彼此协作变得须臾不可离开，不确定性由此产生。当分工突破国家疆域而变为全球分工时，由此产生的不确定性会急剧放大，一旦全球社会经济体系中的某个环节出了问题，就会导致放大到全球的公共风险，乃至演变为全球公共危机。再次，人类的活动对大自然产生的不良影响会导致大自然对人类的报复，如气候变暖、生态环境恶化等。科学技术的快速进步大大提升了人类改造大自然的能力，当这种改造与大自然不相容并积累到一定程度时，灾难就会降临。

社会分工的不断发展导致了公共风险的急剧扩大。社会分工带来效率，与此同时通讯和网络技术的发展又使社会分工日益技术化，再加上生产和贸易日益全球化，使经济和社会发展运行过程的不确定性呈几何级数增加。而社会经济的市场化发展方式，更使分工和技术所引致的经济运行内部的不确定性遽然增加，必然产生前所未有的公共风险。

随着社会信息化，人类社会的分工已由劳动分工发展到哈耶克所说的“知识分工”。知识分工使知识的生产成几何级数增长，而知识的增长又加快了知识的分工。合理的决策需要知识；科学的生产和销售需要知识；未雨绸缪，预防自然界的各种灾难也需要知识。然而，“信息成本是从一无所知变为无所不知的成本，极少有交易者能负担得起这一全过程”。正是因为高昂的信息搜寻成本，无人可能或者愿意获取复杂运作所需要的全部信息和知识，相反人们选择只获取特定的部分信息并保留对其他信息的无知是合乎理性的，即理性的无知（rational ignorance）（柯武刚、史漫飞，2000）。

这种理性的无知，使得人类对未来结果的预测与实际结果的偏差不可避免。例如，随着互联网的普及，网络安全风险问题日益引起各国的关注，网络病毒的肆虐以及黑客对网站的蓄意攻击，引发了信息安全方面的风险。如2000年5月3日爆发于香港的名为“I love you”可通过E－Mail散布的病毒，一时间让全球谈“爱”色变，给全球带来100亿—150亿美元的损失。这种风险正是由于人类无法完全了解并驾驭不断更新变化的网络技术，从而产生的理性的“无知”的结果。

随着科技的飞速发展，经济运行的不确定性将越来越大，社会的发展方向也面临着更多的风险。1997年的东南亚金融危机，2003年全球性“非典”危机，2007年下半年发生于美国的次贷危机引致全球性金融危机至今仍影响全球经济发展，2009年发生于墨西哥的H1N1病毒在全球造成近万人的死亡等，都表明了公共风险的存在和不可避免性。特别是在“地球村”的框架下，各种经济、社会、政治等公共风险，互为因果，相互传染、叠加和扩展，不再是一种偶然现象，已经成为各国必须面对的一种常态。

3.1.2.3 公共风险的防范与化解：制度变迁

制度是指各种规则及由此形成的秩序。只要是以人们的行动有约束力的规则都构成制度，如政治结构、行政命令、操作规程、法律法规，以及各种习俗、习惯、宗教、文化传统和伦理道德等。制度的产生可以从公共风险的角度得到一般性解释。以国家的产生为例。如果国家是一项制度的话，那么国家本身就是一种风险防范机制，或者说是公共风险导致了国家的产生。这一点可以从恩格斯在《家庭、私有制和国家的起源》一书中找到佐证。恩格斯在该书中指出：“国家是社会在一定发展阶段上的产物；国家是表示：这个社会陷入了不可解决的自我矛盾，分裂为不可调和的对立面而无力摆脱这些对立面。而为了……不致在无谓的斗争中把自己和社会消灭，就需要一种表面上凌驾于社会之上的力量，这种力量应当缓和冲突，把冲突保持在

‘秩序’的范围之内；这种从社会中产生但又自居于社会之上并且日益同社会脱离的力量，就是国家。”（恩格斯，1976，中译本），由此不难得出一个结论：公共风险是人类社会进化的原动力。

对于制度变迁的推动力，有不同的解释。马克思主义是从阶级的角度来阐述制度变迁的，而且主要是从社会制度这个层次来把握的，认为阶级斗争是基本的推动力。而西方学者多是从成本—收益的角度来解释的，科斯的交易费用的概念广为流行，认为制度变迁的动力是为了减少交易费用。但上述方法针对市场的研究是有效的，如果对社会进程中的各种制度变迁都用市场分析的方法则存在着很大的局限性。

鉴于上述分析，可以得出，公共风险是人类社会进化的原动力，也是制度变迁的原动力。制度变迁的过程体现了人类化解风险的过程。每一项制度变革与其说是人们在追求自我利益过程中达成的某种协议，不如说是人们在规避公共风险——负面利益——的过程中达成的某种契约①。货币制度的演变过程就很好地解释了这一点。货币的演变经历了“实物货币—金属货币—纸币—电子货币”等几个阶段，每个过程都是在可能出现的交易风险（一种公共风险）的推动下实现的。制度变迁可以很好地规避风险。

3.1.3 全球公共风险理论的提出

3.1.3.1 全球公共风险的概念

从公共风险的地域影响看，可分为区域和全球公共风险。具体来说，如果一种风险不仅能够使一个国家或集团面临风险，而是在全球范围，使任何人群或一代人都将面临着风险，那么这种风险便是全球公共风险。从公共风险的特点看，一些公共风险自产生时就具有全球性的特征。如温室气体的排放对臭氧层的破坏将使整个人类受到影响，这种风险自产生时就具有了全球性特征。另一方面，全球化对公共风险也有着“推波助澜”的作用。全球化的发展，使原本一些局限于国家或区域内的公共风险扩展到全球的范围，从而呈现出全球性的特征，并加剧了其风险的后果。

西方学者对全球性风险的研究也在不断进行中，贝克在其后来著作中，

① 刘尚希：“论公共风险”，《财政研究》，1999 年第 9 期。

针对全球化的不断推进，提出了“全球风险社会”的概念。2001 年 11 月，他在俄罗斯国家杜马上的演讲中说，全球风险社会的新涵义依赖于这样一个事实，“那就是运用我们的文明的决策，我们可以导致全球性后果，而这种全球性后果可以触发一系列问题和一连串的风险，这些问题和这些风险又与权威机构针对全球范围内的巨大灾难事例而构筑的那一成不变的语言及其作出的各种各样的承诺形成了强烈的反差”。①

贝克认为，有三个层面的全球性风险是可以确认的，即生态危机、全球经济危机以及跨国恐怖主义网络所带来的危险。这些全球风险有两个特征：一是世界上每一个人在原则上都可能受到它们的影响或冲击；二是要应对和解决它们，需要全人类共同努力。贝克在谈到人类面临着全球性风险时，强调提升忧患意识、防范文明风险、解决世界当前危机的紧迫性，主张要解决此类问题，有民族国家必须实现“世界主义转型”，必须联合起来，集中力量，共同努力，统筹安排，统一行动，构建一种世界性的协商机制，成立一个国际治理机构，制定具有集体约束力的方案，采取协调一致的行动步骤②，并可能会提出这样一个理念，即“共同的命运所组成的共同体”。

3.1.3.2 全球化与公共风险

“全球化”一词，一般认为从罗马俱乐部的两份报告——《增长的极限》和《人类处在转折点》中已被提出。1972 年，罗马俱乐部提出了关于世界趋势研究的报告《增长的极限》，引起了世界各国对全球未来趋势的关注，使世界各国认识到全球合作在当代的重要性，由此唤起了人们的“全球意识”。

“全球化”受到广泛关注和集中讨论则始于 20 世纪 90 年代前后。从 20 世纪 90 年代开始，随着通信技术和互联网的快速发展，各民族国家之间政治、经济和文化的联系和交往得到了迅猛加强，“全球化”作为信息时代的特征开始凸现出来。全球化的本质在于流动的现代性，包括物质产品、人口、标志、符号以及信息的跨时间和空间的运动。“全球化”表明这是一个国际社会联系日益密切、整体性日渐增强的过程，包含了经济、政治、科

---

① 杨雪冬：“风险社会理论述评”，《国家行政学院学报》，2005 年第 1 期。

② 章国锋：“全球风险社会：困境与出路——贝克的‘世界主义’构想”，《马克思主义与现实》（双月刊），2008 年第 2 期。

技、文化、社会生活等多个维度。因此当今世界各国经济已经是“你中有我，我中有你”。

实际上，全球化作为一个历史进程，是与现代意义上的“风险”同步出现的，并且当全球化成为当代社会的主要特征时，同样地，风险也成为同一个时期社会的基本特征。这个阶段中，工业化进程中所产生的公共风险开始占主导地位，全球化则起到推波助澜的作用，将各国风险从一个国家或地区推向全球，从而具有了全球性的特征。

全球化与公共风险的关系表现在以下四个方面：

首先，全球化扩展了公共风险的来源。人员、物质、资本、信息等跨国界流动加速，以及人群、社会和各个国家相互联系和依赖的增强构成全球化的核心内容。这必然导致原本限于一个国家或一个地区的风险，扩散到更多的国家、区域乃至全球。同时，风险在扩散的过程中，彼此间还可能产生传染、叠加和扩展，产生新的风险源，使公共风险呈现出扩展性。

其次，全球化加大公共风险的影响和潜在后果。在全球化的背景之下，各国相互依赖的程度大大加深，这又增加了风险后果承担者的数量。另外，全球化使风险的潜在后果在规模和影响范围上不断扩大。

再次，全球化推动了全球风险意识或文化的形成。现代通讯技术的发展克服了时间与空间对人类交往的限制，使不同社会中的人群对同一事件的认识和交流也出现了“全球化”特点，人类处于“地球村”中，因此面对共同的风险，人类有了基本共识：在全球风险下，只有集体行动、相互合作，才能应对风险。

最后，全球化要求集体行动。全球化扩展了“公共”的含义。扩展了的“公共”在一般意义上指的不是某个共同体、某个民族，甚至某个地区的共同利益，而是全球范围内人类的共存与发展。全球化下公共的扩展使得风险的化解不能局限于一国的范围，全球采取集体行动，实行风险化解的“全球化”。

3.1.3.3　全球公共风险的特征

全球性公共风险既然是公共风险，无疑是应该具备公共风险的基本特征，即关联性、不可分割性和隐蔽性。同时，全球风险也呈现出其特有的特征，主要表现在以下几个方面：

第一，超国家性。全球公共风险的影响是超国家性的，超越了地理边界和社会文化边界的限制。面对全球性公共风险，单个主权国家已无法进行决定，这已超出了单个国家的能力范围，毫无疑问，这种公共风险决策已上升为国际社会的共同责任。

第二，损害的回归性。全球公共风险在其扩散中体现出一种“飞去来器”的效应，它最终可能使施害者也变为受害者。地球是圆的，任何一个国家转嫁风险的企图都会导致风险回归到自身。发达国家把风险转移给发展中国家，只是一个短期有效的做法，最终会给发达国家造成更大的风险损失。所以从时间上观察，全球公共风险是平等的，如同贝克所说：“贫困是等级制的，化学烟雾是平等的”。它以一种整体的、平等的方式损害着每一个人。不但影响到当代人，还要影响到后代人。

第三，后果的不可逆性。全球公共风险一旦变成现实，其后果是不可逆转的，如臭氧层的空洞、冰川的融化、海平面的抬升、洋流运动的改变、物种的灭绝等，都是人类无法去修复的，更是人类无法抗拒的。正是在这个意义上，全球公共风险只能是防范，一旦变成现实危机，大自然不会给人类任何重建家园的机会，等待我们的是人类的毁灭。

3.1.3.4 全球公共风险的防范与化解

从国家层次上看，防范和化解公共风险是政府的使命，政府的主要职责就是防范和化解经济、社会改革和发展过程中的公共风险，使其最小化，避免使公共风险转化成为公共危机，这是一种国家理性的选择。但全球公共风险的防范和化解则不是单个国家的公共理性能达到的，需要超越国家公共理性的全球公共理性。在其应对方法上，现有的风险计算方法和经济补偿方法都难以从根本上解决问题，要通过提高现代性的风险反思能力来建立应对风险的新机制。国际社会的制度构建是唯一的路径选择。

1. 战略选择：从国家理性上升到全球理性

全球公共风险的特性决定了单个国家不愿意，而且往往也无力解决这些问题。只有在全球合作的基础上，将国家理性上升为全球理性才能防范和化解全球公共风险。

在人类改造自然的过程中，具有个体理性的经济人在相关的资源约束下选择要素投入自我效用最大化。由于没有考虑到自我行动对社会中的其他个体或集团造成的外部效应，如各国按照个体效用最大化则选择各自的污染排放量，导致了全球性气候变暖，国家理性导致全球非理性的产生。事实上，自从人类工业文明开始以来，率先工业化的发达国家都是在国家理性指导下追求本国利益最大化的，200多年来累积排放的碳已经导致了全球气候的改变。显然，发达国家应当首先更新观念，从国家理性走向全球理性。这是防范和化解全球公共风险的唯一战略选择。

防范和化解这些风险往往都具有正外部性，即所有国家都能够从任何一个问题的解决中获得收益。因此，“搭便车”则成为一些国家的选择。奥尔森的集体行动逻辑解释了这一现象：一个理性的人是不会参与到集体行动中来的，因为这要花费私人的成本，而收益却是集体共享。为了克服这种“搭便车”困境，奥尔森设计了一种强制和“选择性激励”的组织策略，前者指依靠一种中央集权的方式来迫使集团成员参与集体行动；后者指正面的奖励与反面的惩罚相结合，对参与集体行动的成员实施奖励，而对不参与者进行惩罚。但对于超国家性的全球公共风险防范而言，奥尔森的思路就用不上了。因为至今为止还难以产生一个全球政府来迫使世界上所有的民族国家参与到全球的集体行动中来。各个国家之间的协商谈判往往艰难，无法达成实质性的全球行动框架，从哥本哈根会议的结局不难看出这一点。

要实现全球的集体行动，关键是要树立全球公共理性。而全球公共理性是不会凭空产生的。它来自对全球公共风险的深刻认识。只有当全球公共风险意识深入世界人心的时候，全球合作才会从一种临时性的、偶尔的状况变为经常性、持久的状态，防范全球公共风险的国际社会集体行动才会真正产生。

2. 路径选择：构建国际制度

制度的构建和变迁源于公共风险带给人类的威胁。在全球公共风险日益显现并不断扩大的情势下，构建超越国家的新的国际制度已是大势所趋。从历史上看，两次世界大战曾给人类带来了深重灾难，如何避免第三次世界大战这样的全球公共风险，“二战”之后建立了一种崭新的国际组织——联合国，对于防范新的世界大战风险发挥了重要作用。同样，应对气候改变的全球公共风险也需要构建一种新的国际制度。

有关国际制度的理论，是西方国际关系理论的一个重要分支，也是一个使用比较广泛的概念，国际制度（international institution），也称作国际机制（international regime）。西方理论界对国际制度的看法不同，但概括起来国际制度的概念分为狭义和广义两种。狭义主要指的是规范国际某一领域的行为规则，而广义的国际制度则指的是有关国家在某一问题上进行合作或协调的机制。国际制度的产生主要有两种方式：一是国家在国际关系中的“社会化”过程中自发生成的；二是因为霸主（或主导的国家）的作用而强制规定的。国际制度一经产生，就会具有持久的功能价值。新自由制度主义者认为，制度对促进国际合作是至关重要的。国际制度建立以后至少具有下列两项功能：“第一，它使各方的需求汇聚在一个中心，为合法行动以及决策者达成可行的一致模式提供了指南，并降低了行为的不确定性。长远来说，人们甚至可以看到，政府在顺应机制的各种规则上，是如何界定它们的自我利益的。第二，制度可以通过禁止确定的行动来约束国家的行为。”

奥兰·杨提出，“国际制度只有在相关议题危机的时候才可能达成契约式的互动，才可能产生各国重视和接受的制度安排。”① 以气候变化风险为例，国际气候变化制度是在全球气候变化公共风险加剧情况下构建并不断发展的。气候变化的国际制度的构建和进展很好地诠释了人类在对气候变化风险从认知到重视的过程。国际社会达成共识，确认各国减少碳排放可以减缓全球变暖，并为此制定了《联合国气候变化框架公约》和《京都议定书》，《巴厘岛路线图》又为进一步落实公约指明了方向，从而确立了国际社会应对气候变化的主流机制。虽然刚刚结束的哥本哈根会议最终达成的协议并不能令各方满意，但恰恰诠释了国际制度演进的过程。要从根本上化解气候变化危机，只有坚持国际合作，关键在于推进国际气候变化制度的演进，达成“多元行为体以及全体共识原则”，以应对气候变化的全球公共风险。

3.2 全球公共风险理论在应对气候变化中的运用

“风险”一词经常出现在论述气候变化的文章著述中，这一术语确切地反映出了人们对全球变暖的看法：气候变化已经成为全球公共风险。了解气候变化的成因及其全球性的灾难后果，可以使得应对全球气候变化风险越来越受到国际社会的重视。

---

① Oran Young, “The Politics of International Regime Formation: Managing Natural Resources and the Environment,” International Organization, Vol. 43, 1989, p336 - 360.

3.2.1 对气候变化问题的认知

气候变化是一个富有争议的议题，也已经成为国际社会普遍关注的热点环境问题。早在20世纪70年代，“全球问题”就被罗马俱乐部提出。人类对气候变化的认识经历了一个由静态到动态、由稳定到突变的过程，其中也充满着争论：人类活动是否是使全球变暖的“元凶”？全球变暖是否会带来毁灭性的后果？从哥本哈根会议前夕的“气候门”事件（见专栏3-1）看，对全球气候变化的成因还存在着一些不同的声音[①]，但联合国气候变化专门委员会科学家还是认为，正在变化的气候主要是由于人类活动引起，包括燃烧化石燃料；如果不及时制止，后果将会是灾难性的。

联合国政府间气候变化专门委员会（IPCC）是由气象组织和环境规划署设立的，旨在评估相关科学、技术和社会经济方面的信息，以了解气候变化及其潜在的影响，并提出调整和缓解方案。IPCC先后组织世界上最优秀的科学家通过合作研究，于1990年、1995年和2001年相继完成了3份全球气候评估报告，指出人类活动是造成全球气候变化的主要原因，这些报告已经成为国际社会人士了解气候变化问题的主要依据。2007年，IPCC又陆续发布了4卷第四次评估报告《气候变化2007》[②]，《气候变化2007》浓缩了过去6年来全球几千位科学家对气候变化的原因、程度和未来变化的预测，以及对自然与人类社会的影响、应对措施的评估等方面的最权威共识。在其第1卷《气候变化2007：科学基础》（Climate Change 2007：The Physical Science Basis）的“决策者摘要”（Summary for Policymakers）一文里，全球科学家已经达成如下重要共识：由于人类活动，自19世纪中期工业革命以来，化石燃料消费量剧增，这种趋势将可能带来灾难性的全球变暖。人类活动，尤其对化石能源的无节制使用，正是气候变化的最主要“元凶”，全球升温威胁就在眼前。

---

① 本书对气候变化原因的不同声音不作过多的评述，本书所做的研究是建立在“人类活动是气候变暖的原因”的立论是正确的基础上。

② IPCC使用的气候变化是指气候状态的变化，而这种变化可以通过其特征的平均值和/或变率的变化予以判别（如利用统计检验），气候变化具有一段延伸期，通常为几十年或更长时间。气候变化指随时间发生的任何变化，无论是自然变率，还是人类活动引起的变化。该定义的提法不同于《联合国气候变化框架公约》（UNFCCC）中的含义，在公约中气候变化是指在可比时期内所观测到的自然气候变率之外的直接或间接归因于人类活动改变全球大气成分所导致的气候变化。

专栏3-1 气候门：全球气候变暖与人类活动的关联争议

【香港《大公报》2009年12月2日文章】一名电脑黑客侵入英国东英吉利大学的电子邮件伺服器，窃取英国气候学家之间交流的上千封电子邮件内容。黑客把电子邮件公之于众，并声称从邮件中可以看出，这些气象专家的研究并不严肃，他们甚至篡改对自己研究不利的数据，以证明人类活动对气候变化起到巨大作用。换句话说，人类活动影响气候这一说法，也许是谎言和欺骗！这宗丑闻让反对“人类影响气候”说法的人感到非常兴奋。这一事件也在整个世界引起讨论和争论，并被媒体称为“气候门”。

【美国《华盛顿邮报》2009年12月5日报道】这一被称为“气候门”的丑闻发生在最不恰当的时机。距离哥本哈根气候变化峰会开幕还有不到72小时的时间了，但仍有人怀疑全球变暖和人类活动之间是否存在联系。例如一直反对减少化石燃料使用的沙特阿拉伯就表示，现在应该放弃减少排放量的哥本哈根计划。

一些人对于那些有关人类活动造成气候变暖的说法，甚至气候变暖本身是否存在都持怀疑或否定态度。然而，负责气候问题的部门——包括美国政府研究气候问题的顶级科学家——声称，这些邮件中没有证据证明他们的基础理论是错误的。他们说，二氧化碳和其他温室气体仍然在大气中聚集，继续吸收更多的太阳热能，而其所造成的后果从长期来看仍然是可怕的。

尽管如此，上月底，当26个气候研究人员发表《哥本哈根诊断报告》时，他们在这一问题上的意见分歧并不明显。这份报告概述了自2007年以来的科学进展。这份报告说：“全球变暖现象最近是否放缓或停止了？答案是否定的。”

对那些不希望减排的人来说，这一丑闻的爆发不失为一个大好消息。

资料来源：http：//ckxx. org. cn/other/other2009120603/

3.2.2 气候变化问题的全球公共风险特征

2009年达沃斯年会前夕，世界经济论坛等5家机构于1月13日在伦敦发布了2009年《全球风险》报告，报告中将气候变暖导致粮食和健康受威胁同政府财政状况恶化、中国经济放缓一起并列为如今世界面临的三大风险。报告认为气候变化、未决资源问题以及保护主义相关的问题可能将这些全球风险与巨大的社会和经济成本交织在一起。可见，气候变化将带来全球性的灾难后果，其全球公共风险的特征已经越来越为人们所重视。

3.2.2.1　生态灾难

IPCC 报告认为，全球平均温度正在以每 10 年 0.2℃的速度增长，近百年来全球地表平均温度上升了 0.74℃，最近 50 年的升温速率几乎是过去 100 年的两倍，最近 10 年是有记录以来最热的 10 年。局部降雨格局正在发生变化，生态带逐渐转移，海洋日益变暖，冰盖不断融化。海平面可能随着冰盖加速崩解而迅速升高。随着全球气温的上升，全球海洋温度的增加已延伸到至少 3000 米深度，海洋升温引起的海水热膨胀，造成 20 世纪全球平均海平面上升约 0.17 米；北半球积雪面积明显减小，山地冰川和格陵兰冰盖加速融化，1978 年来北极海冰面积以每 10 年 2.7% 的平均速率退缩，北半球 1990 年以来季节冻土覆盖的最大面积已经减少了约 7%。

根据预测，如果超过了 2℃的临界值，所有物种灭绝速率都将提高，全球气温升高 3℃ ~4℃，可能导致 3.3 亿人由于洪灾而永久地或者暂时地逃离家园。孟加拉国可能有 7000 万人受灾，埃及可能有 600 万人受灾，越南可能有 2200 万人受灾。面积狭小的太平洋岛国和加勒比海岛国可能遭受毁灭性打击。变暖的海洋还会催生更加猛烈的热带风暴。由于目前有超过 3.44 亿人遭受热带气旋威胁，因此更猛烈的风暴可能对许多国家造成毁灭性后果。有 10 亿人居住在不稳固的山坡或者容易遭受洪水袭击河岸上的贫民窟内，他们将面临着紧迫的危险。气候变化所带来的后果将是不可逆的，是全球性的灾难性后果。

3.2.2.2　经济灾难

由前世界银行首席经济学家尼古拉斯·斯特恩（Nicolas Stern）支持完成的报告第一次以美元为单位对全球变暖的影响进行了评估，并给出了人类社会未来的图景。这份报告认为，如果在未来几十年内不能及时采取行动，那么全球变暖带来的经济和社会危机，将与世界大战以及 20 世纪前半叶曾经出现过的经济大萧条相当。届时，全球 GDP 的损失将达到 5%—20%。

3.2.2.3　社会灾难和分配不公

气候变化带来的风险将使人类发展中的不平等问题加重。当今世界，人类发展中的全球不平等问题还很严重。全球40%的人口每天生活费不足2美元，其收入只占全球收入的5%，而最富裕的20%占全球收入的3/4。整个撒哈拉以南非洲都很滞后：到2015年该地区贫困人口占全球贫困人口的比例将从1990年的1/5上升到1/3。而气候变化带来了一个更加重要的问题：气候变化所带来的风险正在递增，不同国家和不同人群应对这种风险的弹性和能力各不相同；适应能力也存在着差异，本已贫弱不堪的国家尤其要遭受愈来愈多的风险。对于人类发展指数（HDI）分类中低人类发展水平的22个国家（总计5.09亿人口）而言，气候风险稍有增加就可能导致大规模的脆弱性①。在多数发展中国家（包括处于中等人类发展水平类别的国家），与气候相关的脆弱性、贫穷与人类发展之间的相互作用是双向的。贫穷人口通常营养不良，一定程度上讲，这是因为他们生活在经常发生干旱和生产力水平低下的地区；反过来，他们易受气候风险的影响，因为他们贫穷且营养不良。在有些情况下，这种脆弱性与气候灾害侵袭直接相关。

人类发展的不均衡将使贫穷人口特别是陷入“贫困陷阱”的人口面临着更大的气候风险，从而加剧了分配不公。

3.2.2.4 国家安全挑战

气候变化不仅威胁经济发展，而且将严重危及国家安全。欧盟的一份报告指出，气候变化将恶化现有趋势、紧张态势以及不稳定性。具体来说，气候变化的威胁有以下七种：一是资源引发的冲突；二是沿海城市及基础设施面临威胁；三是领土损失和边界争端；四是环境引发的移民；五是社会逐渐衰落、激进行为日益盛行；六是能源供应紧张；七是国际监管压力加大。如果不抓紧采取行动，世界各国将要付出的国防和安全成本以及与气候相关的冲突成本远远大于减排成本②。

国际社会对气候变化问题的认识也在进一步扩展和深化。近年来，美国国防部等相关部门从不同的角度对气候变化对美国安全的影响进行大量的研

---

① 根据UNDP《应对气候变化：分化世界中的人类团结》（2007/2008人类发展报告），“脆弱性”不同于风险。该词源于拉丁文动词“伤害”一词。风险是指遭受的外部危险，人们对此危险的控制力有限，而脆弱性衡量人类在不对未来福祉造成长期、有可能不可逆转损失的前提下，应付这类危险的能力。从广义上讲，脆弱性可以简单地说成是：人们必须警惕的不安全和潜在危害——可能发生并“招致毁灭”的严重事情。

② 胡鞍钢、管清友：《中国应对全球气候变化》，清华大学出版社2010年版。

究，取得了很多成果，如 2003 年美国国防部的《气候突变的情景及其对美国国家安全的意义》、2007 年美国海军分析中心军事咨询委员会发表的《国家安全与气候变化威胁》、2007 年美国对外关系委员会推出的《气候变化与国家安全：一份行动纲领》、2007 年美国战略与国际问题研究中心和美国新安全研究中心推出的《后果降临的年代：全球气候变化对外交政策和国家安全的意义》、2008 年美国国家情报委员会推出的《2030 年前全球气候变化对国家安全的影响》，以及 2008 年美国德克萨斯大学学者布斯比（Joshua W. Busby）在《安全研究》杂志发表的题为《谁关注气候？气候变化与美国国家安全》的论文等。大量关于气候变化与国家安全的相关研究，论证了气候变化对国家安全的影响，也为美国的未来的全球气候战略提供了依据，气候变化“安全化”趋势日渐明显。

3.2.3　气候变化风险的责任确认

气候变化风险责任的确认是应对气候变化问题的关键，一直以来，也是气候谈判中争议的焦点。气候变化与人类的工业化进程是密不可分的。发达国家在其工业化进程中排放大量温室气体是气候变化的主要原因。

UNDP《2007/2008 人类发展报告》考察了二氧化碳排放的碳足迹，认为碳足迹深浅有助于确定减排和适应气候变化措施中“平等”和“分配”这两大问题。考察发现，发展中国家总的碳足迹正在加深，并呈现和发达国家趋同的趋势。2004 年，在与能源相关的二氧化碳排放量中，发展中国家的排放量占 42%，而 1990 年这一比例仅为 20% 左右。中国有可能超过美国成为世界上的最大碳排放国，印度目前已位居全球第四。预计到 2030 年，发展中国家碳排放量将占总排量的一半以上（见图 3-1）。这种总排放量的趋同趋势时常被作为要求发展中国家迅速减排的依据。但报告认为，这种观点忽视了某些重要因素，一个国家碳足迹的深浅与过去和现在能耗方式密切相关，碳足迹也反映出富裕国家所累积的沉重“碳债务”：富裕国家人口只占世界人口的 15%，但二氧化碳排放量却占全球总量的 45%。低收入国家人口占世界人口的 1/3，但二氧化碳排放量只占排放总量的 7%。其中撒哈拉以南非洲的人口占世界人口的 11% 左右，但二氧化碳排放量只占全球排放总量的 2%。报告认为碳足迹反映了富裕国家对地球大气的过度“剥削”，所以发达国家更应承担碳排放的历史责任（见图 3-2）。

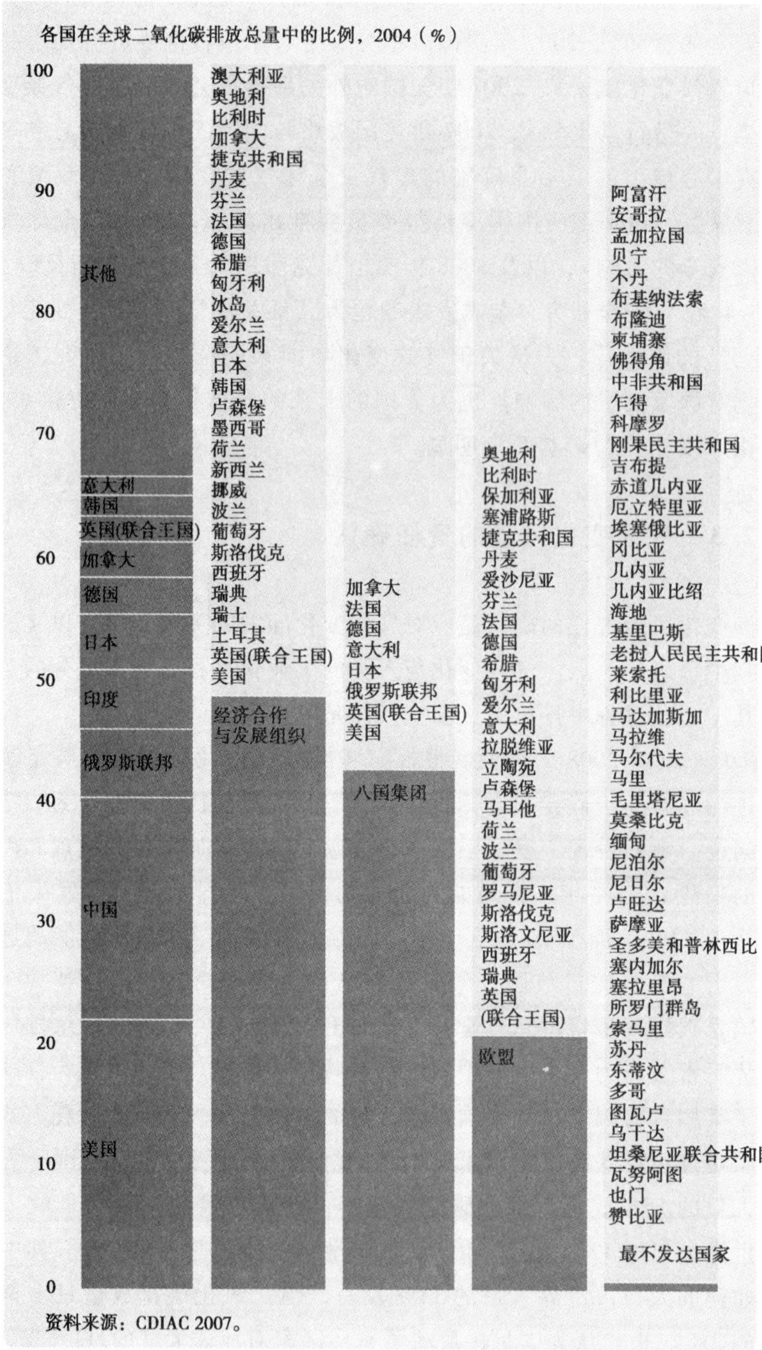

图 3-1　各国在全球二氧化碳排放总量中的比例

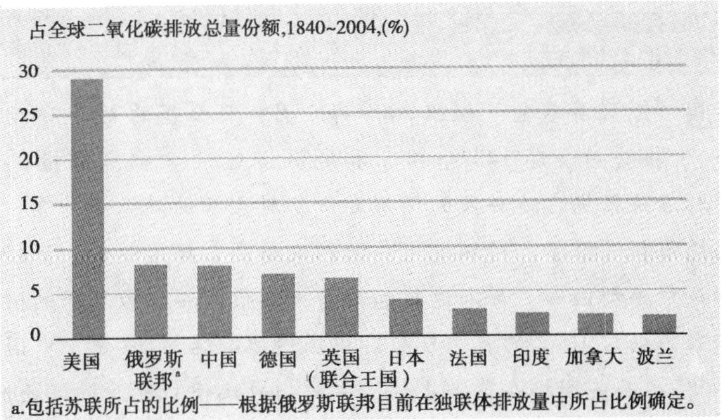

资料来源：CDIAC，2007 年。

图 3－2　中国和发达国家在累计排放总量中所占份额对比示意图

二氧化碳是最主要的温室气体，排放到大气中后，少则 50 年长则 200 年不会消失，因此《联合国气候变化框架公约》明确规定，发达国家对于历史上的二氧化碳等温室气体的排放负有不可推卸的历史责任，并在《京都议定书》中进一步明确了各发达国家应当承担的具体减排指标和相关责任。

明确气候变化风险的责任是为了确认化解风险的责任归属，发达国家有义务向发展中国家提供资助，而且它们也有资金能力履行这项义务。早在 1992 年，联合国制定的《联合国气候变化框架公约》就认识到这一问题，公约的核心内容就是“共同但有区别的责任”原则。一方面要求每个国家都要承担起应对气候变化的义务，另一方面强调“区别”，即发达国家要对其历史排放和当前的高人均排放负责，它们也拥有应对气候变化的资金和技术，而发展中国家仍在以“经济和社会发展及消除贫困为首要和压倒一切的优先事项”。根据这个原则，发达国家应该率先减排，并给发展中国家提供资金和技术支持；发展中国家在得到发达国家资金和技术支持下，采取措施减缓或适应气候变化。

但事实上，发达国家和发展中国家围绕这一原则争议很大。发达国家对发展中国家因坚持“共同但有区别的责任”原则而没有就减排承担义务不满。美国拒绝批准《京都议定书》的一个重要借口是：中国和印度这样的排放大国没有承诺减排义务。发达国家对气候变化风险责任的推卸在为人类整体带来灾难的同时，对其自身的影响也是巨大的。在最近的幸福星球指数排名中，美国仅列第 114 位，见专栏 3－2。

专栏 3-2 幸福星球指数的排名

据英国“新经济基金”组织2009年7月4日公布的2009年度《幸福星球报告》，报告对全球143个国家和地区进行“幸福星球指数”的排名。衡量标准是根据各地公民的预期寿命、对生活的满意度计算，但也考虑各地人均消耗资源量。对环境造成的污染越高，排名越低，故排名较前的几乎都是中小型国家。哥斯达黎加荣膺世界最幸福、最环保的国家，拉丁美洲国家高踞前10名的其中9席。中国内地排名第20位，中国香港则位列第84位，而美国排在第114位，幸福指数比伊拉克及伊朗还低。

部分国家/地区的幸福指数：①哥斯达黎加76.1；②多米尼加71.8；⑤越南66.5；⑳中国内地57.1；㊾新加坡48.2；㊽韩国44.4；㊼日本43.3；㊻中国香港41.6；⑽俄罗斯34.5；⑾美国30.7；⒀津巴布韦16.6。

资料来源：http：//news.21cn.com/domestic/shiyong/2009/07/07/6537180.shtml

3.2.4 应对气候变化全球公共风险的路径选择

3.2.4.1 战略选择：应对气候变化的集体行动

气候变化具有“平等性”，通俗地说，就是地球大气层并不区分温室气体来源于哪个国家。来自中国的1吨温室气体与来自美国的1吨温室气体具有同样的影响——一个国家的排放量构成了另外一个国家的气候变化问题。在这个相互依存的世界中，气候变化的影响跨越国界是不可避免的。无论是发达国家还是发展中国家，都不能幸免。气候变化可能引起的人道主义灾害、生态破坏和经济混乱的规模，比现在所能预见的要大得多。因此，任何一个国家单枪匹马都无法赢得抗击气候变化的胜利，在应对气候变化的过程中，集体行动不再是可有可无，而是必须选择。

3.2.4.2 路径选择：建立应对气候变化的国际制度

国际社会逐渐认识到，国际制度是共同努力应对全球气候变化公共风险的重要路径。气候变化问题有一个独特的特点，即每一个国家既可以是全球气候变暖的污染源，也可能是受害者，而更多的则是两者兼有。因此，以国际气候制度作为国际社会应对气候变化的主流机制，约束和规范各国的碳排放行为是应对气候变化全球公共风险的重要路径。

国际气候制度是国际环境制度的一个组成部分。国际环境制度从构成要素来看，主要包括承担组织协调职能的国际环境组织与机构，反映国际共识的决议、宣言、公约、国际环境法及开展协商的国际论坛，为可持续发展提供融资渠道的资金机制，以及其他制度构建中与环境相关的规则和法律条款等①。其中，由各种国际环境决议、宣言、公约及国际环境法等构成了“软件”系统，国际环境保护组织与机构构成“硬件”系统，共同构成国际环境制度的综合体系。随着人类对气候问题的认知，国际气候制度的发展在国际环境制度发展中占据重要地位。开展国际谈判，制定国际公约，为应对气候变化筹集全球资金等都构成国际气候制度的重要组成部分。

20世纪90年代以来，有关气候变化的国际公约和重要的国际文件陆续出台，为应对全球气候变化风险提供了政治框架和法律制度，也为各国制定应对气候变化战略与行动指明了方向（见表3-1）。其中，1992年，联合国环境与发展大会通过了《联合国气候变化框架公约》（以下简称《气候公约》），是世界上第一个关于控制温室气体排放、遏制全球变暖的国际公约。1997年公约第三次缔约方大会在日本京都通过了《京都议定书》，对减排温室气体的种类、主要发达国家的减排时间表和额度等作出了具体规定。2007年12月16日，联合国气候变化会议通过了《巴厘岛路线图》，为进一步落实公约指明了方向。但2009年在丹麦哥本哈根举行的哥本哈根会议的难产很好地诠释了全球气候变化问题已经演变成一场不同国家之间的政治博弈。“碳政治”、“碳战”等新名词不断出现，这意味着未来的国际气候合作制度之路将不是一条坦途。

表3-1　　应对气候变化问题的国际制度构建历程

年　份	重要事件
1988	联合国环境规划署和世界气象组织成立政府间气候变化专门委员会（IPCC）。
1990	联合国启动了气候公约谈判进程；IPCC发布了第1次评估报告。
1992	1992年6月在巴西里约热内卢举行的联合国环境与发展大会通过了《联合国气候变化框架公约》，公约于1994年3月生效，奠定了应对气候变化国际合作的法律基础。
1995	在柏林召开了公约第1次缔约方会议，强化附件一缔约方义务的新一轮谈判；IPCC发布第2次评估报告。

① 陈迎：“国际环境制度的发展与改革”，《世界经济与政治》，2004年第4期。

续表

年　份	重要事件
1997	在日本京都举行第 3 次缔约方大会，通过了《京都议定书》，对 2012 年前主要发达国家减排温室气体的种类、减排时间表和额度等作出了具体规定。
2001	美国总统布什宣布拒绝批准《京都议定书》；IPCC 发布第 3 次评估报告。
2005	《京都议定书》正式生效。
2007	在印度巴厘岛召开的公约第 13 次缔约方会议，通过了《巴厘岛路线图》；IPCC 发布第 4 次评估报告。
2009	在丹麦哥本哈根召开公约的第 15 次缔约方会议，达成了无法律约束力的《哥本哈根协议》。

3.3 应对气候变化全球公共风险的国际制度创新：碳税的国际协调

气候变化问题具有全球公共风险属性，因此，应对气候变化在战略选择上必须坚持集体行动，全球治理。少数国家采取的措施都于事无补，还会引起其他国家的“搭便车”行为。碳税作为应对气候变化的经济手段，其在全球范围的有效性也需要“集体行动”，即碳税的国际协调。

从广义的国际制度看，应对气候变化全球公共风险的国际制度是多样的。为应对气候变化而进行的国际合作或协调机制都属于国际气候制度，国际社会在多层次进行国际合作，推进制度创新。碳税国际协调不仅是国际税收关系的体现，也是应对气候变化的国际制度创新。

3.3.1 国家层面碳税的局限性

在各种减缓气候变化的政策工具中，碳税被认为是最有效的经济手段之一。目前世界上已有一些国家征收碳税，如芬兰、瑞典、丹麦、荷兰、挪威、日本等。从发达国家近 20 年的实践经验来看，碳税在减缓气候变化、降低温室气体排放方面发挥了显著的作用：一是通过征税，提高了化石燃料价格，增加使用成本，从而促使企业采取节能措施，加大能源效率改进的投资、促进燃料转换以及产品结构、消费模式的转变；二是通过将碳税的收入向中低收入者的再分配，促使消费模式转变和社会公平度提升。

但是，碳税的特点决定国家碳税模式存在着“碳泄漏”现象，即一国开征碳税后的碳减排，往往被其他国家碳排放的增加而抵消。为此，一些征收碳税国家往往对能源密集型行业、高能耗部门提供税收优惠政策，如丹麦、挪威和美国对在境外水域工作的商业捕鱼船所使用的能源产品免税。这些税收优惠措施不仅损害环境，而且具有强烈的政策扭曲效应，通过环境税政策促进环境改善的效果也大打折扣。因此，仅靠少数国家征收碳税，很难达到应有的环境效果，有时甚至是无效的，必须进行碳税的国际税收协调。随着参与协作的国家的增多，碳泄漏的范围将会减少。理论上，一旦形成全球参与协作的局面，碳泄漏问题就不再存在。

碳税的国际合作是确保碳税有效性的必然选择。在严格意义上，只有实行全球统一的国际碳税才是有效的，仅从一国角度是无法真正达到帕累托最优的。然而，我们所面对的现实是，目前国际上并不存在一个世界政府，征收国际碳税还只是一种概念模式。因此一些已经开征碳税的国家，一直在呼吁开展必要的国际合作措施，通过国际合作联合应用碳税，也就是实施碳税的国际协调。但由于碳税国际协调是同气候变化问题相关，从不同角度看，具有不同的内涵。

3.3.2　碳税国际协调的内涵

3.3.2.1　从国际税收学角度看碳税国际协调

从国际税收学角度看碳税国际协调，首先应该了解税收协调的概念。经济全球化和区域经济一体化的不断发展和深化，税收协调逐渐成为各国税收管理中不可或缺的部分。国际税收协调可分为广义和狭义的国际税收协调。狭义的国际税收协调是两个或两个以上主权国家对跨国纳税人行使各自的税收管辖权所产生的冲突进行协调的行为，可供进行国际协调的税种一般具有涉外关联性强、利益直观性强以及流动性强的特征，例如关税、公司所得税、个人所得税等；广义的国际税收协调即各国间税种、税制要素之间，乃至相关税收政策的全方位协调，即除了协调税收管辖权之外，还应包括各国税收制度在国际范围内的趋同乃至某种形式的一体化（邓力平，2000）。目前，理论界对国际税收协调的概念大多采用的是广义的税收协调。

国际税收协调内容广泛，是国与国之间在税收政策、税收制度及税收征管方面的全方面协调，包括税收管辖权的划分、税收信息交换、税率的选择以及是否采取资本流动的限制等，其目标是通过协商对话、管理合作等合理划分税收权益，公平分享经济全球化的成果。国际税收协调有利于消除市场障碍，促进货物、资本、服务和人员自由流动；有利于协调各国的税收管辖权冲突，消除国际双重征税，合理分配国际税收权益，防止并消除有害税收竞争；避免由于各国税制差异导致的税收冲突，促进国际经济交流和合作。

碳税是以化石燃料的含碳量为计税依据征收的，其实质是产品税。因此，碳税的国际协调属于商品税国际税收问题的范畴。商品课税按照商品的流通情况，通常可以分为关税和国内商品税。碳税属于国内商品税，碳税的国际协调应遵循国内商品税国际协调的原则和方法。国内商品税是对在国内市场流通的商品（劳务）课征的税收，也涉及进口商品。进口商品在纳入最终消费前，同样要经过国内的若干加工或流通环节，各国有权对其课征国内商品税。出口商品在离境以前也要经过一系列的国内流通环节，一国政府在这些环节课征的国内商品税同样也要对这部分产品课征。通常，按照税收的国民待遇原则，国内商品课税将对国产商品与进口商品一视同仁，国内外商品不存在税收负担的差异。但如果一国政府基于对进口的限制，对国内商品税的征税范围很窄，而主要对依靠进口的商品征税，或者对国内大量生产的产品规定较低税率，而对国内很少生产，主要依赖进口的商品规定较高的税率，国内商品课税实质上就起着贸易壁垒的作用。同样，如果国际流通的商品在进口或出口环节都被课税，则存在着重复征税的问题。解决国内商品课税的上述问题，可以采用商品税国际协调的方法。

从国际税收学的角度看，碳税的国际协调应着眼于消除国际间碳税制度差异而形成的扭曲，如国际重复征税或构成贸易壁垒等，促进资本和商品在国际间正常流动，实现国际范围内税收公平。

3.3.2.2 从应对气候变化全球公共风险角度看碳税国际协调

在从国际税收学角度分析碳税国际协调后，还应该认识到，碳税作为应对气候变化的一个有效的经济手段，不可避免地要同应对气候变化问题相关联。

气候变化是全球公共风险，要从根本上化解气候变化风险，需要不断推进国际气候制度的变迁。国际气候制度所涵盖的内容广泛，应对气候变化的国际公约已经在曲折中前进，《联合国气候变化框架公约》和《京都议定书》是目前国际层面上达成的最大的共识。其中，《京都议定书》将全球环境基金（GEF）、碳税、联合履约（JI）、清洁发展机制（CDM）和国际排放贸易（IET）等作为主要的激励措施，后三者被称作“灵活的市场机制”，采用灵活的市场机制将环境问题用市场手段加以解决，无疑是国际气候制度演变中成功的尝试。碳税的国际协调，也可以看作是在应对气候变化全球风险中的制度创新，是在全球化程度日益提高，世界经济面临新一轮增长的前提下，对国际气候制度创新的产物。

从应对气候变化全球公共风险的角度看碳税的国际协调，赋予碳税国际协调扩大的内涵。目前西方国家将气候变化问题政治化的趋势明显，气候变化开始成为多边外交和国际政治博弈中的一张“王牌”。因此，碳税的国际协调问题将不得不考虑碳税对国际政治经济关系的影响，最终使其超越了一般意义上的某一税种的国际协调，协调的目标及形式都不同于一般意义上的国际税收协调，也为应对气候变化全球风险提供了全新的研究视角。

第4章

碳税的国际实践与国际影响

本章将从碳税的国际实践及国际影响方面分析碳税国际协调的必要性。碳税的国际制度差异以及碳税的国际政治经济影响，使各国碳税有效性受到影响，因而进行碳税的国际协调，消除碳税的税收利益冲突和国际影响，成为迫切的选择。

4.1 碳税的国际实践及制度差异分析

20世纪90年代，北欧的一些国家率先开征碳税，到目前为止大约有10多个发达国家引入碳税，主要包括芬兰、丹麦、荷兰、挪威、瑞典、奥地利、捷克、爱沙尼亚、德国、意大利、瑞士和英国等。此外，日本和法国等一些发达国家也在积极尝试引入碳税。

在开征碳税之前，大多数国家已经开征了能源税。碳税的引入，与先前已经存在的能源税税种并存，形成一些重复和交叉。欧盟为此在税制设计上做了很多的调整：有些国家对能源产品确定了最低能源税税率，有些国家的碳税是作为能源税或消费税的组成部分而存在的。在实践中，虽然各国的碳税都表现为对化石燃料的碳含量或碳排放量的课征，但各国的碳税制度在税收形式以及制度设计方面体现出很大的差异性，这种差异的存在需要在国际层面上对碳税进行协调。

4.1.1 各国的碳税实践

4.1.1.1 荷兰

荷兰是世界上最早对二氧化碳排放征税的国家之一。1990 年碳税以环境税的一个税目的形式出现，并根据欧盟的碳税计划几度调整。1992 年，荷兰政府将碳税和能源税进行整合，统一为“能源—碳”税，比例各为 50%。二氧化碳税纳税范围覆盖所有能源，但对一些能源密集型部门，如对于天然气使用超过 1000 万立方米的生产厂家，规定可以享受能源税豁免优惠政策，其实际的环境税（能源/碳税）的税率要低 40% 左右。1995 年荷兰的二氧化碳税税率为 5.16 荷兰盾/吨二氧化碳（相当于 25 美元/吨二氧化碳），能源消耗二氧化碳的税收收入达 1.4 亿荷兰盾，占税收总收入的 1.3%。1996 年荷兰对燃油、柴油、液化石油气、天然气和电力开征能源管理税（REB）。由于大型能源消费者可以通过自愿减排协议减低二氧化碳的排放，因此，REB 的主要纳税对象为家庭和小型能源消费者。REB 采用累进税率，税金通常由能源公司转到政府账户。对社会组织、教育组织和非营利组织规定了相应的税收返还措施，最高返还金额可以达到应纳税金的 50%。

4.1.1.2 丹麦

丹麦可以说是“碳—能源税”制度最先进的国家之一。1990 年，丹麦议会设定了碳减排目标，即到 2005 年，全国的二氧化碳排放要比 1988 年的水平减少 20%。依照《京都议定书》框架和欧盟相关协议，丹麦设定的减排目标是在 2008—2012 年间，要将二氧化碳排放量与 1990 年相比减少 21%，相当于减排二氧化碳 5490 万吨。为此，丹麦开征了能源和二氧化碳税以激励能源节约和能源替代，最终达到促进碳减排的目的。

1992 年，丹麦对家庭使用能源开征了碳税。1993 年对工商业所用天然气也开征碳税，从而成为世界上第一个对家庭和企业同时征收碳税的国家。最初，丹麦对工业企业实行优惠政策，即比照二氧化碳的净税负超过企业销售额的比例，比例越高，税率降低的比例也越高。因此，丹麦工业企业实际的碳税税负并不高，其征税额度仅为家庭税额的 35%。同时，对参加自愿减排协议的企业，规定可以享受税率减免。

1996年，丹麦议会在一揽子的“绿色税收”计划中增加了一个新税种，该税种开征的目的与有关二氧化碳和二氧化硫减排的环境目标相一致。该税种包含了二氧化碳税、二氧化硫税和能源税三个与能源有关的税种，从而使企业的能源和碳税的总体负担提高。近年来，丹麦对二氧化碳税进行了相应的调整，税率不变，但税基扩大，供暖用能源也被包含在内。工业企业耗能按用途将其分成供暖用、生产用和照明用三类能源。其中，供暖用能源100%征二氧化碳税，照明用能源90%征税，生产用能源按25%征税。对高能耗企业，只要按照“二氧化碳协议”的补贴计划，签定自愿减排协议，就可以享受按照优惠税率纳税。

为了控制经济过热，丹麦政府于1999年出台了一揽子经济刺激措施，其中能源税提高了15%—20%，调整后的企业供暖用能源的二氧化碳税税率调高到100欧元/吨二氧化碳。企业按照是否签订自愿减排协议，区分为签订减排协议的重工业和轻工业，没签订减排协议的重工业和轻工业，并据此适用不同的税率。相对于没签订减排协议的企业来说，减排企业的税率要优惠得多。具体税率见表4－1。

表4－1 丹麦1999年对企业征收的能源和二氧化碳税

供暖	100%能源税和二氧化碳税（100欧元/吨二氧化碳）	
没签定减排协议的轻工业	100%二氧化碳税	（12.10欧元/吨二氧化碳）
签定减排协议的轻工业	68%二氧化碳税	（9.20欧元/吨二氧化碳）
没签定减排协议的重工业	27.78%二氧化碳税	（3.40欧元/吨二氧化碳）
签定减排协议的重工业	4.8%二氧化碳税	（0.40欧元/吨二氧化碳）

资料来源：苏明等：“碳税的国际经验与借鉴”，《环境经济》，2009年第9期。

4.1.1.3 芬兰

1990年，为了实现《京都议定书》的目标，芬兰引入二氧化碳税。在开征之初，芬兰采用较低的碳税税率，随后逐步提高。1994年，芬兰进行了能源税改革，改革分两步进行：一是对柴油和汽油征收燃料税，实行差别税率；二是作为改革的重要部分，采取对煤、泥炭和天然气不征收基本税，只征收碳—能源税。改革后的碳—能源税的水平有所提高，1995年，混合税中的能源税税率是3.5芬兰马克/千瓦，碳税的税率是38.3芬兰马克/吨二氧化碳（相当于 7.0 美元/吨二氧化碳）。同样，芬兰也规定了相应的优惠政策，电力部门以及工业中使用的原材料和国际运输用油免税。之后，芬兰的碳税经历了一个逐步提高的过程，2002 年芬兰碳税税率达到每吨二氧化碳 17.12 欧元，天然气减半征收。[①]

4.1.1.4 瑞典

为确保 2000 年二氧化碳排放量维持在 1990 年的基础上不变的目标，瑞典在 1991 年引入碳税，这次改革是在严格的收入中性的背景下进行的。新的环境税，尤其是碳税和硫税的收入，主要用于弥补因大幅削减所得税而减少的税收收入。为了引入碳税，瑞典将能源税税率降低。对家庭和工业使用的所有燃料油征收 250 瑞典克朗（23 欧元）/吨二氧化碳的碳税；出于竞争力的考虑，对工业企业实行减半征收，对某些高能耗产业，如商业园艺、采矿、制造、纸浆和造纸、电力等，给予税收豁免，但仍然导致了整体上能源税较高的情况。

瑞典的碳税税率经历了一个动态的调整过程。1993 年，对家庭的课征税率提高到 320 瑞典克朗/吨二氧化碳，而对工业部门的税率降到 80 瑞典克朗/吨二氧化碳，同时对一些能源密集型产业给予了进一步的税收减免，如给予制造部门 75% 的二氧化碳税减免，并且不用缴纳一般能源税。1995 年家庭税率提高为 340 瑞典克朗/吨二氧化碳，工业部门的税率也小幅提高，达到 83 瑞典克朗/吨二氧化碳。2002 年税率又进一步提高，但对工业部门的税收减免由 50% 上调至 70% 。同时，下调劳动收入等税率，以维持收入中性（见图 4－1）。

2009 年，瑞典二氧化碳税率为 100 欧元/吨（工业部门为 21 欧元/吨）。对泥炭、煤、石油、焦煤和其他气体产品开始征收硫税（30 瑞典克朗/公斤，或 2.7 欧元/公斤）。对三种柴油根据其硫含量分别实行不同的税率。还实施了其他一些旨在环保的、与能源相关的税种（如对消费者和生产者用电进行征税，对国内空中交通进行征税，等等）。瑞典还对氧化氮排放实施收费制度（2009 年为 4 欧元/公斤）——所有收入均根据其发电量按比例返还给这些交费的发电厂[②]。

① 苏明等：“碳税的国际经验与借鉴”，《环境经济》，2009 年第 9 期。

② Jean－Philippe Barde 等，“环境税国际经验报告”，中国环境与发展国际合作委员会专题报告，2009 年。

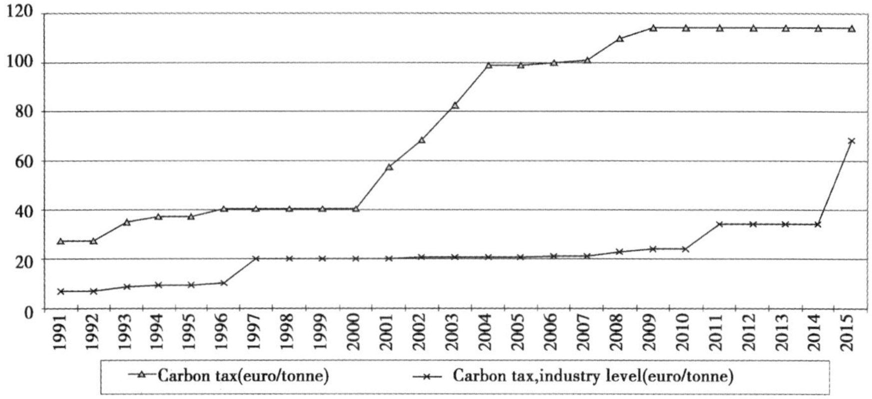

图 4－1　1991—2015 年瑞典一般行业与工业的碳税税率比较

资料来源：瑞典财政部。

4.1.1.5　挪威

挪威提出要把 2000 年的二氧化碳排放量稳定在 1988 年的排放水平上。为此，挪威从 1991 年开始征收二氧化碳税，征收对象包括汽油、矿物油和天然气，覆盖了所有二氧化碳排放的 65%。

1992 年挪威把煤和焦炭纳入征收范围。挪威的二氧化碳税实行差别税率，根据燃料含碳量不同，采用不同的征税标准。同时，还规定了一系列的税收优惠政策，如对航空、海上运输部门和电力部门（因采用水力发电）给予税收豁免，造纸等行业适用的实际税率为规定税率的 50%。2005 年，挪威政府对二氧化碳税的税率进行了调整，具体税率见表 4－2。

表 4－2　　挪威 2005 年二氧化碳税率表

能源	税率
石油	41 欧元/吨二氧化碳
轻油	24 欧元/吨二氧化碳
重油	21 欧元/吨二氧化碳
纸浆和造纸工业	12 欧元/吨二氧化碳
鱼粉业	11 欧元/吨二氧化碳
工业用电	4.5 欧元/兆瓦时

资料来源：苏明等："碳税的国际经验与借鉴"，《环境经济》，2009 年第 9 期。

4.1.1.6 德国

德国是世界上继美国、中国、俄罗斯和日本之后的第五大能源消费国。德国除拥有较为丰富的煤炭资源外，其石油、天然气资源相对贫乏，大部分依赖进口。20 世纪 70 年代石油危机发生后，德国努力进行结构调整、降低能耗，鼓励开发和使用水能、风能、太阳能及生物能等可再生能源，扩大进口渠道，减轻对进口石油的依赖程度。在这一过程中，德国注重用法律手段确定、规范和指引能源政策和能源产业的发展，建立了较为完善的能源法律体系，保障了德国经济的可持续发展。

为了防止自然资源的过度使用和减少温室气体，德国还注重通过税收手段来提高能源价格、促进自然保护。1999 年，德国颁布了《引入生态税改革法》，并以此为基础，进行了一系列的生态税收改革。生态税法于 1999 年 4 月 1 日生效 ，共分 5 步走，每年走一步。第一步，汽车燃油税每升提高 3.07 欧分，用于取暖的燃油税每升提高 2.05 欧分，取暖天然气税每千瓦小时提高 0.164 欧分，取暖液化气税每 1000 公斤增加 12.78 欧元，同时电力每千瓦小时的税率确定为 1.02 欧分。2000 年至 2003 年，税率每年逐渐递增。第二至第五步分别在 2000 至 2003 年实施，2000 年 1 月 1 日至 2001 年，汽车燃油税每升增加 3 欧分；2002 年 1 月 1 日至 2003 年，汽车燃油税再增加 3.07 欧分；从 2003 年 1 月 1 日起，取暖用天然气的税收每千瓦小时增加至 0.55 欧分；取暖用轻型石油液化气的税收每 1000 公斤增至 60.60 欧元；重型燃料油税每 1000 公斤增至 25 欧元。

生态税收改革后，德国政府 2000 年收入约 67 亿欧元，2003 年能源税收入增加了 180 亿欧元。税改收入：一是用于改善社会福利，二是用于支持发展再生能源项目。在社会福利方面，税收收入资金的一部分用于养老金补贴，以减少雇员和雇主缴纳养老金的负担。生态税开始实施时，养老金占雇员工资的 20.3%，但这一数字当年年底就减少到 19.5%。到 2000 年 1 月，德国生态税的实施使雇员缴纳养老金的份额减少了 37 亿欧元。生态税对就业市场产生了良好的效果，它不仅降低了德国的劳动力成本，而且也促进了一些环保节能的新型产业。能源保护技术的生产、安装和维护产生了很多就业机会，据北威州经济研究所统计，生态税的实施可以带来 10 万个就业岗位。再加上生态税使劳工成本减少带来的效益，就业岗位约增加了 25 万个①。

2003 年，德国颁布了《进一步发展生态税改革法案》，强调税收从依劳动力因素负担逐渐转换到依环境消费因素而定。生态税的开征，对德国能源结构的改善和温室气体减排都起到了很大的推动作用。

4.1.1.7 瑞士

为了实现《京都议定书》设定的目标，2000 年 5 月瑞士政府开始实施旨在减排的法律，规定 2010 年的二氧化碳排放量要在 1990 年的排放水平上减少 10%。在减排措施的选择方面，瑞士政府和企业都认为自愿减排协议是促进碳减排的最有效的途径，但如果无法实现《京都议定书》的目标，就将采用二氧化碳税，并规定最高税率是每吨二氧化碳征税 210 瑞士法郎（相当于 160 美元）。

4.1.1.8 英国

英国是控制气候变化积极的倡导者和实践者，也是先行者。《京都议定书》为欧盟规定的目标是到 2012 年温室气体排放量在 1990 年的基础上减排 8%，而英国则愿意承担更多的责任。根据欧盟内部的“减排量分担协议”，英国的目标是到 2012 年要在 1990 年水平上减排 12.5%。2000 年英国制定了气候变化计划，核心是征收气候变化税。2003 年 3 月，英国发表了《能源白皮书》，提出在 2010 年将二氧化碳减排 20%，到 2050 年二氧化碳减排 60%，实现低碳经济。为了实现这一宏伟的目标，英国已经制定了一系列的气候政策来提高能源利用效率、降低温室气体排放量。

2001 年，英国实施气候变化税。该税种是对工业、商业、农业和公共部门征收的一种能源税，对国内消费者和慈善团体暂不征收。对销往企业和公共部门的天然气、煤和电分别按每吨二氧化碳征收 13 欧元、7 欧元和 14 欧元标准执行。但规定，对达到协议规定的提高能源效率目标的企业可以享受 80% 的税收优惠，实际只负担总税额的 20% 即可，并且对热电联产单位的油类耗费和发电以及可再生能源免税。为了确保气候变化税的顺利实施，英国按照收入中性的原则，将气候变化税收入的 0.3% 返还到国家保险账

① http://jsjlscykfq.mofcom.gov.cn/aarticle/yuwaisq/200510/20051000554610.html.

户，其余部分加上政府的额外支持，用于投资能效和节能技术研发。

4.1.1.9 美国

美国目前是世界上最大的温室气体排放国之一，一直坚持温室气体自愿减排的方针，拒绝签署《京都议定书》。但美国的环境税具有重点突出、制度配套的特点，在环境保护方面发挥了不可忽视的作用。1971 年，美国国会引入一个关于在全国范围内对向环境排放硫化物征税的议案，并在 1987 年建议对一氧化硫和一氧化氮的排放征税。自此以后，美国政府逐步把税收手段引进环保领域，至今已形成了一套相对完善的环境税收制度，主要有对损害臭氧的化学品征收的消费税、汽油税、与汽车使用相关的税收和费用（如卡车、拖车消费税，轮胎税等）、开采税、固体废弃物处理税（费）、二氧化硫税、环境收入税等，还有较多的环境税收优惠政策。从征收管理看，美国对环境税的征收管理非常严格。它由税务部门统一征收，缴入财政部，财政部将其分别纳入普通基金预算和信托基金，后者再转入下设的超级基金。由于征管部门集中，征管手段现代化水平高，因此，在美国拖欠、逃漏环境税的现象很少，环境税征收额呈逐年上升趋势①。

相对于联邦政府的在温室气体方面的“毫无作为”，美国的地方政府却在积极尝试改革。2006 年 11 月，科罗拉多州的大学城圆石市率先在美国通过碳税法规。规定按照居民和企业用电量，随同电费按比例缴纳碳税。同时规定购买风力发电的用户无需缴纳此税。该市使用的电力大多来自燃煤电厂，因此该税也就相当于对发电厂排放的温室气体课征碳税。据统计，圆石市的每户居民每月平均多付 1.33 美元，企业多付 3.8 美元，全年算下来，其支付的税款分别为 16 美元和 46 美元。当地政府每年此笔税收进项约 100 万美元，收入将全部用于提高全市的能源效率以及改用替代燃料等方面②。

近年来，美国国会在对待气候变化问题上与联邦政府的立场有很大不同，有关气候变化的提案不仅数量不断增长，涉及议题也有所扩展。2007 年，国会先后提出两个有关碳税的提案，即《拯救我们的气候法令 2007》（HR2069）和《美国能源安全信托基金法令 2007》（HR3416）。《拯救我们的气候法令 2007》拟对进口或开采的化石燃料中的所含碳征收每吨 10 美元

---

① 《环境税的国际比较与借鉴》，http://www.65et.com/。

② 李芙蓉、郭红雨：“100 多位美国市长聚焦‘碳税’”，《中国税务报》，2007 年 11 月 14 日。

的税收，税率从10美元开始，以后每年增加10美元，直到二氧化碳排放量低于1990年排放水平的80%。《美国能源安全信托基金法令2007》则建议对进口或开采的化石燃料中的所含二氧化碳征收每吨15美元的税收（约等于对每吨碳征收55美元），并且规定在初始的15美元基础上，每年以10% + 通货膨胀率 × 1.01的比率增加。

尽管法案要正式生效实施，还需要经过相当复杂和漫长的立法程序，但该法案的提出是美国国会启动气候变化立法的一个重要标志。

专栏4-1　美国地方政府的减排承诺

对于联邦政府在温室气体减排中的“毫无作为”的态度，美国各地自行采取了诸多环保行动。2005年，西雅图市长格雷格·尼克斯发起了“美国市长气候保护协议”，185个城市随即响应。今天，这一计划已涵盖了代表着7500万美国人的700多个城市。这些城市的市长均表示，自愿实施原先美国政府承诺的比1990年排放量降低7%的《京都议定书》标准。

作为美国最大的城市，纽约更是作出表率，于2007年4月宣布了一项含有128项措施的新计划，以期到2030年将全市含碳废气排放量减少30%。具体措施包括：未来5年全市的1.3万辆出租车全部改成油电混合车；对车辆进入曼哈顿区收取8美元特别费，以减少交通拥挤和废气排放，并鼓励人们使用公交系统等。

资料来源：李芙蓉、郭红雨：“100多位美国市长聚焦‘碳税’”，《中国税务报》，2007年11月14日第5版。

4.1.1.10　加拿大

2008年2月19日，加拿大不列颠哥伦比亚省（BC）公布2008年度财政预算案。按预算案规定，碳税于2008年7月1日起正式生效，适用于所有燃料，包括汽油、柴油、天然气、煤、石油气以及家庭暖气用燃料等。以汽油为例，第一年每公升大约增加2.4分税收。随后，碳税会逐年增加，至2012年，每公升汽油将增加7.24分。BC省政府通过增加碳税一年可增加税收3.38亿加元，增加收入将以减税的方式返还给省民①。

① 资料来源：www.most.gov.cn

4.1.1.11 日本

根据《京都议定书》的规定，日本负有削减二氧化碳等6种温室气体排放量的义务，确保2008—2012年的5年时间内，比1990年减排温室气体6%。为实现这个目标，日本政府提出了减排的一体化政策概念。2004年11月5日，日本环境省发布了《环境税具体方案》。11月12日，政府税制调查会在总会、基础问题小委员会的联席会议上将环境税的引入问题提出讨论，并在11月25日作出的《关于平成17年度税制改革的答复》中，把环境税方案的实施时间确定为平成18年，即2006年1月。

从2004年开始日本政府对碳税方案进行了反复修订，并于2005年10月形成最终方案，于2007年1月1日起正式征收。最终的碳税税率为每吨碳征收2400日元。经测算，预计环境税征收总额将达到3700亿日元，每户家庭平均每年负担为2100日元。相比2004年方案来说，为了减轻来自有关方面的反对压力，2005年方案的征税对象范围收窄，另外还同时扩大了减免税范围和幅度。新环境税方案在减免措施方面规定主要有：（1）对于采取措施努力降低排放量的高排放用户可以减税50%—60%；（2）对于钢铁制造业等使用的煤炭、焦炭实施免税；（3）对煤油减免50%的税收。经测算，碳税的实行，能削减大约4300万吨碳排放，相当于1990年排放量的3.5%左右，而实施碳税仅使日本GDP年增长率降低0.01个百分点。最重要的是，碳税的实施提高了日本国内环境技术的竞争力和促进了日本民众节能消费方式的转变，为日本经济的进一步发展奠定基础①。

2009年9月日本环境省提出2010年税制改革的方案。按照这份方案，所有化石燃料都将成为“全球气候变暖对策税”的课税对象。相关部门利用现有石油煤炭税的征税系统，向原油、煤炭等燃料进口、生产和供应商征税。一旦2010年开征环境税，其税收预计可达2万亿日元（1美元约合91.49日元）。这些税收收入将优先用于开发太阳能发电等新能源，以及推广低油耗、节能环保型汽车。但由于确保2010年度预算财政收入的难度增加，日本政府于2009年12月14日决定，放弃从2010年4月起对煤炭、煤油、汽油等所有石化燃料开征全球变暖对策税（即环境税），只保留部分汽

① 王彤：“日本环境税的实施情况”，中日经济技术研究网 http://www.cnjpetr.org/。

油税等。

4.1.1.12 法国

法国总统萨科齐一直建议在法国开征碳税。他认为当前气候变化问题迫在眉睫，为降低对石油的依赖，改变法国的经济增长方式，政府有必要在税收方面进行调整，建立一套真正的“生态税收制度”。为此，2008 年，萨科齐首次提出增设“气候—能源”税。2009 年 9 月 10 日，萨科齐正式宣布了法国将从 2010 年 1 月 1 日起在国内征收碳税的决定，征税标准初步定为每吨二氧化碳 17 欧元，以后还可能根据实际情况上调。碳税的征收将改变法国家庭和企业的能源消费习惯，将给予每户家庭在个人所得税和社会福利税方面享受相应的减免，而企业将在投资方面获得补偿。鉴于法国电力来源多为核电和水电，在二氧化碳减排方面成效显著，因此电力部门将不用缴纳碳税。萨科齐还提议成立一个由民间人士、环保团体、专家和议员共同组成的独立委员会，以确保税收及补偿机制的透明。

2009 年 10 月和 11 月，法国国民议会（议会下院）和参议院先后投票通过了这项议案。但法国宪法委员会 2009 年 12 月 29 日晚间发表公报，以涉及太多例外为由，宣布碳税法案无效。具有戏剧性的是，2010 年 1 月 5 日，法国政府发言人 Luc Chatel 在当天举行的新年第一次内阁会议结束后宣布，新的碳税法案将从 2010 年 7 月 1 日起生效①。

4.1.2 碳税税收制度差异分析

尽管从时间表上看，开征碳税的国家碳税税制几乎是在同一时间建立起来的，但在税制设计和税率选择上，却存在着显著的差异。国情的不同不可避免地决定了税制的根本差异。各国碳税的税收制度差异是碳税国际协调的最直接原因。

4.1.2.1 碳税的表现形式不同

从各国开征碳税的实践看，碳税并不一定以一个独立税种的形式出现。由于部分国家在引入碳税之前，已经开征了能源税，因此，一些国家的碳税

---

① http：//news. xinhuanet. com/world，2010 年 1 月 6 日。

以环境税或能源税的税目形式出现，而 OECD 部分国家，则以碳—能源税的形式出现，两者之间的比例关系通常为 1∶2。

4.1.2.2 税率差异较大

税率是税制设计中最主要的因素。税率水平高低直接决定碳税税负水平及对碳减排的激励作用大小。目前，开征碳税的国家税率差异较大，主要表现在以下几方面：

1. 税率形式差异不大

目前，大多数国家的碳税采用固定税率，只有极少国家（荷兰）实行累进税率。各国通常根据能源类别不同，规定差别税率。

2. 税率水平差距较大

各国间碳税税率差异之所以较大，主要原因在于不同国家和地区的减排目标不同。各国在具体设计碳税时，还要考虑与已有的能源税负担和其他减排政策的协调。另外，碳税的税率并不是严格地根据产品的含碳量征收的，在各种产品或不同的用途中会有较大的差别。然而出于国际竞争力考虑，碳税往往会出现一种奇怪现象：污染较重的工业用煤和重燃料油的税率最低，车用燃料的税率通常最高。同时，基于再分配上的考虑，也造成了产品不同用途间的税率差异。

3. 税率水平经历了低水平起步到逐步提高的过程，并采取事先预报制度

从各国开征碳税的情况看，大多数是根据实际国情设计碳税税率，同时在最初开征碳税时多采用相对较低的税率水平，然后再逐步提高。瑞典是一个典型的例子。1991 年瑞典每吨二氧化碳的一般税率仅为 23 欧元，2009 年已经提高至 100 欧元。同时，这些国家大多采用预报制度逐步提高税率水平，给企业一个缓冲期和调整期，引导企业积极改进工艺、致力于提高能效水平的长期环保行为。这种做法考虑了纳税人的承受能力，可以减少开征时的阻力，容易被纳税人接受。

4.1.2.3 税收优惠政策繁杂

由于碳税目前在国际上尚不普及，少数国家征收碳税会影响本国企业国际竞争能力，因此，大多数开征碳税的国家对能源密集型行业实行低税率或税收返还制度等优惠政策，这也是国际上为消除碳税征收对企业国际竞争力

影响而采取的通行办法。但繁杂的税收优惠政策却使碳税的实施效果大打折扣。国际上碳税的税收优惠主要有三个方面的内容：

第一，对能源密集型行业的优惠。由于碳税对特定行业产生较严重的不利影响，加重企业负担，特别是对那些能源消耗大、竞争力差的行业，这些国家对企业特别是特殊行业都给予了税收减免等税收优惠措施。其中，参加自愿减排协议的企业一般都不用缴纳碳税。

第二，对二氧化碳排放削减达到一定标准的（超过国家排放标准）企业给予奖励。开征碳税的目的就是要减少二氧化碳的排放，因此有必要对企业在二氧化碳减排上的努力给予激励。

第三，对居民个人的优惠。对于征收碳税导致受影响较大的一些居民个人，如低收入者等，为了不影响其生活，给予相应的减免优惠。

4.1.2.4 碳税税收收入使用情况对比分析

从碳税开征国家的实践来看，碳税税收收入的使用主要有以下四种方式：(1) 运用碳税的收入来减少其他扭曲性的税收，这也就是所谓的收入中性改革，即在税收总收入不变的情况下进行的税制改革。(2) 将碳税的收入列为专项支出项目，比如运用于环境基金、环境工程等。(3) 运用碳税的收入去补偿那些受影响较大的企业或人群，比如能源密集型企业或低收入者。(4) 作为一般的财政收入来源。

上述四种方式都有被采用。大多数国家将碳税的收入纳入一般预算管理，也有个别国家将其专款专用于环境保护、养老金账户、补助贫困家庭，或者用于提高能源使用效率以及研究开发利用可替代新能源的活动等。值得注意的是，荷兰最初的碳税收入被指定用于环境支出，但遭到各方的反对。其原因主要有两点：一是专款专用破坏了预算的统一性，不利于预算资源的统一管理；二是碳税收入的绝对额和相对量都不高，根本无法单独满足环境支出的需要。因此，专款专用制度并不常见。

4.1.2.5 碳税地位及实施效果对比分析

1. 地位

碳税名义税率以及税收减免的差异较大，导致了各国碳税地位的差异很大。

从瑞典、芬兰和丹麦看，碳税占 GDP 的比重为 0.4%—0.7%。碳税占能源税的比重，芬兰和丹麦较低，大约在 15.4%；瑞典较高，大约占整个能源相关税收的 25%。碳税占税收收入的比重，一般在 1% 左右，同样也是瑞典较高，而芬兰和丹麦较低。除这三个国家之外，意大利的碳税收入大约占 GDP 的 0.09%、占税收收入的 0.22%；加拿大魁北克省的碳税收入大约占其地方税收收入的 0.36%，占其地方财政自有收入的 0.31%，占其地方财政总收入的 0.25%。

2. 实施效果

20 世纪 90 年代，是环境税的迅速发展期，欧洲各国纷纷引入环境税。欧洲环境局曾经对环境税的实施效果在其 1996 年出版的《环境税的实施和效果》一书中作出了评估，得出如下结论：（1）所评估的环境税显示了环境效益，而且在大多数情况下税负是合理的。（2）环境税效果显著的例子为瑞典的空气污染税、荷兰的水污染税、瑞典的氮氧化物税以及对汽车燃料实行有差别的税率。（3）总的来说，当提供刺激性环境税高到足以促进采取削减措施时，这类税收对环境是有效的。（4）收回成本型环境税对环境的最大效果来自税收收入用于环境开支。（5）税收的见效期相当短，通常是 2—4 年。因此，与其他环境政策工具相比更具优势。比如，能源税需要 10—15 年的时间才能产生相当大的刺激作用。（6）评价一种税收及其对环境的影响并非易事。税收通常是一揽子政策中难以分割的一部分。因此，总是很难鉴定某一种税的有效性。

此外，税收还有多种环境作用和二级效应，这些效应可能有助于改善四个关键领域的政策——环境、创新性能和竞争力、就业和税收体制①。

一些较早实施碳税的国家，如丹麦、瑞典、荷兰等国也对碳税进行了相关的评估。绩效评估显示，碳税一方面可以起到减少碳排放、降低能源消耗的作用；另一方面碳税也产生了一定的经济效应，如增加就业岗位的作用。碳税对节能减排技术的开发和应用也起到了积极效果。德国和英国等较晚实施碳税的国家，在借鉴其他国家经验的基础上，将碳税纳入一揽子税制绿化中考虑，不仅最大限度降低了对经济的影响，而且还产生了不错的节能减排效果。

（1）丹麦。丹麦是较早征收碳税的国家，其碳税制度几经修改，日臻

① 欧洲环境局：《环境税的实施和效果》，刘亚明译，中国环境科学出版社 2000 年版。

完善，取得了较好的实施效果。1997 年，丹麦对能源税等的实施效果评估显示，因为开征碳税，企业减少耗能 10%。1999 年的评估报告表明，按照当时的征收标准，2005 年企业将减少二氧化碳排放 3.8%，相当于 230 万吨。当然，减排效果一半得益于财政补助和自愿减排协议计划。据丹麦能源署发布的数据，丹麦能源业的二氧化碳排放呈现下降态势：从 1990 年的 5270 万吨下降到 2005 年的 4940 万吨。而生产每度电排放的二氧化碳则由 1990 年的 937 克下降到 2005 年的 517 克。[①]

（2）瑞典。在已经开征碳税的国家中，瑞典的碳税税率水平较高，因此自开征碳税以来，瑞典在二氧化碳减排方面取得了很好的效果。1987 年到 1994 年间，瑞典二氧化碳排放下降了 13%。瑞典环境保护署（SEPA）对碳税做出如下评估：碳税同其他经济手段一起，对二氧化碳排放的控制发挥了重要的作用。瑞典在 1994 年公布的实施环境保护经济手段的评估中称，因碳税的实施，在很多情况下，能源生产厂家更换了燃料。

（3）荷兰。荷兰在引入碳税后不到两年做了第一次评估。评估显示，效果很难被量化，碳税或多或少地将企业能源成本内部化了。预计 2000 年二氧化碳的排放会下降 1.5%。能源管理税 3 年来的税收收入为 15.4 亿欧元（从 1999 年起），预期 2010 年二氧化碳排放会减少 360 万—380 万吨，到 2020 年会减少 460 万—510 万吨[②]。

（4）德国。德国 1999 年开始生态税收改革（ETR），1999—2003 年间大幅提高能源税，降低劳动力成本，调整税制结构。改革对宏观经济产生了积极影响，数据分析表明：生态税收改革拉动 GDP 每年增长约 0.1%—0.2%，就业人口增加 25 万人，企业二氧化碳排放及能源消费降低 2%—3%。1999—2005 年，二氧化碳排放及燃料销售下降 17%，选择公共交通的乘客增长 5%，共乘小轿车的人数增加。低能耗的新型汽车的份额从 1998 年的 1% 增加到 2003 年的 4.6%[③]。该研究也表明，能源税对劳动力市场有正面影响，创造了 25 万个新的就业岗位。

（5）英国。英国在应对气候变化方面做了很多努力，但并未对其经济增长造成影响。自 1997 年以来，英国经济增长了 24%，同时温室气体排放

① 周勇刚：“丹麦能源发展战略：节能与环保并举”，《中华工商时报》，2007 年 4 月 16 日。

② 苏明等：“碳税的国际经验与借鉴”，《环境经济》，2009 年第 9 期。

③ Kai Schlegelmilch, The impact of the ecological tax reform in Germany, 2007.

量减少了 7%①。

4.2 碳税对国际经济的影响

碳税对国际经济的影响是多方面的，最主要表现在对贸易的影响。随着气候变化与贸易之间的关系逐渐为国际社会所重视，碳税对贸易的影响也被人们所认知。碳税主要是通过改变生产要素的相对成本和产品的比价来影响产品的竞争力，从而对贸易的规模和结构产生影响。本节我们将主要对碳税对国际贸易中的国际竞争力和“碳泄漏”的影响进行分析，我们也将对投资的影响进行深入探讨，从而为碳税的国际协调提供客观依据。

4.2.1 碳税对贸易的影响

4.2.1.1 贸易与气候变化

环境与贸易一直密切相连，两者既相互促进，又相互矛盾。一方面，两者相互促进。在发展贸易同时可以促进环境保护，在环境保护中也可以发展贸易；另一方面，环境与贸易之间也互相矛盾。盲目地追求贸易增长对环境将造成消极影响，而环境保护对贸易发展的诸多限制，如绿色贸易壁垒、各种环境法规等都限制了贸易的发展。

随着气候变暖成为人类社会面临的巨大的全球公共风险，贸易与气候变化的关系也逐渐走入公共的视野。贸易与气候变化也同样是既相互促进又相互矛盾的关系。

首先看贸易对气候变化的影响。一方面，贸易自由化在促进经济发展的同时可能会导致二氧化碳排放量增加，概括起来主要有以下几方面原因：(1) 进口商品在消费时对进口国的碳排放量增加；(2) 出口商品在生产时对生产国的碳排放量增加，而且生产国未把环境治理纳入到生产成本中；

① 英国《气候变化法案》。

(3) 由于消费或生产引起的污染越境转移造成的碳排放量增加等。但另一方面，自由贸易也可以帮助减轻气候变化。2009 年 6 月 26 日，世贸组织（WTO）与联合国环境规划署（UNEP）共同发表的《贸易和气候变化》对此作出了详尽的论述：自由贸易和应对气候变化可以相互促进，共同实现低碳经济的转型。同时强调自由贸易将以各种方式对实现温室气体减排产生积极的影响。例如：自由贸易促使向新兴经济体转让清洁发展技术，并促进这些技术的推广应用，将在促使新兴经济体经济发展的同时，通过自由贸易实现与发达国家靠拢的环境标准，特别是在实现共同减排温室气体这一全球责任问题上达成共识。此外，有证据表明，更加开放的贸易与应对气候变化行动，可以推动包括新产品和新工艺在内的全球技术创新，催生清洁技术企业和商业经济的发展①。

在分析贸易对气候变化影响的同时，还要注意到，气候变化同样也会对贸易产生影响，主要包括：气候变化会影响到国际贸易流转的数量和模式，这将可能会改变某些具有相对优势国家的贸易地位，并导致国际贸易格局发生变化。同时，气候变化也增加了国际贸易所依赖的供应、运输和销售链条的脆弱性，而这些易受损害的脆弱性又反过来增加了国际贸易的成本。此外，国际社会为保护生态环境而实行的绿色贸易壁垒对贸易的影响也尤其值得关注。

20 世纪 90 年代以来，许多多边、双边环保协议以及国家环保法规与要求都采取了一些贸易措施来保证环境目标的实现。这些协议、法规与要求，直接或间接地限制乃至禁止一些产品的进出口贸易，从而形成了绿色贸易壁垒。所谓绿色贸易壁垒，是指一些国家和国际组织通过制定环境标准和法规对可能形成生态破坏和环境污染的一些国际贸易活动加以管制，从而对自由贸易形成障碍的一种非关税贸易措施。绿色贸易壁垒主要有以下几种形式：绿色关税和市场准入制度；绿色技术标准；绿色环境标志；绿色包装制度；环境卫生检疫制度；环境附加税和绿色补贴制度。绿色贸易壁垒通常具有相对性、时效性、保障性和隐蔽性等特点，不论其实施者的真实意图是为了保护本国的市场还是为了保护生态环境，客观上都是为了将外国某些达不到本国环境标准的产品拒之门外。如北欧四国的“白天鹅制度”、欧盟的“EU”

① WTO 与 UNEP 联合报告，李威编译：“贸易与气候变化”，《世界贸易组织动态与研究》2009 年第 9 期。

制度、加拿大的“环境选择制度”、日本的“生态标志制度”等均为构成贸易壁垒提供了依据。

随着气候变化问题成为全球环境问题的焦点，围绕着减排的国际谈判如火如荼地进行着，各国纷纷运用更加隐蔽的绿色贸易壁垒保护本国的竞争力，如边境调节税和碳标签等方式。与传统的贸易壁垒相比，新的贸易壁垒具有更加隐蔽性的特点。边境调节税将在随后的章节中进行详细论述，在此重点对“碳标签”加以介绍。

所谓碳标签（Carbon Labeling），是指为了缓解气候变化，减少温室气体排放，推广低碳排放技术，以标签的形式把商品生产过程中的碳足迹在产品标签上量化标示出来，告知消费者产品的碳信息。其宗旨是为了将碳信息公开化，促进全球范围的碳减排。但由于目前国际上一般把出口产品在生产过程中造成的温室气体排放都统计在出口国名下，而与消费这些产品的进口国无关，这就形成了国际贸易中的“内涵碳”问题。进口国在消费进口产品的同时，也间接消费了生产这些产品所消耗的能源，产生相应的温室气体排放却统计在出口国名下，这对出口国显然是不公平的。另外，碳标签使用直接与产品的加工与生产方法（PPM）相关，PPM 的贸易措施对发展中国家来说，存在着很多的难点，这也是发展中国家一直与发达国家存在争议的地方。如发展中国家很难适应发达国家的 PPM 要求，存在着成本高，操作困难等特点，发展中国家的产品常常因为难以满足 PPM 要求而被排斥在发达国家市场之外。事实上，在某些时候，以 PPM 为基础的贸易措施往往成为一种发达国家对发展中国家的贸易壁垒。因此，虽然发达国家认为碳标签的使用在推动降低能耗、减少温室气体排放方面潜力很大，但发展中国家认为碳标签将构成产品出口的非关税贸易壁垒。

4.2.1.2　WTO 规则下的贸易与气候变化

自 GATT/WTO 成立以来，一直致力于推动贸易自由化，一个开放的贸易体系逐渐形成，贸易保护主义亦有所收敛。但是，随着经济全球化不断发展，GATT/WTO 也不断面临新的挑战。贸易与环境问题便是一个突出的问题。环境问题对 WTO 的许多基本原则和条款都提出了挑战。

在 GATT 成立的前 40 年内，这个问题表现得不太明显。在 GATT 条款中，基本上没有提及环境的内容，仅在第 20 条款中对环境保护内容有所体现，GATT 的争端解决机制也很少被用来处理环境方面的案件。但是，随着生态环境日益恶化，人们对环境问题越来越重视，贸易自由化所引起的环境问题也成为人们关注的重点领域。虽然贸易对环境恶化的影响并没有形成统一的意见，但随着贸易自由化的发展，环境与贸易联系愈发紧密，期间冲突渐起。如何协调两者关系意义重大。WTO 作为世界上最大的一个贸易组织，其在贸易环境问题的原则立场有着举足轻重的地位。

GATT/WTO 的各项协议中，与环境有关的条款分别见于 GATT 的第 20 条（一般例外规定）、《服务业贸易总协议》第 14 条、《技术性贸易障碍协议》（TBT Agreement）、《动植物食品卫生检验与检疫措施协议》（SPS Agreement）、《与贸易有关知识产权协议》（TRIPS Agreement）、《补贴与反补贴措施协定》（SCM Agreement）、《农业协定》以及《政府采购协议》等。各协议与环境相关的规定见表 4－3。

表 4－3　GATT/WTO 各项协议与环境相关的规定总览

协　议	规　定
GATT 第 20 条（一般例外规定）	GATT 的第 20 条（一般例外规定），允许缔约成员在某些状况下，违反其依据 GATT 协议应遵守的义务，这些状况中与环保相关的是：（b）有必要用以保护人类、动物或植物生命或健康时；（g）与可耗竭资源的保存有关时。
服务业贸易总协议（GATS）第 14 条	在乌拉圭回合谈判过程中，GATS 协议亦拟订了第 14 条的一般例外规定，其作用与 GATT 的第 20 条相似。在 GATS 第 14 条的（b）款中，允许会员国为了保护人类、动物或植物生命或健康时，得以实行违反 GATS 的相关措施。
技术性贸易障碍协议（TBT Agreement）	乌拉圭回合谈判有关技术性贸易障碍协议的讨论，主要是确保技术规范（technical regulations）及标准（standards），测试（testing）及验证程序（certification procedures）等文件的制定在满足其法定目的（legitimate objective）的同时，不会造成贸易上不必要的障碍或限制。所谓的法定目的包括国家安全、预防欺骗行为、保护人类/动物/植物生命与健康、环境等。因此，各国应该自行确定其产品规范是否会造成贸易障碍。 TBT 协议的一个特点就是提供具有高度透明性的环境。依据此协议的规定，缔约成员有义务需要向 WTO 通报（notifications）其技术规范草案、符合性评估程序（conformity assessment procedures）及标准等，并切实给予 WTO 缔约成员足够的时间来提供评论意见。 整体而言，无歧视原则、采用技术规范及标准及符合性评估程序构成了 TBT 协议的主轴。将透明性的“通报”送至 WTO 秘书处，及建立国家咨询点（enquiry points），成为本协议的新特点。

续表

协　议	规　定
动植物食品卫生检验与检疫措施协定（SPS Agreement）	本协议主要在确保食物不具有添加剂、污染物、毒素、有害细菌等有害物质所造成的风险，预防致病微生物的传染，并且控制病媒传播等目的。而本协议所称健康及安全的标准，重点在于必须经过科学的验证，或者是经由国际间知名的科学机构所推荐标准。不过，在采用 SPS 协议的同时，各国仍然必须避免对国际贸易形成不必要的障碍。
与贸易有关的知识产权协议（TRIPS Agreement）	TRIPS 协定的第 5 节、第 27 条（2）与（3）中，明确规定，缔约成员国可以对某些发明采取排除给予专利的措施，以保护本国境内人类、动物、植物的生命或健康，或者是避免其对环境造成重大损害。同时，亦同意缔约成员国得以排除动物、植物的可专利性（patentability）。
补贴与反补贴措施协定（SCM Agreement）	SCM 协定中将补贴（subsidy）分为三类：禁止补贴、可控诉补贴及不可控诉补贴。对于现有环保设备为适应新的环保规范而增加特殊补助，即属于第三类补助，而此类补贴有利于政府对改善环境设备的投资予以补助。
农业协定	在农业协议的前言中提到，缔约成员国在进行农业改革时，必须要考虑保护环境。此外，在协议的“附录二”中，列出了一些不需要作出补助承诺的措施。其中包括了一些与环境有关的措施，例如在环境方案下对生产者的直接付款等。
政府采购协议	协议第 23 条第 2 款规定：“在不对条件相同的国家构成武断或不合理歧视的一种手段，或作为对国际贸易的变相限制的情况下，本协议任何规定不得解释为禁止任何一方采取或实施为保护公共道德、秩序或安全，人类、动植物生命与健康以及知识产权所需的措施或者采取或实施保护残疾人、慈善机构或劳改产品或服务的必要措施。”

从相关协议的规定看，GATT/WTO 条款中有关环境问题的规定是模糊的，大部分是原则性规定，因此在解决贸易环境问题上的争端具有局限性。20 世纪 90 年代的“美国—墨西哥金枪鱼案例”（见专栏 4－2）提出了 GATT 历史上的一个新问题，即环境保护与国际贸易关系的问题，从而拉开了贸易环境问题序幕。在这个案例中，GATT/WTO 在环境问题方面的局限性得以显露。专家组对 GATT 第 20 条例外的解释问题、对产品制造方式引起的污染的认定问题（主要是捕鱼作业规范引起的环境污染问题）、对环境标志的认定问题、对相同产品的解释问题等大多采用了回避的态度，主要原因在于 GATT/WTO 相关规定的模糊，只能在既保护环境又维护自由贸易化

中寻求中间路线。

专栏 4-2 美国—墨西哥金枪鱼案例

1988 年，美国根据新修改的《海洋哺乳动物法案》宣布禁止进口墨西哥金枪鱼。其理由是美国认为在东太平洋海域，海豚处于濒危状态，应停止在该地带用大型鱼网进行的捕鱼活动，因为这些大型鱼网在捕捞金枪鱼的同时捕捞了海豚。这项限制对墨西哥影响极大，墨西哥提出上诉，认为美国的这项措施是贸易保护主义行为，因为多年来美国船队捕杀的海豚远多于墨西哥。在这一案件中，为墨西哥提供支持的论据来自两个不同的方面：第一，在 GATT 条款下，美国没有权利实施这样的一个贸易限制。美国则辩解道，在 GATT 第 20 条（b）条款下，它有权运用贸易限制措施来保护受危害的物种。而墨西哥则反驳，在这一案件中没有任何物种受到危害，本案唯一的争论焦点是墨西哥渔民所使用的捕鱼方式的性质。第二，美国对金枪鱼罐头所实施的标签要求违反了 GATT 第 4 条款下的原产国标志的规定，因为该条款仅仅是要求列出来原产国而不需要列出其他内容。

WTO 专家组认为，GATT 仅规定了可对产品引起的污染用贸易手段进行限制，但却未对因产品的制造方式引起的污染作任何规定。况且，美国的国内法，不能用来约束美国境外的生产过程。最后，专家组认为美国对墨西哥采取的措施违反了 GATT 第 11 条的关于取消数量限制的规定，并且又不属于第 20 条例外情况之列，裁决美国败诉。

资料来源：王勇："从金枪鱼案到海龟/海虾案——浅析 WTO 体制下环境与贸易争端解决机制"，《山西省政法管理干部学院学报》，2001 年第 3 期。

气候变化问题已经成为全球公共危机，应对气候变化是人类共同的责任。但应对气候变化的措施势必对贸易产生影响，而 WTO 在这方面的规定只限于上述相关的协议，其局限性在随后要讨论的发达国家对未实行减排的国家运用边境调节税保护国际竞争力问题上愈发明显。

4.2.1.3 碳税对贸易的影响

应对气候变化的措施必然会对贸易产生影响，其中碳税作为最有效的经济手段之一，其对贸易的影响被广泛关注。碳税对贸易的影响，主要是通过影响产品竞争力，从而对贸易的规模和结构产生影响。具体来说，开征碳税最终目的是促使环境的外部成本内部化，使企业的生产成本由于环境控制成本的纳入而提高，致使该国产品国际竞争力降低，影响了国际市场对该国相关产品的需求，使贸易规模减少。同时，也促使企业从污染较重的行业转向清洁生产，从而对贸易的结构产生影响。另一方面，碳税对碳泄漏的影响，也将影响到贸易的规模和结构。

1. 碳税对国际竞争力的影响

碳税对国际竞争力的影响，是各国在考虑引进碳税时主要面临的难题。由于担心开征碳税会削弱本国企业的国际竞争力，从而失去一定的国际市场份额，一些国家对引入碳税迟疑不决；而已经引入碳税的国家出于国际竞争力的考虑，在碳税的税制设计中采取了大量的对污染密集行业的税收优惠政策，从而使碳税的政策有效性大打折扣。

（1）国际竞争力的概念。首先需要对国际竞争力的概念进行界定。虽然国际竞争力这个概念已被世界各国广泛采用，但长时间以来，并未出现一个能够被普遍接受的概念。哈佛大学研究竞争策略的著名教授波特（Michael Porter）在其名著《国家的竞争优势》一书中就指出：对于公司来说，竞争力意味着在国际市场上以全球战略的姿态进行竞争的能力。对于国会成员来说，竞争力就是要保证国家有贸易顺差；对一些经济学家来说，竞争力则意味着把汇率因素考虑进去之后的低廉劳动成本。国际管理发展学院（IIMD）对竞争力的定义是：“一个国家创造净增值并通过管理资产和工艺、增强全球和地区吸引力和斗争力，从而增加国家财富并将这些关系融入到经济与社会模型中的能力”（IIMD，1996）。评估一项具体政策时，总的来说竞争力对经济系统的影响比对单独部门的影响更为重要。

由此可见，国际竞争力这个概念的内涵十分丰富。从学术研究及制订政策的角度出发，可以在企业、产业及国家等不同层次上对其加以定义。OECD将竞争力概念分为公司或部门、国家两个层面，同时认为还应该区分长期和短期的影响。

（2）碳税对国际竞争力的影响。碳税最重要的国际影响之一，是对国际竞争力的影响。碳税对国际竞争力的影响比较直观，通常碳税会提高生产要素的相对成本和比价。课税后的产品参与国际竞争，其结果是本国公司失去一部分国际市场份额而让给没有实施该环境税的外国公司，实施碳税国家的贸易将会产生负面影响，最坏的结果可能是高环境标准国家的生产逐渐减少直至停产。

碳税对竞争力的影响无疑是存在的，但这种影响具体有多大，目前国际上尚存在着争议。多数已知的研究和数据表明，环境税对国际贸易不会产生巨大影响。Jaffe 等（1995）考察了 100 项针对环境法规（不仅限于税收）对美国工业竞争力潜在影响的研究。他们得出的结论是："总体来说，只有相对很少的证据支持环境法规对竞争力有强大反作用的假说，不论这一难以捉摸的关系是如何定义的。"这一结论是基于以下这些论点：①一般来说，环境保护成本相对适中，在任何情况下都不足以影响竞争力（然而，这一成本在未来很可能大幅上升）；②OECD 国家的环境限制是可比的（不像世界上其他地区那样）。在多数情况下，当一个国家的环境限制不那么严格时，外来投资者倾向于采用比东道国更为严格的标准。

而 OECD 进行的部门实验研究表明，碳税（或拍卖的可交易许可证）可能会对一些工业部门产生负面影响，尤其如果这种政策手段没有在全球范围而只是在一些国家或国家群之内被采用。以钢铁工业为例，由于这个行业是能源消耗最高和污染最严重的部门，对其课税产生的竞争力影响很有代表意义。OECD（2006）一项对钢铁工业案例进行的研究表明，"和其他税种相比，OCED 范围的碳税将使 OECD 的钢产量订单减少 9%。估计减少的产量对高污染的钢厂的影响（-12%）比对小型废钢厂的影响（-2%）要大得多。OECD 之外的产量将增加近 5%，这意味着全世界钢产量将下降 2%。碳税将导致氧气顶吹转炉（BOF）从使用生铁转向更多地使用废铁。废钢铁的价格将会上涨，从而削弱以废钢铁为基础的电弧炉（EAF）用钢生产商的竞争力。"

OECD 国家的碳税实践也证明了这一点。通过对 OECD 各国碳税实践的分析，发现各国都普遍存在对能源密集型行业的税收优惠政策，且幅度很大。比如煤炭和焦炭具有严重污染性而且是碳密集度最高的，原本应该承受高额的碳税，但事实上只有极少数几个国家对煤炭和焦炭征税，并且还有众多减免税项目。煤炭和焦炭税对环境税总收入的贡献很小，收入几乎可以忽略不计。这些现象主要是基于碳税对部门竞争力或收入分配影响的考虑。

OECD 认为，碳税对国际竞争力的影响，可以通过以下的政策消除：一是收入返还，如将税收收入的全部或部分返还给受影响公司；二是给与特定活动、部门或产品的税收减免，EEA/OECD 数据库存有 OECD 国家 1100 多个税收减免的案例；三是对某些部门、产品或投入的税率优惠；四是在更大范围内实施边境税收调整（BTA）；五是国际合作等。

在对已经开征碳税的国家经验分析中，都已经提到了上述这些手段的运用。前三项政策选择，更多的是在国家政策层面上，是为了避免因开征碳税导致企业竞争力降低而给与的各项补偿和优惠措施。这些措施虽然从短时间内看可以抵消或部分抵消对企业竞争力的影响，但碳税的有效性却受到影响。而后两项政策手段的选择，体现的是在国际层面上如何消除碳税对竞争力的影响，发挥碳税的有效性。OECD 研究报告（1997）认为，边境税收调整是确保碳税有效性的一个重要手段，但其在 WTO 规则下能否使用仍然有些模糊不清，本书将在第 5 章中对此进行详尽分析。国际合作是全球经济一体化下的必然选择，在开放经济条件下，碳税所产生的问题必须通过国际合作来解决，这种合作就是碳税的国际协调。

2. 碳税对碳泄漏的影响

所谓碳泄漏，是指在应对气候变化只有部分成员参与的国际联盟下，承担减排义务的国家采取的减排行动导致不采取减排义务的国家增加排放的现象①。从碳泄漏的定义中可以看出，碳泄漏的主要原因是因为在应对气候变化的前提下，部分国家采取了主要包括排污权交易和碳税等碳减排的措施，而相当一部分国家未采取减排措施，成为“免费搭车者”所造成的。

少数国家的国家层面碳税是产生碳税泄漏原因之一。如果一个国家或地区开征碳税，将改变课税国或地区的比较优势，可能会增加碳密集型产品（如钢铁）的生产成本，降低这些商品在国际贸易中的竞争力。而不采取减排行动的国家所生产的同类商品具有了相对优势，国际市场对碳密集型产品的需求就会转向未征收碳税的国家或地区，国际产业发展格局和国际贸易流向将会发生改变，同时还会增加非减排国家的温室气体排放量。而在不同国家生产的能源密集型产品之间的贸易替代弹性系数（也被称为阿明顿弹性，Armington elasticities），将决定这种情况发生的可能性大小，系数越大，说明贸易替代也越容易发生，结果课税国的碳税有效性在不同程度上被进口替代削弱。

碳泄漏的程度通常用泄漏率来衡量。泄漏率一般用其他国家排放的增加

① 谢来辉、陈迎：“碳泄漏问题分析”，《气候变化研究进展》，2007 年 7 月。

量与采用单边环境政策国家排放的减少量之间的比率来表示。通常，这一比率的期望值在0—100%之间。OECD的研究报告（1995A）表明，有三种主要的影响决定了碳泄漏的规模和表现形式，包括可能起相反作用的机制：一是贸易结构的改变；二是世界能源价格的变化；三是区域贸易的得与失。

在碳泄漏的估算中，根据不同的模型和不同的假设计算泄漏率，结果差异很大。Pezzy（1992）的研究中，采用Whalley和Wigle一般贸易均衡计算模式估计：欧盟本身减少20%的碳排放，会产生80%的泄漏率。Pezzy还计算出，在OECD国家内削减20%的碳排放将产生70%的泄漏率，这些泄漏率意味着单边政策在很大程度上是无效的，也意味着这些政策对竞争力的影响是巨大的。但Oliberira－Martins，Burniaux和Martin（1992）采用了OECD的绿色模型得出了相反的结果，估计如果实行将碳排放稳定在1990年水平的政策，泄漏率很低，欧盟单边政策的泄漏率在1995年是11.9%，在2050年是2.2%。他们据此认为，泄漏并没有使单边政策失去效力①。IPCC第三次评估报告中指出，由于可能发生的一些碳密集产业向非附件I国家转移，以及价格变化对贸易流向的影响，可能导致的泄漏率为5%—20%。同时，IPCC也强调，对碳泄漏率为20%的上限是在假设没有技术转移和排放贸易等条件下得出的结果，事实上考虑到未来各国可能还会谨慎地采取各种政策手段，碳泄漏率将会远小于20%②。

虽然目前经济学界对碳泄漏率的大小尚未取得共识，但碳泄漏无疑是客观存在的，并如同竞争力的变化一样，对单边政策的有效性将会产生消极的影响，并成为国际谈判中争论的焦点。开征碳税，一方面碳税税率水平的高低将直接影响到碳泄漏率的高低；另一方面，碳泄漏反过来也使国家层面的碳税政策的有效性大打折扣，极大地降低碳税的有效性。

减少碳税对碳泄漏的影响，需要进行碳税的国际协调，随着引进碳税国家的增多，碳泄漏的范围将会减少。一旦全球所有国家和地区都参与国际协调，碳泄漏问题将不再存在。

4.2.2 碳税对投资的影响

外国直接投资促进经济增长的作用，已经得到了很多理论研究和经

---

① OECD：《环境税的实施战略》，中国环境科学出版社，1996年版。

② 谢来辉、陈迎："碳泄露问题分析"，《气候变化研究进展》，2007年7月。

验分析的支持，尤其对发展中国家来说，外国直接投资已经成为经济增长的重要因素之一。但在外国直接投资给发展中国家带来经济增长的同时，还会带来资源耗竭和环境恶化等问题，反过来又损害了这些国家实现长期增长的能力。“污染避难所”假说和环境库茨涅兹曲线等理论主张对此都有相关论述。

碳税政策对投资的影响可以从两个方面分析，一方面，良好的环境是吸引投资的主要因素。碳税将促进企业采用新技术，减少二氧化碳的排放，有利于改善本国的环境状况，吸引外国投资。另一方面，由于开征碳税，将使企业的成本提高，在减污成本提高的推动下，为了追求生产活动的利润最大化，减排国的企业和跨国公司可能将投资转移到没有开征碳税或环境标准较低的国家中去，从而保持这些国家的污染密集行业的国际竞争力，最终导致更多的温室气体增排，一些未实行减排的国家成为所谓的“污染避难所”(Pollution Havens)。通常，由于经济发展水平较低，发展中国家大多充当着“污染避难所”的角色。能源密集型产业的转移对发展中国家来说是把“双刃剑”。一方面，产业转移会带来资金和技术，有利于扩大就业并促进产业结构的升级，有利于发展中国家经济的发展；与此同时，它又会带来严重的环境污染问题。因为能源密集型产品在生产过程中不仅消耗大量能源，而且也排放大量温室气体及其他污染物，从而使发展中国家的环境问题愈加严重。

关于减排国家征税政策可能导致产业转移的流向问题，仍存在不少争议。Paltsev① 认为，对化工和钢铁行业征收碳税是导致碳泄漏的主要源泉，而导致碳泄漏最多的地区是欧盟、美国和日本，主要流向中国、中东和南非等国家和地区。他还认为，中国主要将受到日本的钢铁业，以及美国和欧盟的化工产业征税的影响。但 McKibbin② 等认为，大多数由于执行《京都议定书》所致的资本转移将发生在附件 I 国家之间，而不是流向非附件 I 国家，因此几乎不会产生碳泄漏。

---

① Paltsev S V. The Kyoto agreement: regional and sectoral contributions to the carbon leakage [J]. The Energy Journal, 2001, 22 (4): 53 - 79.

② McKibbin W, Ross M T, Shackleton R, et al. Emissions trading, capital flows and the Kyoto. Protocol [J] . The Energy Journal (special issue onthe Kyoto Protocol), 1999: 287 - 333.

4.3 碳税对国际政治的影响

与一般的作为经济杠杆的如流转税、所得税等税收手段相比，碳税不仅表现为一种经济手段，更随着国际气候问题政治化而显示出其某种程度上成为一个政治的“利器”。因此，分析碳税的国际政治影响，对碳税国际协调的必要性以及如何协调意义重大。

4.3.1 气候问题政治化及其对国际政治格局的影响

自“冷战”结束后，世界政治格局发生了很大变化。新的不确定因素增多，国际关系进入一个历史性的调整期。20 世纪 90 年代以来，气候变化问题呈现出政治化的趋势。所谓政治化，表现为国际气候问题谈判已经成为国际政治的重要议题，如何应对气候变化将在某种程度上重塑国际关系，尤其是大国之间的关系。气候问题登上国际政治舞台后，国际气候政治格局不断分化重组，国际气候政治格局变化在某种程度上反映了国际政治格局的变化，已经成为影响国际政治格局的重要因素之一。

4.3.1.1 气候问题政治化的历程

人类对气候变化问题的科学认知是在环境政治运动的推动下实现的。也就是说，伴随着人类对气候变化问题的认识，气候问题就已经显露出政治化的一面。气候变化政治化是个渐进的过程。在《联合国气候变化框架公约》和《京都议定书》得到绝大多数国家认同或国内法的通过而获得国际法的地位后，气候变化问题呈现出初步政治化的特征。2007 年巴厘岛路线图后，国际关系学者纷纷从跨国性的政治议题来看待气候变化问题。2009 哥本哈根气候大会的召开，其空前规格和政治学者的深度参与，直接向人们表明气候问题的政治化趋势。而最近西方国家通过征收“碳关税”等措施把气候变化问题与对外贸易、对外援助、能源安全等挂钩，气候变化问题变成一张“外交牌”，作为各国外交博弈的筹码，成为一个关乎国家安全和战略的政治议题。因此，现阶段研究气候变化问题，应突破传统的环境领域，将视野拓展到国际政治领域。

早在 19 世纪末，瑞典科学家斯万特·阿尔赫尼斯（Svante Arrhenius）就已提出温室效应概念，但直到 20 世纪 70 年代，各国科学家仍很少对气候变化问题进行系统研究。1972 年召开的斯德哥尔摩人类环境会议，虽然提出气候变化问题，但并没有引起科学家的关注。随着欧洲环境政治在 20 世纪 80 年代逐步兴起，使全球气候成为政治辩论的话题，从而推动了科学家对这个问题的关注和研究。

1985 年 10 月在奥地利召开的维拉赫会议正式开启了气候变化问题的政治化进程。会议提出，为了对可能的气候变化作出回应，需要对各种政策选择进行经济、社会和技术方面的研究。这是第一次把气候问题从强调研究到同政治联系起来，强调需要采取政治行动，从而使该次会议成为一个转折点。

1988 年 6 月在加拿大多伦多举行的“变化中的大气：对全球安全的影响”国际会议，首次将全球变暖作为政治问题来看待。此次会议重复了维拉赫会议对气候变化问题的评估，并强调了全球变暖的可能后果，认为“人类正在进行全球范围的无法控制的实验，其最终后果将仅次于一场全球性核战争。”会议呼吁各国政府紧急行动起来，制订大气层保护行动计划，其中包括一项国际性框架公约。多伦多会议后，气候变化问题迅速被列入国际政治议程，促发一系列有关气候变化问题国际会议的召开。

1990 年 12 月，联合国大会通过了 45/212 号决议，正式成立“气候变化框架公约政府间谈判委员会”。在 1992 年 6 月的联合国环境和发展大会上，由 166 个国家签署了《联合国气候变化框架公约》，成为第一份防止气候变化方面的国际法文件，并于 1994 年 3 月 12 日生效。公约规定，考虑到全球变暖的可能性，为防止人类活动对气候系统造成影响，以稳定大气中温室气体浓度为目标，要求各国自身或经相互协商制订出对策，各缔约国要制定并公布温室气体排放源和吸收汇（即从大气中清除二氧化碳等温室气体的过程、活动或机制，一般指森林和海洋的吸收能力）的清单及减少排放的计划，并开展研究、教育、培训和宣传等工作。公约同时确立了一条非常著名的原则，即发达国家和发展中国家在保护气候方面具有“共同但有区别的责任”的原则，确定了发达国家和发展中国家在承担减排温室气体义务等方面不同的责任和义务。该公约虽然不是一项全面、系统的温室气体控制机制，但为未来的谈判提供了基础和框架。

随后在1995年召开的《公约》第一次缔约方大会上，决定为发达国家制定具有法律约束力的减少温室气体排放的议定书。经过两年多的努力，于1997年12月在日本京都召开的《公约》第3次缔约方会议上，通过了《京都议定书》（以下简称“议定书”），成为第一个以条约形式要求承担保护地球气候系统义务的执行性文件，并创造性地提出了清洁发展机制（CDM）和排放权交易制度。《议定书》规定，发达国家作为一个整体，要在2008—2012年承诺期内，其温室气体排放量比1990年水平至少减排5%。联合国自1998年开始，谈判制定实施《议定书》的细则，经过4年马拉松式的谈判，于2001年在摩洛哥的马拉喀什召开的《公约》第7次缔约方会议上，达成了《马拉喀什协定》，详细规定了执行《议定书》的实施细则。此后经过国际社会4年不懈的努力，在俄罗斯批准了《议定书》后，终于使《议定书》生效，使《议定书》在没有美国参与的情况下，也能够获得生效并实施。

2005年11月在加拿大蒙特利尔召开的联合国公约第11次缔约方会议及《议定书》第1次缔约方会议，通过了《京都议定书》执行决定，进入了全面执行期。

2007年，气候变化成为国际政治舞台的热话题，国际社会对气候变化问题的关注与争论日益升温。2007年联合国政府间气候变化专门委员会（IPCC）发表第4次气候变化评估报告。报告用前所未有的强烈语气，对气候变化可能带来的生态危机、经济和社会影响，以及对国家安全影响进行警示。气候变化从环境问题演变成一个涉及全球环境、国际政治、世界经济、国际贸易问题的复杂议题。2007年12月，在印尼巴厘岛召开的《公约》和《议定书》缔约方会议上，制定了“巴厘岛路线图”。要求2009年底前制定出发达国家2012年后的减排安排，同时要求没有参加《议定书》的美国承担与其他发达国家可比的量化减排指标；会议也同时要求发展中国家在发达国家的技术和资金支持下，采取具有实质性效果的减排行动。

2009年12月5月，举世瞩目的《联合国气候变化框架公约》缔约方第15次会议在丹麦首都哥本哈根召开，与会国家达到194个，有119个国家的领导人，有上千个国际机构，也有 NGO 和企业家的代表国达 193 个，参加首脑 119 位，代表人数也创纪录达到了 2.5 万人。会议最终没有通过类似《京都议定书》具有法律约束力的强制性安排，但是会议的曲折进程及其推出的《哥本哈根协议》说明气候问题已经完全政治化，这预示着一个新的国际关系时代已经来临：在气候政治因素作用下，全球范围内的政治经济格局正在发生转变。

4.3.1.2 气候政治模式下的国际政治格局演变

纵观国际气候政治化进程，不难发现，各国在气候问题上的利益差异构成了矛盾的主要方面。其中最主要的矛盾表现为南北矛盾。但随着气候政治的博弈，各利益集团内部也逐步出现了分化趋势，从而使国际政治格局发生了变化。

1. 南北矛盾是气候谈判的主要矛盾

发达国家和发展中国家的矛盾，就是通常所说的南北矛盾。南北矛盾包括两个方面：一是发达国家关于限制温室气体排放的承诺问题；二是向发展中国家进行资金和技术转让的问题。

南北矛盾首先表现为发展中国家对公平问题的强烈关注。南北在人均排放和人口方面存在巨大的不平等。许多发展中国家认为，正是发达国家 200 多年的工业化过程导致了全球气候变暖。在 20 世纪 90 年代初，发展中国家的人均二氧化碳排放只有发达国家人均的 1/10。南亚次大陆和非洲的人均排放只有美国的 1/20。但由于发展中国家的人口数量大，人口增长速度比较快，他们的排放占全球二氧化碳总排放的 1/4，且有巨大的增长潜力。不过，发展中国家与农业和土地利用有关的“生存性排放”占了相当大的比重。因此，他们认为气候变化问题完全是由发达国家的消费模式引起的。尽管发展中国家对全球环境的日益退化表示担忧，但经济发展和缓解贫困仍是他们的当务之急。不少国家担心其发展问题会因发达国家对环境问题的优先考虑而被忽视。有的国家甚至认为发达国家将气候变化问题纳入国际政治议程，其目的在于限制他们的能源使用，遏制他们的经济发展。

南北矛盾还主要集中于资金和技术转移问题上，即发达国家在向发展中国家转移资金和技术方面到底作出何种承诺。发展中国家认为，发达国家对全球变暖负有主要历史责任，且有经济和技术能力解决这一问题，因此，促进发展中国家低污染发展的资金和技术应来自发达国家。这种转移部分是为了帮助发展中国家应对全球变暖，更主要的是为了发展节能技术，从而使发展中国家在减少排放增长速度的同时能保持自己的发展。发达国家在原则上接受了这一立场。

2. 多方博弈使国际气候政治格局发生变化

从1991年联合国启动气候公约谈判开始，发展中国家团结一致，强调发达国家在气候变化问题上的历史责任，要求在公约有关对策条款中明确体现南北间公平和“共同但有区别责任”的原则。公约通过之后，尽管缔约方内部的矛盾分歧不断加剧，但依旧维持了南北对立的基本格局。在反对为发展中国家增加新义务的斗争中，“77国集团+中国”的模式取得极大成功。随着《京都议定书》的通过，以及联合履约、排放贸易和清洁发展机制三个灵活机制的引入，发展中国家集团内部也出现了分化趋势。

由于发展中国家各利益集团在气候变化中受影响的领域和程度不同，观点存在差距，特别是产油国家与发达国家有着长期的贸易联系，并且直接受到节约能源的新技术以及清洁能源、生物能源的冲击，而极端贫困国家和小岛屿国家又长期接受发达国家的援助，因此对发达国家有着很强的依赖性。发达国家强调各利益集团的特点和诉求，采取各个击破的方法，削弱发展中国家的集体谈判能力。针对美国、欧盟、伞状国家组成梯队以“集团作战”的方式渲染“中国责任论”、“基础四国污染论”，导致发展中国家内部的相互猜忌和不满，从而使发展中国家集团内部逐步出现分化。哥本哈根会议加速了这种分化，南北矛盾由西方发达国家与以77国家集团为代表的发展中国家的阵营对垒，变成全球气候政治主导下的美、欧盟、基础四国（中、印、巴、南）、伞状国家、海岛和雨林国家的博弈（见图4-2）。其中，基础四国（见专栏4-3）脱颖而出，在很大程度上代表77国集团成为与发达国家抗衡的重要力量。基础四国+美国的磋商方式与G20取代G8一样成为明确的信号，标志着新兴经济国家力量的崛起。气候政治无疑强化并确立了新兴发展国家的地位，发达国家主导的国际关系格局已经发生复杂变化。

专栏 4－3　基础四国

2009 年 11 月，面对气候变化这个全球议题，中国、印度、巴西与南非四个最主要的发展中国走到了一起，首度携手“崭新亮相”。11 月 26—27 日，在哥本哈根大会开幕前夕，印度、巴西、南非代表曾齐聚北京，共商这次气候大会上的基本立场，四国就开始被冠以“基础四国”。2009 年 12 月 23 日，联合国政府间气候变化专门委员会主席拉津德·帕乔里表示，由中国、印度、巴西和南非组成的“基础四国”成为哥本哈根会议上一股重要力量，他们可能会引领未来的气候谈判道路。帕乔里在新德里表示：“一个重要的政治现象就是巴西、南非、印度和中国这一集团的崛起。毫无疑问，在墨西哥会议结束前，任何协议都需要考虑进‘基础四国’的力量。”

资料来源：路透社：IPCC 主席：哥本哈根谈判让“基础四国”影响力增强，2009 年 12 月 23 日。

图 4－2　全球气候政治主导下的各利益集团之间的博弈

资料来源：www. xinhuanet. com.

4.3.2 碳税在气候政治中的作用

应对气候变化问题既然已经突破科学范畴，表现为经济问题和政治问题，那么为应对气候变化而采取的众多措施无疑也将产生政治经济影响。碳税作为气候变化中有效的经济手段之一，越来越为各国所重视，并被一些国家所采纳或着手酝酿实施。于是，碳税所产生的影响不再局限于经济领域，更多地表现为政治影响。碳税也就成为气候政治模式中的“急先锋”，或被动或主动地成为，或即将成为各国争夺世界新秩序话语权的“利器”。

4.3.2.1 欧盟率先推行碳税促进碳减排，赢得气候政治中的话语权

欧盟在应对气候变化中一直充当着“急先锋”的角色，并试图充当气候变化问题的领导者。正是在欧盟的推动下，1992 年联合国通过《联合国气候变化框架公约》，并于 1997 年进一步变成可操作的法律文件《京都议定书》。在这些法律文件中，环境问题转化为气候问题并进而在技术上转化为二氧化碳的排放，从而在法律上产生各国围绕“碳排放权”展开的全球政治博弈，由此形成全新的“碳政治”。欧盟目前已经取得全球“碳政治”的领导权，甚至在美国退出《京都议定书》之后，欧盟于 2008 年 12 月 12 日单方面宣布到 2020 年减少温室气体排放 20%；同时宣布如果在哥本哈根会议上能够达成全球气候协议，欧盟会将减少排放的额度提高到 30%。

目前欧盟预期能够完成《京都议定书》规定的减排义务。究其原因则是多方面的。首先，欧盟各国充分认识到气候变暖对欧洲的影响，环保理念已经深入人心。全球气候变暖将会使北大西洋暖流减弱或消失，整个欧洲都将受到很大影响，欧盟各国在减排问题上有很强的紧迫感。其次，与其他发达国家相比，欧盟削减温室气体排放的成本相对较低，这也是其态度积极的原因。《欧洲气候变化计划》第一期报告中已测算过：“欧盟实现对《京都议定书》承诺的总成本为 37 亿欧元，相当于 2010 年 GDP 的 0.06%，对经济的负面影响非常小。”欧盟减排成本较低的原因，与欧盟的产业结构与能源结构相关。欧盟很早就开始了能源结构的调整，已经从煤炭、石油转向天然气，可更新和可再生能源的使用率非常高。北欧国家冰岛用煤发电仅占整

体能源的 20%，对于水能、太阳能等新能源的开发利用程度很深。此外，欧盟作为整体具有一个他国无法比拟的优势——内部减排成本分摊协议。欧盟成员国中并非每个国家都要做到减排 20%，“富国”可以做得更多，为一些次发达国家分摊减排任务。最后，欧盟希望借助气候变化问题提高自身软实力和政治影响力，从而抢占国际规则和道义的制高点，重塑其在世界政治格局中的主导权。

欧盟是世界上最早主动推行碳税的地区，碳税为其在全球气候减排中赢得了良好的形象，成为欧盟主动减排的标志。虽然由于欧盟的主要竞争对手——美国最终没有加入《京都议定书》，使碳税从欧盟的国家层面走向区域性的国际碳税最终流产，但足以使欧盟在“碳政治”的博弈中赢得主动。

虽然出于对国际竞争力的影响延搁了欧盟推行区域性碳税的计划，但作为气候变化行动的积极推动力量，欧盟在提高碳税有效性方面的努力并没有停止。为促使未减排国家采取行动，以及提升其国际竞争力，在欧盟早就有人主张附件 I 国家对来自未履行减排义务国家的进口产品征税，但因当时看不到《京都议定书》生效的希望，这些主张一再被搁置而没有受到足够的重视。2006 年 10 月，一个专为欧盟委员会高层讨论小组撰写的报告草案建议，应对来自美国，中国和印度等未采取减排行动的国家的能源密集型进口产品征收一种新税，即边境调节税。该观点在欧盟引起了很大的争议。欧盟产业与环境委员 Verheugen 以及法国政府都公开表示支持这个措施。2006 年 11 月 13 日，在可持续发展部际委员会会议上，法国总理德维尔潘强调“欧洲应该竭尽全力反对环境倾销”，并表示准备与其他欧盟国家协商，自 2012 年起对来自非《京都议定书》缔约国的进口工业产品征收二氧化碳排放税。2007 年底，欧盟在一项旨在改革现行碳排放贸易制度（ETS）的草案中指出，从 2015 年起，对于“来自存在显著碳泄漏风险的任何国家或地区”的各种产品进入欧盟市场必须满足“碳排放配额的进口要求”。这意味着在不久的将来，欧盟将不断推进碳税及边境调整措施等手段在碳政治博弈中的作用，以赢得“气候政治”的话语权。

4.3.2.2　美国采取“碳关税”手段，争取低碳经济的领导权

与欧盟相比，美国在应对气候变化问题上一直处于一个被动尴尬的地位。美国是世界上最大的二氧化碳排放国之一，但美国拒绝确定二氧化碳排

放的定量目标和时间表，也反对向发展中国家进行资金援助。这使得美国陷入道义的谴责中，从而一度失去在国际气候政治中的主导权地位。

2008 年，随着奥巴马竞选总统获胜，面对国际政治内容发生的深刻变革，美国政府在气候变化方面开始采取更加积极的态度，重新开始顺应乃至引领世界环境保护的潮流。奥巴马在就任美国总统后，以向低碳经济转型的视角，相继发布了一系列有关应对气候变化的政策。2009 年 3 月 31 日，由美国民主党主导的美国众议院能源委员会向国会提出了“2009 年美国绿色能源与安全保障法”（American Clean Energy and Security Act of 2009）。该法案由绿色能源、能源效率、温室气体减排、向低碳经济转型等 4 个部分组成。法案明确规定，美国的电力公司、大型制造企业等必须设定减排目标，进行排放量交易。美国应以 2005 年为基准年度，到 2012 年时温室气体减排 3%，到 2020 年时减排 20%，到 2030 年时减排 42%，到 2050 年时减排 83%。

在应对气候变化的两个主要经济手段中，美国没有采用对化石燃料课征的碳税。但 2009 年 6 月份在美国众议院通过的《清洁能源与安全法》中规定：“如果美国没有加入相关国际多边协议，自 2020 年起，美国总统将被授权对来自未采取措施减排温室气体国家的钢铁、水泥、玻璃、纸张等高污染产品采取“边境调节”措施。美国的这些措施，在当下被统称为“碳关税”。碳关税和边境调整措施是否合理合法，我们将在第 5 章中具体论述，尤其对其背后的政治因素的分析则是不可或缺的。美国当前拟采取碳关税手段，其原因主要包括以下两方面：

1. 应对金融危机

历史经验表明，伴随着每次全球性经济大衰退，都将出现国际贸易保护主义的盛行。如，20 世纪 30 年代的经济大萧条来临后，美国为了保护自身利益，迅速通过了《斯姆特—霍利关税法》（Smoot - Hawley Tariff Act），将应税商品的平均关税税率提高到 53.2%。美国实施上述法案后，其他各国纷纷群起而效之，或提高关税税率，或采取其他贸易保护措施，造成全球贸易量骤减，美国原本想通过贸易保护来刺激国内经济复苏的计划也彻底破灭。2007 年美国爆发次贷危机，最终肆虐全球。为了应对危机，美国打出“碳关税”旗帜，不言而喻是为了应对本次金融危机，刺激国内经济发展。

2. 争夺低碳经济主导权

全球气候变暖对人类生存和发展提出了严峻的挑战，二氧化碳的全球减排是人类必须的选择。在此背景下，“低碳经济”、“低碳发展”、“碳足迹”、“低碳技术”、“低碳生活方式”、“低碳城市”、“低碳社会”、“低碳世界”等一系列新概念、新政策应运而生。而能源与经济以至价值观实行大变革的结果，将为人类迈向生态文明指出一条新路，即：摈弃20世纪的传统增长模式，直接应用新世纪的创新技术与创新机制，通过低碳经济模式与低碳生活方式，实现社会可持续发展。

1980年，美国著名未来学家阿·托夫勒在《第三次浪潮》中指出：一系列新技术正在崛起，形成电子工业、航天工业、海洋工程、遗传工程四组相互关联的工业群。它们“将有大的发展趋势，并且很有可能成为第三次浪潮的工业骨干”。如今，以电子信息技术为特征的第三次浪潮造就了欣欣向荣的当代工业文明，但人类文明的发展方式也面临着自然界的挑战。而低碳经济无疑是继电子信息技术后的“第四次浪潮”。它将从人类文明安全发展模式的前瞻视角出发，开辟出新的技术领域，拓展新的市场空间和利润增长点，形成庞大的以低能耗、低污染、低排放为基础的经济模式，是人类社会继农业文明、工业文明之后的又一次重大进步。低碳经济实质是能源高效利用、清洁能源开发和绿色GDP。其核心涉及能源技术、减排技术创新，产业结构和制度创新。

“低碳经济”作为一个与气候变化相联系的范畴，最早可追溯到20世纪60年代。作为一个正式概念的提出，则源于2003年英国的能源白皮书《我们能源的未来：创建低碳经济》。此后，在巴厘岛路线图中被进一步肯定。但是，十多年来，国际社会对其并没有给予充分重视。而2007爆发于美国最终肆虐全球的金融危机，最终把低碳经济发展推向全世界。随着美国奥巴马政府把低碳经济与拯救美国经济联系起来，低碳经济在全球范围得到广泛关注。表面上，低碳经济属于经济范畴，但在世界多极化发展格局下，它已经上升为政治范畴，成为发达国家在其世界主导地位遭受新兴国家挑战后，试图利用科技话语和法律话语来继续管控世界的新方式，进而成为约束新兴国家经济和社会发展的工具。因此，从本质上讲，低碳经济最终应归属为政治问题。低碳经济是一个关于争夺国际政治话语权的问题，是“碳政治”概念的延续。

奥巴马的能源新政，在经济低迷形势尚未根本好转之前，势必会遭受来自国内各利益集团的阻力。而美国参议院适时通过的碳关税立法，正是对美国国内传统产业及其政治势力诉求的反应。这一方面可帮助奥巴马堵住国内传统产业势力的反对之声，另一方面也可为新能源政策的推行保驾护航，因为对进口商品征收碳关税就等于间接地为国内能源密集型产业或企业提供了“低碳补贴”①。

还应该看到，美国政府虽然对内没有开征碳税，但欲对外施行的“碳关税”，却成为悬在中国、印度、巴西等发展中大国头上的达摩克利斯之剑，从而为美国政府在参加国际气候谈判时增加砝码，迫使中国、印度、巴西等发展中大国让步，以确立美国在低碳经济时代的世界领袖地位。

4.3.2.3 新型工业化国家与发展中国家酝酿引入碳税，应对气候政治影响

新型工业化国家与发展中国家在大力发展经济的同时，面临的环境问题也更加突出和紧迫。发展中国家认识到，只有发达国家和发展中国家共同采取行动，才能阻止气候危机的恶化。同时只有采取积极的应对气候变化的措施，才能有效地对抗发达国家对发展中国家的遏制，从而为发展中国家在国际政治经济问题上赢取话语权。

1. 发展经济和应对气候变化之间的矛盾

气候变化问题从表面上看是环境问题，但实质上是发展问题。环境库兹涅茨（Kuznets）曲线证明，国民经济发展水平同环境状况的改善存在着“倒U型”关系。1991年，环境经济学家Grossman和A. Kureger通过对42个国家的样板数据分析，发现环境污染与经济增长的长期关系呈“倒U型”，这一结论被Panayotou进一步证实。1993年，Panayotou等人借用库兹涅茨曲线来描述环境质量与经济发展的关系，提出了环境库兹涅茨曲线（EKC）假说，认为环境质量与经济发展存在“倒U型”关系，即环境质量随经济发展先恶化后改善；在发展初期，经济增长不可避免导致环境破坏，但发展到一定程度后，经济体会向经济与环境和谐一致的方向发展。工业化国家的实践也证明了环境库兹涅茨曲线的存在。

发展中国家也面临同样的问题。发展中国家最主要的任务无疑是发展经济，但经济发展过程中产生的环境问题也极大地影响着发展中国家。据联合国发布的《2007/2008人类发展报告》的统计，从2000年到2004年，每年有大约2.62亿人遭受气候灾难影响，发展中国家占受灾人口的98%以上，

① 陈新平：“应对碳关税”，财政部科研所研究报告总第938期。

在经济合作与发展组织国家中，人们遭受气候灾难影响的可能性是 1∶1500，而发展中国家的可比系数是 1∶19，即风险是发达国家的 79 倍。

2. 积极研究开征环境税或碳税，应对气候变化

为了实现社会和经济的可持续发展，也为了应对来自国际社会的压力，发展中国家日益重视环境问题，作为完善税制的一部分，对环境税/碳税展开了积极的研究。

印度在温室气体排放方面承受着巨大的国际压力。为了应对国际压力，也为了解决国内越来越严重的污染形势，近年来，印度政府在维持经济快速发展的基础上注重对环境的保护，把加大对污染的治理力度作为今后一段时间内印度政府的既定方针。1991 年以来，印度按照经济开放政策的要求和对世界贸易组织的承诺，对税收制度进行了较大改革，如减让关税和消费税；降低公司税；提高计税基数，加强税收管理等。税制改革后，印度开始实施与环境相关的税收政策。在所得税方面，对污染控制设备及节能装置等规定 80% 的折旧率。对于从事开发、维修业务和基础设施建设业务，如道路、公路、桥梁、飞机场、港口、铁路、工业城、内河航道、供水工程、水处理系统、灌溉工程、卫生和污水工程，以及固体垃圾处理工程的任何企业减免 100% 利润和收益税 10 年。在消费税方面，多数商品的消费税率为 0—16%，但摩托车、轮胎、含二氧化碳的软饮料、空调、聚酯长丝纱线及咀嚼烟草制品等商品消费税为 32%，汽油消费税为 30%，另外每升加收 7 卢比消费税。税法规定，经济特区允许兴建无环境污染的信息产业工业，在海岸管制区允许兴建高尔夫球场、海水淡化、宾馆等无污染项目，并给予税收优惠，特区内企业可免除印度有关环保法规定的环保质询和评估。2007 年，印度又推出了新的环境税政策。

2008 年，南非政府对外宣布了一套积极应对气候变化的方案①，其中包括向排放二氧化碳的工业企业征税的计划。南非提出的这一套包括节约能效的计划被内阁通过，但仍待议会的最终商议。政府方案中包括采用更严格的热效率和火电厂排放标准，使发电更清洁。政府还提议采用税费系统，鼓励清洁能源的生产。另外，政府还提出通过提高强制性燃油经济性和采用混合动力车来减少交通排放。

韩国在加入 OECD 组织后着手大力推行环境资源税；波兰等国也开始实

① http：//www.65et.com/news/1/20080814110437.html.

施与环境相关的税收制度与政策；2007 年泰国等发展中国家也实施了新的与环境有关的税收政策。

然而，值得注意的是，由于新型工业化国家和发展中国家的市场机制尚不健全，很难充分发挥税收对价格的调节传导作用，从而将直接影响到环境税等政策的实施效果。

4.4 跨国外部性与碳税国际协调

碳税的国际制度差异以及碳税的国际政治、经济影响，使各国碳税在应对气候变化全球公共风险中的有效性受到影响，而进行碳税的国际协调，消除碳税的税收利益冲突和国际影响，成为迫切的选择。另一方面，气候变化的跨国外部性，也要求碳税从国家层面进入到国际层面，进行国际协调。

外部性理论是研究碳税的重要理论依据。在本书第 2 章，我们已经探讨了外部性理论的起源与发展，以及如何纠正外部性，这种研究大多是关注在一国范围内产生的外部性。事实上，许多环境问题通常会超越一国界限，涉及两个或两个以上的国家，越境环境问题是典型的例子。如一条河流流经几个国家，上游国家的污染排放将影响到下游的几个国家等。气候变化问题等更是涉及全球的环境问题。因此，当外部性在空间上跨越一国国境时，也就形成了国与国之间的外部性，即跨国外部性或称国际外部性（International Externalities）。具体来说，跨国外部性通常是指一国经济主体的生产和消费行为影响其他国家的经济主体，但却没有进行相应的补偿或没有取得相应的报酬。跨国外部性包括国际正外部性和国际负外部性。分析国际外部性产生的原因，主要有以下两个方面：一是自然原因。环境污染状况的恶化，以及温室效应、臭氧层破坏、海洋污染等全球性环境问题的出现，使越来越多的环境问题跨越国境甚至影响全球。二是随着全球经济一体化进程的发展，国际贸易和国际直接投资带来的国际外部性。

OECD 认为，国际外部性一般存在两种情况，即单向的国际外部性和交互的国际外部性。通常，单向的外部性是指外部性（正外部性或负外部性）的流动是“单行道”方式，即一些国家产生了外部性，而别的国家承受了这些外部性。如河流上游的使用国砍伐森林对水域下游的使用国造成损害；交互的外部性是指所有的当事人都有可能给彼此施加成本，如气候变化、臭氧层破坏和生物多样性消失等。这两种外部性都造成了“成本转移”或“成本置换”。戴维·皮尔斯（Pearce，D. W.）和杰瑞米·沃福德（Warford，J. J.）在《世界无末日》中列出了外部性的类型（见表 4－4）。显然，不同的外部性内部化的手段也不相同。

表 4－4　　外部性国际环境问题的类型

外部性类型	产生者（国家数目）		受害者（国家数目）	实例
单向作用	1 个	→	1 个	美国—加拿大，酸雨 *
	1 个	→	少数	多国水域的上游国家
	少数	→	1 个	有毒废物的运输
	少数	→	少数	波罗的海和北海的捕鲸
	少数	→	许多	捕鲸、毁林
	许多	→	少数	—
交互作用	1 个	↔	1 个	—
	少数	↔	少数	地中海，酸雨
	许多	↔	许多	气候变化、臭氧层破坏、生物多样性损失

资料来源：戴维·皮尔斯：《世界无末日》，中国财政经济出版社 1996 年版。

由于具有行为主体补偿和报酬的缺失的特点，跨国外部性从本质来说是一个国际不平等问题，违背了国际法公认的公平原则。而且，不管是国际正外部性还是国际负外部性，都不利于世界范围内的资源有效配置，不利于整个国际社会的福利最大化①。但由于跨国外部性跨越一国界限，涉及两个或两个以上的国家，其纠正要比国内外部性的纠正复杂得多。目前各国纠正国内外部性的手段形式多样，如环境税、排污权交易和政府管理等，这些手段可以在一国范围内配合使用，因此容易取得较好的效果。跨国外部性则是一国政府无能力解决的问题，尤其是各国的“搭便车”行为使得跨国外部性更加复杂。因此，跨国外部性纠正需要国际合作，全球治理。

运用碳税手段来解决全球气候变暖问题也同样存在上述难题。理论上来

① 俞海山等：“国际外部性：内涵与外延解析”，《宁波大学学报》，2005 年第 5 期。

说，一国政府选择碳税作为促进二氧化碳排放的经济调节手段，通常能够取得良好的效果，国际上开征碳税国家的实践已经提供了佐证。但是，在研究各国碳税的实践中，“国际竞争力”这个词汇被频频使用，并和大量的税收优惠措施紧密联系在一起。由于碳税只是在少数国家层面开征，碳税通过改变生产要素的相对成本和产品的比较优势，势必会提高这些国家能源密集型行业的成本，从而在竞争对手面前竞争力下降。为了避免这种竞争力损失，各国往往采用了大量的税收优惠措施，其对象又通常是污染比较严重的能源密集行业，这形成了碳税中的“悖论”，这种“悖论”也反过来影响到碳税的效果。

国家层面碳税的问题说明，单个国家或少数国家开征碳税，碳税的效果是有限的，合作采用碳税是最好的选择。原则上来说，碳税只有在国际范围内统一设计，且对每个国家都是一致的，才能是有效的，即通常所说的“国际碳税”。显然这一目标会因为涉及干涉国家主权以及免费“搭车”等问题，在短时间内难以实现，因此，作为一种国际合作机制——碳税的国际协调就成为次优的选择。

第 5 章

碳税国际协调的现状分析

通过对碳税国际税收制度的差异及其对国际政治经济影响分析，可以得出这样一个结论：碳税的国际协调是非常必要的。从碳税国际协调的现有境况看，主要包括欧盟碳税国际协调的尝试和当下一些发达国家拟推出的碳税边境调整措施。欧盟作为碳税制度的国际先行者，已经充分认识到碳税国际协调的重要性。早在 20 世纪 90 年代就开始碳税的区域性协调，但却因为主要竞争对手——美国拒绝加入《京都议定书》而终止。当下，在应对气候变化越来越得到国际社会重视的前提下，一些发达国家再次提出采用边境税收调节手段解决因开征碳税而产生的竞争力问题。本章将对上述两种碳税国际协调的现状进行详细阐述。

5.1 欧盟碳税国际协调的进程

早在碳税开征之初，有学者就曾指出，“碳税除非是全球性的，否则将是无效的”。欧盟针对成员国开征碳税产生的竞争力问题，在碳税一体化方面进行了有益的尝试。

5.1.1 欧盟的税收一体化历程

税收一体化一直是国际税收领域的热点问题，并被认为是解决国际税收间存在的双重征税和国际合作的最有效的方式。税收一体化一般包括三方面内容：一是关税协调。对于成员国交易采取一致的关税政策，消除关税引起的贸易摩擦和障碍。二是间接税协调。统一增值税和消费税的税基和税率，平衡税负水平，以利于国际经济交流。三是直接税协调。通常是以税收协定方式体现，不仅涉及避免所得税和财产税的双重课税，而且还涉及社会保障税、赠予税和遗产税等。由于世界各国政治、经济发展的差异，当前在全球范围建立广泛税制协调的时机还不成熟。但是，区域共同市场无论在数量上，还是在规模上都在迅速发展。21 世纪，以区域共同市场为主的税收一体化将成为世界税制协调的重要趋势。

在这方面，欧盟税收一体化的过程提供了有益的尝试。早在 1968 年，当时的欧共体内部就开始进行一些税种的协调，对外实行一致的关税政策。之后，欧盟先后出台了一系列指令、规定，对公司所得税、个人所得税、财产税、社会保险税、关税、增值税、消费税等税种进行协调。2007 年《里斯本条约》① 的签订，表明欧盟税收一体化的进程进入了一个新阶段。

欧盟之所以坚持不懈地推进税收一体化进程是有多方面考虑的：首先，税收一体化消除了欧洲市场内商品、资本、人员和劳务的自由流通障碍，使成员国内部产业结构不断升级，从而促进各成员国的经济发展，增强成员国的经济实力；其次，欧盟可以通过一体化对抗美国的税收霸权，客观上促进了世界经济的多极化。

尽管欧盟税收一体化程度已经很高，涉及范围也很广，但也必须看到，欧盟的税收一体化进程仍面临诸多困难。最主要的原因在于欧盟还只是主权国家的政治经济共同体，并不是真正的超国家的国际组织，这使得欧盟在经济一体化的进程中困难重重。

以增值税国际协调为例，为了配合成员国财政边境控制的取消，欧共体执委会 1987 年 8 月提出了一项对成员国的增值税和消费税税率进行协调的具体方案，但由于《统一欧洲法案》规定，任何税收协调方案必须由成员

---

① 《里斯本条约》是在《欧盟宪法条约》的基础上形成的，旨在推进欧洲一体化进程。《欧盟宪法条约》于 2005 年相继在法国和荷兰的全民公决中遭到否决。由于欧盟制宪条约必须得到所有成员国的批准才能生效，法、荷两国的否决使欧盟陷入了制宪僵局。经过一段时间的反思，2007 年 6 月，欧盟首脑会议在布鲁塞尔决定以一个新条约取代《欧盟宪法条约》。当年 10 月 19 日，欧盟各国领导人在里斯本举行的特别峰会上就新条约文本达成一致，并将其定名为《里斯本条约》。同年 12 月 13 日，欧盟各国领导人在里斯本签署该条约，并决定条约在之后的一年里经各国批准后于 2009 年 1 月生效。

国一致同意才能形成欧共体指令，面对许多国家反对，直到1991年欧共体财政部长理事会才就间接税税率协调的问题达成协议。1999年5月25日，欧盟执委会又发布一项增值税的指令，规定各成员国的标准税率不得低于15%，但到目前为止，部分成员国仍达不到这一要求，此项草案已出台7年，至今毫无进展。2004年10月底，欧盟成员国签署了《欧洲宪法条约》，条约虽然规定在税收、国防、外交、司法和社会事务等方面的立法实行有效多数原则，但随之而来的欧盟制宪危机充分说明了欧盟一体化进程的步履维艰[①]。

5.1.2　欧盟统一碳税的分析

碳税最早在欧盟起步，一直以来，欧盟就着手碳税的统一。20世纪90年代，意大利建议所有OECD国家实施碳税以对国内、国际的环境计划提供资金。建议所有OECD国家在1993年按照每桶原油3美元的标准开征碳税，此后每年增加1美元，至2000年达到每桶10美元（Gcorge R Farrah，1993）。欧盟不但响应了此建议，而且还配合出台了相关的指令作为协调成员国碳税的指导方针[②]，并规定，不管实施哪种税，每个成员国都要避免在欧盟范围内的无效化。

5.1.2.1　欧盟统一碳税的特点

早在1991年10月14日，欧洲委员会就提出了实行国际统一碳税的建议。1992年7月欧洲委员会颁布了一个指令，建议在欧盟层次上引入碳税，从1993年起在欧盟层次上开征“碳—能源税”。建议中的碳税具有以下特点[③]：

第一，碳税必须属于商品课税范畴，它包括两个部分：一是根据化石燃料的碳排放量征收的碳税；二是根据能源构成，即能源的发热量（BTUS）

---

① 2005年《欧洲宪法条约》被法国和荷兰行的全民公决否决，欧盟陷入严重的信任危机。2007年6月23日，欧洲联盟27国首脑就替代《欧洲宪法条约》的新条约草案达成协议，持续两年的欧盟制宪危机随之宣告结束。《欧洲宪法条约》部分内容经过谈判会做改动，但核心部分被保留。

② 张会萍：“环境税及其国际协调”，厦门大学博士学位论文，2002年。

③ An international carbon tax to combat global warming: an economic and political analysis of the European Union proposal, American Journal of Economics and Sociology, July, 1995 by Bernard P. Herber, Jose T. Raga.

来决定税负。不同的能源由于有不同的碳含量和不同的能源构成，税负将有所不同。

第二，碳税和能源税应占相同的比例，即对化石燃料征收的碳税和对能源征收的能源税各占一半的比例。

第三，各成员国在引入碳税后，从1993年至2000年应按照年度递增的方案实施。1993年对每桶石油的总税收（碳税和能源税）为3美元，每年增加1美元，到2000年将达到每桶10美元，其他种类的能源要进行相应的换算。具体做法是，根据控制标准，先确定了每吨碳的碳税税率为10.3个欧洲货币单位，每标准能源单位（一桶标准油的能源含量）税率是0.21个欧洲货币单位，然后根据各种能源的含碳量和所含的能源单位，确定其总体税率。成员国允许使用比这更高的税率，但不能低于这个最低的水平。

第四，碳税应采取最终环节课税的形式。对最终的能源产品在从生产到加工的最后环节征税，对最终用于加热的燃料，如家庭用和工业用燃料，以及机动车的用油征税。征税产品包括：煤、褐煤、泥炭及其副产品如焦煤、煤气等，天然气，矿物油，从煤炭、天然气、矿物油等能源中生产的用于发动机燃料的抗爆液、甲醇，从水力发电设备和原子能发电厂生产的电力和热力等。

第五，关于减免税规定。与1991年的最初建议稿相比，1992年的指令包含了一些对大型的能源密集行业实行的税收优惠，如水泥、化工、玻璃、有色金属、纸浆和造纸工业、钢铁等行业，以缓解碳税对其国际竞争力的影响，而在初稿中则规定对某些能源密集型部门实行免税措施，至少直到OECD的其他国家采取同样的措施才停止这些优惠。1992年的指令对这部分内容做了较大的修改，强化了对OECD其他国家也必须采取同样的措施的要求。指令草案中明确提出“只有在OECD内的主要竞争者开征相似的、具有相应作用的税种，该税才能得以实施”。

第六，每个成员国将按照欧盟设计的统一的税率和税基自行课征碳税，税收收入自行使用。在碳税收入保留的问题上，与增值税有所不同。因为每个成员国被要求开征增值税，每个成员国增值税的一部分收入，被用于欧盟指定的机构；大部分剩余的增值税收入，成员国可以保留并支配。但是保留会产生反效果，因为碳税收入的国家会将碳税收入大部分用于补贴碳密集型产业。同时，目前各成员国征收的碳税大多超过10美元一桶，这样成员国可以减少这些国家的现行税收以抵消新的碳税。

5.1.2.2　欧盟统一碳税的分析

欧盟统一碳税的进展并不如想象中的那么顺利，虽然先后有十多个成员国引入碳税，但统一碳税计划却因种种原因无法实现。因此，Herber (1995) 将欧洲统一碳税的建议比喻成《李伯大梦》里的 Rip van Winkle，认为该计划“是一项沉睡中但并没有死亡的建议”。

1. 基于经济学视角分析

实行欧盟统一碳税对解决全球气候变暖问题无疑是个大胆的尝试和促进。碳税不仅遵循了“庇古税”的原则，也体现了“污染者付费”的原则。然而，尽管有其优点，但在开征碳税之前，大多数国家已经开征了能源税。碳税的引入，与先前已经存在的能源税税种并存，形成了一些重复和交叉，因能源税组成了该税的一半，所以欧盟在当时所建议的碳税并非一个纯粹意义上的碳税。

欧盟在开征碳税的建议中认为，如果美国和日本等欧盟的主要贸易竞争对手不采取类似的碳减排措施，欧盟的主要能源密集型行业将采取免税或减税措施。这个限制性条件的提出，无疑将影响到碳税减少二氧化碳排放量和整体能源消费量的作用。也可以这样说，这种限制的效果是适得其反的：只有小规模的污染和能源的消费者纳税，而能源消耗的大户却得到了优惠或豁免。

从欧盟的角度看，欧盟努力的效果也是极其有限的。在全球 200 多个国家和地区中，仅对排放占到全球排放量的 13% 的成员国进行限制，即使其排放量大大下降，也不能抵消全球排放量的上升趋势。虽然不少国家也都确定了一个明确的减排数量目标，但并不是所有国家都愿意采取具体的措施，因为这将削弱欧盟一些国家产品的竞争力。

另外，欧盟的统一碳税没有“直接”考虑碳税的累退性和对低收入居民征税的影响。碳税的累退程度取决于成员国的能源消耗中的低收入家庭所占的比例，这样的比例在地中海国家往往较低，从而形成这些国家的碳税相对于其他成员国相对较低的累退性（史密斯，1992）。但从“间接”意义上说，每个国家可以通过利用碳税收入，发挥其收入中性的特点以解决本国范围内的累退性问题。

2. 基于政治视角的分析

欧洲委员会在 1991 年 10 月提议征收碳税是有其深刻的政治背景的，主要是为了应对1992年6月在巴西里约热内卢举办的“地球峰会"的国际谈判。作为这次会议的前奏，欧洲委员会承诺二氧化碳排放量稳定在1990年水平，而碳税作为基于市场的经济激励手段有助于这一目标的实现。正是在这样的背景下，欧洲委员会提出了统一碳税的理念。

然而，随之而来的一系列经济和政治事件却使欧盟统一碳税的前景堪忧。最主要事件是美国拒绝承诺强制性二氧化碳减排目标，这一立场削弱了在地球首脑会议上150多个国家签署的《气候变化框架公约》的作用。美国不仅拒绝设定强制性的二氧化碳减排目标，而且也没有采用诸如碳税等具体政策手段以减少全球变暖。在这样的情况下，作为全球集合的一个“子集”，欧洲联盟当然不愿意“单独”实施碳税制度。因此，1992年2月，欧洲委员会同意“除非美国和日本颁布相似税收，否则欧洲不实施此建议”。

与此同时，欧洲联盟内部也在不断变化。财政紧缩政策带来的经济衰退，把人们关注的重心从环境问题转移到更直接的宏观经济问题，从而抵消了对实行碳税的积极性。此外，与《马斯赫里特条约》谈判相生的中间派运动在英国、丹麦、法国遇到强大的反对力量，逐步衰落。因此，欧洲委员会的政治手腕被削弱，这也意味着碳税的建议被削弱。另外，当时发生在东欧和苏联的重大的事件也使他们将注意力从环境问题上移开，转而对各共同体的成员国施加各自的财政影响。

综上所述，实施欧盟统一碳税的建议变得似乎不太可能。但1994年10月，作为欧共体的主要决策机构的欧洲理事会，决定继续实施对能源征收碳税的建议，以代替较高的消费税。1995年3月，框架公约首次在柏林举行了正式会议，增加了对气候变化更详细的政策，针对欧洲碳税的政治氛围有所恢复。与此同时，芬兰和瑞典在1995年加入欧洲联盟，同丹麦和荷兰一起通过国家层面的碳税。之后，OECD的多个成员国陆续开征了碳税，并在削减碳排放方面取得了一定的成效。但推行统一碳税的计划却并没有实质性进展。其原因在于，统一碳税是欧盟税收一体化过程中的一个组成部分，欧盟的税收一体化进程中面临的诸多困难同样对统一碳税产生制约作用。最主要的原因在于欧盟还只是主权国家的政治经济共同体，并不是真正的超国家的国际组织，在决策方式上，根据《欧洲同盟条约》第130条规定，“那些主要是财政性的条款，应该由委员会提出，并经理事会一致同意后采纳”，即“一票否决”制度。因此，任何一个成员国的否定，都将使欧盟的一体化进程受阻。经过一段时间的反思，2007年6月，欧盟首脑会议在布鲁塞尔决定以一个新条约取代《欧盟宪法条约》。但是《里斯本条约》在决策方式上，虽然规定在司法、内政等敏感领域的一些政策将以“有效多数制”表决，成员国不再能“一票否决”，但在税收、社会保障、外交和防务等事关成员国主权的领域仍采取一致通过原则。“一票否决”将最终影响到碳税统一的进程。

5.1.3 欧盟统一碳税新动态

事实上，欧盟多年来一直没有放弃在统一碳税方面的探索。据英国BBC 报道，2010 年，欧盟新上任的税务专员阿格达斯·瑟米达（Algirdas Semeta）正在修订欧盟现行的能源税制。作为欧盟绿色能源议程的一部分，欧洲委员会计划在全欧盟范围内为征收碳税确定统一的最低标准。该标准将适用于汽油、天然气和煤炭等化石燃料的使用，成员国可以灵活性地引入碳税。瑟米达表示碳税“在一个更大的、欧洲范围的推行应该是可取的，它无疑会鼓励在加强能源效率和环境保护方面的创新”[①]。但是，同样地，这一计划面临的阻力依然不小，因为在欧盟层面上通过统一征收碳税将需要27 个欧盟成员国政府一致达成协议方能生效。尽管如此，欧盟关于统一碳税的尝试还是为碳税国际协调的模式提供了借鉴。

5.2 碳税的边境税收调整措施分析

在第 4 章，我们分析到，碳税通常因国际贸易而产生碳泄漏问题。为了避免由此而产生的影响，实行碳税的国家往往免除广泛参与国际贸易的能源密集型产业的碳税，这种违背碳税初衷的做法往往是在只有少数国家开征碳税情况下的无奈之举。

在短期内无法实行国际碳税的前提下，边境税收调整措施被认为是碳税协调的一个重要措施。OECD 在 20 世纪 90 年代就曾提议使用边境税收调整

① http：//zt. bjwmb. gov. cn/dtbjwxx/gjtt/t20100330_ 290083. html.

措施，对进出口税进行调整，以抵消国内碳税对竞争力的影响，最终提高碳税的有效性。2009 年 6 月份在美国众议院通过的《清洁能源与安全法》中规定，自 2020 年起对未采取措施减排温室气体国家的钢铁、水泥、玻璃、纸张等高污染产品采取"边境调节"措施。法国也提出要通过边境调整措施来抵消碳减排对国际竞争力的影响。边境调节税似乎成为未来的碳税国际协调的重要措施。

本部分将对碳税的边境调整措施的特点及其在 WTO 下的合法性和《国际气候框架公约》的合理性进行分析，以期对实践有所借鉴。

5.2.1 边境税收调整措施的历史沿革及特点

5.2.1.1 边境税收调整措施的历史沿革

"边境税收调整措施"（Border Tax Adjustment，BTA），又称边境调节税。实质上它并不是什么新生事物，而是一项由来已久的财政措施，GATT 边境税调整工作组在报告中采纳了 OECD 国家关于边境税调整的定义，将其定义为"即指任何全部或部分采纳目的地原则征税的财政措施，它使出口产品与那些在国内市场销售的类似国产品相比，能够全部或部分免除在出口国家征收的税，同时，进口国对销售给消费者的进口产品，征收与那些类似国产品相似的全部或部分税收"。因此，简单地说，边境调节税包括两方面内容：一是对进口产品征收国内税，二是免除以出口为目的的国内产品的国内税。

边境调节税最早可以追溯到 18 世纪。当时允许各国在国际贸易中实行自己的国内征税体制，从而保证国际贸易的货物既不免除税费又不被双重征税，主要用于国际间商品课税的协调。1791 年美国就曾颁布过一个有关威士忌的法令，规定对蒸馏的烈性酒征收联邦税，而对出口的威士忌则免征这种税。20 世纪 60 年代为了保证建立完全没有内部国界的统一大市场，欧盟就开始着手进行间接税的协调工作，关于征收边境调节税作为税收调节手段，特别是对增值税进行边境调整争议激烈。1951 年 4 月，德国曾就法国对钢铁贸易的增值税边境调整向欧洲钢铁煤炭共同体（ECSC）高层机构提出抗议，主张取消边境税收调整，推行产地课税原则，虽最终未获得 ECSC 的支持，但却使欧盟经济一体化过程中有关边境税收调整和采用何种国际商品税协调的问题备受关注。

欧共体在 20 世纪 60 年代初开始着手解决上述问题，成立了“财政与金融事务委员会”，并任命德国经济学家纽曼（F. Neumarl）为主席。在对欧共体的流转税进行考察后，委员会于 1963 年提交了纽曼报告，该报告是欧洲税收协调进程的里程碑。它推荐通过采用净流转税（增值税）来代替总流转税，同时还强调拆除欧共体内部“税收边境"的重要性，由于实施边境税收调整的主要原因是目的地原则。因此，若取消边境税收调整应从目的地原则转为产地原则。根据纽曼报告的提议，欧共体于 1967 年 11 月 4 日发布了关于增值税的第一号指令，要求成员国于 1970 年 1 月 1 日以前全部实行增值税。后经第三、四、五号指令，将时间延长到 1973 年 1 月 1 日以前。1973 年后所有的欧共体成员国，包括新加入的丹麦、爱尔兰和英国都引入了消费型的增值税。但委员会并没有采纳纽曼报告关于将国际商品税课税原则由目的地转为产地原则的建议，而是继续维持目的地原则①。

从边境税收调整的演进过程不难看出，对边境调整税是否能解决竞争力问题，创造贸易优势一直存在异议，而且欧盟经济一体化过程中始终试图取消该项措施，虽然最终未能实施，但是对其效果一直是有争议的。

5.2.1.2　边境税收调整措施的特点

一般来说，边境税收调整措施具有如下的特点：

第一，边境税收调整的依据是消费地原则。国内商品税的课税原则有两个，一是产地原则，即一国有权对产自本国的所有商品课税，而不论这些商品是在本国消费还是在外国消费。二是消费地（又称目的地）原则，即一国有权对在本国消费的所有商品课税，而不论这些商品是产自本国还是从外国进口。一般来说，在各国国内商品税都实行单一税率且税率相同的条件下，选择产地原则是有利的。实行产地原则可以避免进行“边界税收调整”所带来的增加各国税收征管成本的问题，但要求各国税率的统一直接涉及各国主权和利益，在现实中是难以做到的。消费地原则使得产品在国际贸易中可以不受各国税收水平差异的影响，保证国际贸易的货物既不免除税费又不被双重征税。因此，从世界各国的税制结构存在差别的现实出发，在世界范围内推行单一的消费地原则对效率和公平目标的实现是较为有利的。世贸组织把消费地原则作为国际贸易活动国内商品税协调的一项重要准则。

---

① 福建省国税局课题组：“欧盟间接税协调的回顾与启示”，《涉外税务》，2006 年第 3 期。

第二，边境税收调整只允许对间接税进行调整，即允许对产品征收的国内税进行边界税收调整，禁止对工资、利润等征收的直接税进行调整。1970年 GATT 边境税收调节工作组明确指出“直接对产品征收的税可以适用边界调节税，某些不是直接对产品征收的税，例如社会保障税、收入所得税等，不适用边界调节税”。因为，一般认为，间接税可以由纳税人转嫁，从而反映到产品价格上，如果对间接税实行边界税收调整，既不会产生补贴，不会刺激出口，也不会使进口产品得到低于本国产品的税收待遇。而直接税一般不行。

第三，边境税收调整要保证符合 GATT/WTO 的客观标准，如国民待遇和最惠国待遇条款，以防止贸易的扭曲。

从边境调节税定义和特点看，理论意义上的边境调节税并不是关税措施而是一种国内政策，目的是实现各国的税收中性原则。实行边境调节税将不影响国外企业和消费者的行为，不对国际贸易产生扭曲作用。因此，从理论的角度上来看，边境调节税是一种较好的政策工具，其主要用于间接税的国际协调，而不是为碳税专门设计的。

5.2.2 边境税收调整措施在应对气候变化中运用的合法、合理性分析

由于边境调节税的税收中性特点，许多人主张把它应用于气候变化领域，来解决当前一些国家碳减排所面临的国际竞争力损失问题。欧盟、美国等国家所提出碳边境调节措施就是这一措施在应对气候变化中衍生出来的。那么，这一调整措施应用于应对气候变化领域的合法、合理性如何呢？

5.2.2.1 合法性分析：基于 WTO 的视角

环境问题和贸易一直是密切相关的，与贸易有关的气候措施可能进入多边贸易协议的调整范围。作为应对气候变化的一个有效的经济手段，碳税也与贸易问题密切相关。实施边境税调整措施，必须与 WTO 规则相一致。在 WTO 规则中，存在诸多限制碳边境调整措施实施的原则性条款，但由于至今尚无任何 WTO 争端专家组处理过这类事项，WTO 对气候变化领域中征收边境调节税的规定尚模糊不清。

1. 进口环节碳税的边境调整措施的合法性分析

原则上，WTO 允许成员国在国民待遇的基础上，对进口产品征收不超过对本国相同产品所征收的边境调节税。对进口产品的边境税收调整必须满足两个条件：一是符合 GATT “相同产品” 的要求；二是国内产品也征收同样的税收或费。据此，在开征碳税的国家，为了扭转产品在国际竞争中的成本劣势，国内生产者一般会极力主张本国政府对进口的相同产品征收相等的碳税。但这里面主要存在两方面的问题：一是在 WTO 机制下，“相同产品” 的判定缺乏界定标准；二是边境调整措施是否适用于碳税，目前在 WTO 机制下尚存在着争议。

GATT 第 1 条最惠国待遇和 GATT 第 3 条规定国民待遇原则的适用都是基于一个概念——“相同产品”。虽然 GATT 条文中多次出现 “相同产品” 一词，但一直以来，由于国际贸易条约的妥协性、模糊性以及 GATT 自身解释的缺乏等原因，并没有规定 “相同产品” 的界定标准。1970 年关贸总协定工作组在有关边境税调整报告中承认 “对相同产品的定义无能为力，各国应参照产品关税目录分类、产品的物理性质以及产品的用途等因素判断相同产品……由专家小组在实践中个案认定……”。工作组基于个案认定的 “相似性” 提出了三个适用 “同类产品” 概念的 “建议”，即特定市场产品的最终用途、不同国家消费者的品位及习惯以及产品的特性、性质和质量。此建议即是通常所说的 “边境税标准”，并成为诸多案件中判定 “相同产品” 的标准[①]。但最终究竟是否构成相同产品需由专家组和上诉机构的个案分析，从上述标准来看，对同类产品的判定存在许多含糊之处，判定标准的主观性是难以避免的[②]。

生产与加工方法（Production an Process Methods，PPM）问题是在 “同类产品” 界定中又一个特别棘手的问题，即产品的生产过程或加工方法的环境标准不同如何作为判断产品是否相同的依据。如果产品的物理特征、最终用途相同，只是其中某个部件环境标准不同，是否可以被视为不同产品?

---

① 值得一提的是，“目的与效果” 标准（aim - and - effect test，简称 “目效标准”）曾在 20 世纪 90 年代初的几个案件中被提出并采用。这些案件的报告也引用了 “边境税报告” 建议的标准，但是提出在认定 “同类产品” 时还必须考虑相关措施的目的和效果。采用 “目效标准” 的理由在于，产品并不可能在任何方面完全相似，这种或多或少的区别可以成为政府规章区分的基础，被政府利用来歧视进口产品，因此在第 3 条只需要使得那些具有对国内生产提供保护目的与效果的措施无效。、

② 李爽：“WTO 争端解决机制对 GATT 第 3 条和第 20 条的解释和适用”，吉林大学硕士论文，2006 年。

对于这些争论，GATT 中并没有专门条款加以规定，只是从 GATT 的一系列案例中可以看出，产品的生产过程或加工方法的环境标准不同的产品不能被视为不同产品。必须是产品本身的性质有细微的差别，且这种细微的差别对环境能产生显著影响，缔约国可以依据本国环境政策将其视为不同产品。由于 GATT 对导致产品性质的差异并没有相应规定，其裁定主要依据专家小组进行个案裁定，因此在实践中争议很大，针对 PPM 采取贸易措施的做法 WTO 成员看法不一，发展中国家尤其反对（World Bank 2007）。

另外还应该注意，对进口产品进行环境税的边境调节，并不是任何税种都适合。GATT 法规明确规定直接税不适合边境调节，但对间接税，并没有明确哪种国内税可以进行边境税收调整。那力（2005）认为，边境调节税是否应用于环境税，取决于环境税的性质。第一，对产品征收的环境税，只要与国民待遇一致，不歧视进口产品，就可以征收边境调节税。第二，对使用资源征收的环境税、费，尽管它与产品的制造联系紧密，但不属于间接税，GATT 明确规定，这些税费不能作为边境调节税征收。这主要是与近年来在 WTO 中争论得颇为激烈的生产与加工方法有关。第三，对于产品的生产投入课征环境税，要区别对待：在 WTO 体制下，对投入继续保留在最终产品中的，可以通过边境调节制度，对产品和产品中投入的材料征税；在生产过程中消耗了而没有保留的能源，则不一定征税①。

因此，进口环节能否实行碳税边境税调节措施，尚存在许多模糊之处。

2. 出口环节的碳税边境调节措施的合法性分析

根据 1979 年东京回合所达成的《补贴与反补贴措施协议》的附录“解释性出口补贴清单”（g）项规定：“对出口产品生产和分配实行免除或退还的间接税超过给予本国同类内销品生产或分配的间接税者即为补贴。”由此可见出口产品的间接税是可以进行边境税调整的。

一种产品的间接税征税对象既可以是最终制成品，也可以是其在生产或加工过程中的某种投入物。具体到环境问题，对于前一种产品进行环境税的出口边境税调整（退税或免征）是没有争议的；但是对于后一种情况则比较复杂。由于对于生产过程中的投入物，按照其与最终制成品之间的联系，可以分为消耗性的投入物和构成最终制成品一部分的物理性投入物，其调整

---

① 谢来辉：“欧盟应对气候变化的边境调节税：新的贸易壁垒”，《国际贸易问题》，2008 年第 2 期。

范围则经历了一个有小到大的过程。1994 年乌拉圭回合达成的《补贴与反补贴措施协议》对 1979 年东京回合达成的《补贴与反补贴措施协议》附录的（h）项范围进行了扩大，即不仅允许缔约方对出口品生产的物理性投入物①所征收的环境税进行出口调整，而且对出口产品在生产过程中的消耗投入而征收的环境税也可进行出口调整。也就是说，在世贸组织法律框架内，某些特殊的环境税，如对消耗投入的能源征收的环境税可以予以出口调整，尽管这些投入物在最终制成品中并无物理性体现②。

总的来说，只要退税额不大于在国内消费的类似产品所实际征收的碳税，该产品在出口时，其在国内生产中因消耗化石燃料所缴纳的碳税或能源税就可以退还，也不构成出口补贴。

从进口和出口两个环节研究边境调节税同 WTO 的相容性，不难发现，WTO 规则对很多争议问题并没有清晰界定，存在很多模糊之处，依靠专家小组个案分析的方法更是容易带有主观判断因素，这将导致争端解决中事实上的不公平和歧视。

3. 能否构成 GATT 第 20 条的一般例外原则

由于在边境调节税合法性问题的研究中存在着一些模糊界限，因此急于推进边境税收调整措施的国家转而寻求 WTO 的环境特例原则，以谋求其合法性。GATT（1994）第 20 条的一般例外条款被认为有可能在一定程度上为边境碳调整措施的实施提供法律支持。

由于在 1947 年 GATT 签订时，环境问题尚不具有国际性，所以对环境问题的处理方法被纳入自由贸易原则以及一般特例中（GATT 第 20 条）。GATT 第 20 条小序及（b）、（g）款就是各国得以有条件免除 WTO 贸易自由的义务，利用贸易限制措施执行本国环境保护政策的主要依据。在解决各成员方有关“环境—贸易”争端时，WTO 争端解决机制对 GATT 第 20 条进行了解释：“如果下列措施的实施不会在条件相同各国间构成任意的或无端的歧视待遇，或者形成对国际贸易的伪装的限制，不得将本协定解释为妨碍成员方采用或实施以下措施……（b）为保护人类及动植物的生命或健康所必需者……（g）关于保护可用竭的自然资源的措施，凡这类措施同限制国内

---

① 《补贴与反补贴措施协议》附录对消耗投入进行了解释，即指生产过程中的能源、燃料、生产油类及为获得出口而消费的催化剂等合并物资的投入。

② 贺小勇：“论世贸组织制度下的环境边境税调整”，《国际商务》，1997 年第 5 期。

生产或消费一道实施者……” 同样，GATT 第 20 条也要受到一般要求的约束，第 11 条强调“这些豁免措施的使用不能成为国家间仲裁或不公正歧视的方法，亦不能成为对国际贸易进行限制的伪装”。

可见，以环保作为豁免措施来引用 GATT 第 20 条是允许的，但前提是不能歪曲利用和滥用。就一般例外原则而言，如果名为环境保护，实为贸易保护，则是不被允许的。

4. WTO 的看法

2009 年 6 月 26 日，世贸组织（WTO）与联合国环境规划署（UNEP）共同发表了一份报告：《贸易和气候变化》——首次阐释了自由贸易与气候变化的关①。报告在“减缓与适应的国家气候变化政策及其对多边贸易的影响”部分，通过广泛审查碳税和排放贸易制度，反映了一些不同意见的争论，即旨在防止碳泄漏和保护本国企业竞争力而采取的包括碳关税在内的边境调整措施的可行性。

报告引用参考文献的一部分讨论观点，提出决策者可以通过诸如“碳税和能源税的边境税调整”、“排放贸易的边境调整措施”，甚至“进口限制和惩罚性关税措施”、“反补贴税和反倾销税措施”来制衡因一国采取碳税或排放贸易而增加的成本所带来的与别国产品的价格差异的可能性，即通过“边境措施”解决“碳泄漏问题”。报告同时也指出，在执行碳税或能源税的边境税调整措施时会有一些实际困难，可更大的困难是，能否设计一个机制来调整排放限额成本，并计算出适当的边境调整水平。报告同时引用了相关文献中的不同意见，例如依据 WTO 规则，不能以一国没有减排温室气体的立法为由认为该国对本国企业进行了补贴或对他国进行了倾销。

从这份报告看，WTO 目前并没有形成具体的意见，通过对各方的意见进行梳理，体现出对此项措施保持高度关注。

综上所述，对碳税实行边境调节措施，在 WTO 框架下的合法地位尚具有很大的不确定性。

5.2.2.2 合理性分析：基于《联合国气候变化框架公约》的视角

应对气候变化是世界各国共同的任务。《联合国气候变化框架公约》和

---

① WTO 与 UNEP 联合报告，李威译：“贸易与气候变化”，《世界贸易组织动态与研究》，2009 年第 9 期。

《京都议定书》是国际社会建立的国际气候制度，目的是减少温室气体排放，减缓全球气候变化。所有缔约方都应在此框架下，采取一定的措施，履行其承诺的义务。

碳税是应对气候变化的最有效的经济手段之一，为了提高碳税的有效性所采用碳税的边境税收调整措施，不仅需要考虑在WTO机制下的合法性，也需要考虑在《联合国气候变化框架公约》下的合理性。

1. 与“共同但有区别的原则”的冲突

气候变化与人类的工业化进程是密不可分的。发达国家在其工业化进程中排放的大量温室气体是气候变化的主要原因。通常，一个国家的碳足迹可以通过存量和流量进行衡量。国家碳足迹的深浅与过去和现在能耗方式密切相关。尽管发展中国家总的碳足迹正在加深，但发达国家更应承担排放的历史责任。根据美国CDIAC（Carbon Dioxide Information Analysis Center）2007的数据：大气中现存二氧化碳排放中约70%—80%是由发达国家产生的。发达国家在1840—2004年的164年间累计排放中占据了主要地位。美国的累计碳排放高居世界之首。世界资源研究所统计的数据也证明富裕国家在排放总量中占主要部分：自工业化时代起所排放的每10吨二氧化碳中，约有7吨是发达国家排放的。英国和美国的人均历史排放量约达1100吨二氧化碳，而中国和印度的人均水平分别为66吨和23吨。

因此，在1992年联合国环境与发展大会通过的《联合国气候变化框架公约》，按“共同但有区别的责任"的原则，将不同国家划分为承担限制和减少温室气体排放义务的附件I国家缔约方（包括发达国家和前苏联、东欧等经济转型国家缔约方）以及没有温室气体减排和限排义务的非附件I国家（主要是发展中国家）。共同但有区别的责任是对碳排放历史责任的一种认定，也是当前世界各国在确定碳减排义务中必须遵循的原则。碳边境调整措施忽略了这一原则，直接而简单地将发展中国家和发达国家的“相同产品”的碳成本相同对待，是对这一原则的否认，这种做法值得商榷。

2. 污染跨境转移和“隐含碳”问题使边境税调节更加复杂

经济全球化的发展使国际分工进一步细化，国际贸易快速增长。在这一过程中，必然存在着碳排放转移问题。一方面，发展中国家具备劳动力、矿产资源及环境容量等方面的优势，并处于城市化和工业化过程中，往往会追求能源密集型产业的发展和扩张。鉴于这些因素，发达工业化国家会把一些能源密集型产业和污染产业转移到发展中国家，也就是通常所说的污染的跨境转移。

另一方面，一些发达国家的强制性减排政策会使减排国失去能源密集型产业的竞争优势，从而增加了非减排国家在这些方面的优势，扩大“内涵能源”的出口。通常，能源密集型产品生产过程中消耗的能源和碳排放被称为内涵能源（embodied energy）和内涵碳。由于《京都议定书》规定减排国的目标主要是通过对国内生产过程的减排实现的，对于其消费的进口能源密集型产品在生产过程中所导致的排放则没有规定。所以，减排国家可以通过进口替代的方式从非减排国进口相关产品来满足国内需求，而不计入排放。不难发现，隐含碳问题使发达国家获利颇多，不仅可以减少温室气体的排放，还可以获得资本收益。而发展中国家则承受着大量的来自国外消费的温室气体排放，并常常因为这个原因，遭受来自发达国家的要求减排的指责。

以中国为例，能源需求和温室气体排放近年来呈现快速增长趋势，其主要原因是通过国际贸易出口内涵能源，并没有在国内消费。Shui and Harriss（2006）利用 Economic Input Output - Life Cycle Assessment 软件中提供的美国对中国出口货物的碳排放系数，以此为基准估计了中国对美出口货物的碳排放系数，进而计算了 1997—2003 年中美贸易中的碳排放，指出中国碳排放总量的 7%—14% 间接出口到美国并最终被美国人所消费。齐晔等[①]（2008）采用投入产出法，估算了 1997—2006 年中国进出口贸易中的隐含碳。对进出口商品都采用中国的碳耗水平所作的保守估计发现：1997—2006 年，通过产品的形式，中国为国外排放了大量的碳，1997—2004 年，隐含碳净出口占当年碳排放总量的比例在 0.5%—2.7% 之间，2004 年之后迅速增加，2006 年该数字达 10% 左右。按照日本的碳耗效率对进口产品进行调整后的乐观估计发现，中国为国外转移排放的碳数量更为惊人。1997—2002 年隐含碳净出口量占当年碳排放总量的 12%—14%，2002 年之后迅速增加，到 2006 年，该数字已达 29.28%。陈迎等（2008）应用基于投入产出表的能源分析方法，定量研究了 2002—2006 年中国外贸进出口商品中的内涵能源问题。研究结果表明，尽管中国自 1993 年以来成为石油净进口国，但通过外贸商品进出口，中国是内涵能源的净出口大国。2002 年，内涵能源出口总量约为 4.1 亿吨标煤，扣除内涵能源进口 1.7 亿吨标煤，内涵能源净出

① 齐晔等：“中国进出口贸易中的隐含碳估算”，《中国人口资源与环境》，2008 年第 3 期。

口达 2.4 亿吨标煤，约占当年中国一次能源消费总量的 16%，内涵排放净出口 1.5 亿吨碳。随着中国外贸进出口的快速增长，在不考虑部门投入产出结构性变化的条件下，2006 年内涵能源净出口约为 6.3 亿吨标煤，比 2002 年增长 162%①。

基于上述两种情况，如果发达国家对发展中国家进行碳税的边境税收调整，对发展中国家来说无疑是不公平的。Copeland（1996）在跨境污染问题上认为，这种做法是征税国代替产品出口的主权国家间接地征收了环境税，转移了"环境税"。而按照公约和议定书的规定，这显然是不允许的。

5.2.3　边境税收调整措施的效果分析

关于碳税的边境调整措施是否有效，理论界目前尚没有统一认识，还存在着分歧。

OECD 在其《环境税实施战略》一书中，对温室气体课征国内税的边境税收调整措施的效果作出了评价，认为假定国际贸易协定允许进行边境税收调整，对一个不需要考虑贸易条件的小国而言，存在着几种可能的情形：一是如果外部性是地方性的并且是由消费引起的，那么进行边境税收调整对国内消费征税，将是有效的；二是如果外部性是地方性的或全球性的，但却是生产过程引起的，运用边境税收调整手段对国内消费征税，将不会减少国内排放，因为生产者能向其他国家出口商品；三是如果外部性是全球性的且由消费引起的，对国内消费征税仅体现在减少国内消费上，似乎不可能解决任何全球污染问题。

Cosbey（2008）认为，如果碳税的边境调整措施只对基础原材料适用，那么无疑这一方面将保护原材料部门的竞争力，另一方面却造成下游产业成本上升，削弱了下游产业的竞争力。但对发达国家来说，通常原材料部门比重较小，这种做法意义不大。如果使用范围扩展到制成品，则行政上不具有可操作性。Bordoff（2008）在对美国进行考察后，提出边境调整措施在保护竞争力和防止碳泄漏方面效果并不大，相反还构成自由贸易的壁垒。不过，也有学者得出相反的结论。Isme 和 Neuhoff（2007）考察了欧洲一些国家的

① 陈迎等："中国外贸进出口商品中的内涵能源及其政策含义"，《经济研究》，2008 年第 7 期。

情况，认为边境调节税措施是有效的，可弥补执行气候政策给欧洲产业竞争力造成的损害①。

综上所述，碳税的边境调节措施大多是实行减排的发达国家对没有承诺减排的国家采取的一种边境调整措施，其目的是为了保护本国产品的竞争力。在 WTO 框架下，尚有许多含糊不清之处，其合法性有待商榷。而依照《联合国气候框架公约》的“共同但有区别的责任”原则，该调整措施没有区分发达国家和发展中国家的历史责任，也是不合理的。因此，应谨慎对待碳税的边境调节措施的使用。

5.3 碳税国际协调现状的评价

目前，从碳税的国际协调已有的经验看，当前碳税的国际协调尚处于尝试阶段，进展缓慢。未来碳税国际协调必须以全球公共风险为视角，实行国家合作，集体行动，共同应对气候变化。

但是，需要注意的是，虽然碳税的边境调节措施在 WTO 框架下有许多含糊不清之处，但如果把所有的希望寄托在用 WTO 基本规则对抗其实施，并不是一件容易的事。正如世界贸易组织总干事拉米在接受《费加罗报》采访时表示，世贸组织就征收碳关税这个问题目前既没有开“绿灯”也不是亮“红灯”②。WTO 在这个问题上的暧昧态度，意味着这将是一场旷日持久的争议。发展中国家在谋求 WTO 框架下对碳税的边境调节措施合法性否认的同时，应提前做好应对之策，否则将后患无穷。

① 马建平：“国际边境碳调整问题研究述评”，《经济论坛》，2009 年第 8 期。

② “拉米表示世贸组织尚未向碳关税开绿灯”，《中国气象报》，2009 年 9 月 15 日。

第6章

碳税国际协调的总体思路及难点分析

为充分发挥碳税在全球范围的有效性，碳税走向国际协调将成为未来的趋势。从当前已有的碳税国际协调实践看，大多数是发达国家之间的协调，以及站在发达国家立场出于对发展中国家的遏制而进行的协调，这些协调思路忽略了“碳排放问题的历史责任划分”问题，事实上形成了对发展中国家的不公平。本章尝试兼顾发达国家与发展中国家的利益，遵循碳税国际协调的原则，构建碳税的国际协调的总体思路。

6.1 碳税国际协调的目标

通常，国际税收协调的主要目标是消除国际税收利益冲突，抑制税收竞争。然而碳税国际协调的目标，不仅仅是要消除各国碳税税制差异而带来的税收利益冲突，还应放在充分发挥碳税在全球范围的有效性，积极应对气候变化全球公共风险这个角度来思考。具体来说，碳税国际协调的目标主要包括以下几个方面：

6.1.1 促进发展低碳经济，应对气候变化

随着全球气候变化问题的日益严重，降低温室气体特别是二氧化碳的排放，实现全球向低碳经济的转型，已逐渐成为世界各国的共识。

低碳经济是一种以低能耗、低污染、低排放为基础的经济模式，它摒弃了20世纪的传统经济增长模式，直接应用创新技术与创新机制，通过低碳经济模式和低碳生活方式，实现社会的可持续发展。

“低碳经济”最早见诸于政府文件是在2003年的英国能源白皮书——《我们能源的未来：创建低碳经济》中。英国作为第一次工业革命的先驱，在进入新世纪之后，又成为全球低碳经济的积极倡导者和先行者，率先提出于2050年建成低碳经济社会的远景规划。之后，日本、澳大利亚以及部分欧洲国家，甚至是拒绝加入《京都议定书》的美国也群起而效之，纷纷制定本国的低碳发展战略与政策措施，投巨资对替代能源与可再生能源进行研究开发，以抢占低碳经济发展的“制高点”。期间，上述国家制定了一系列应对气候变化，发展低碳经济的战略方针。

可以预见，为了应对全球气候暖化带来的巨大挑战，将会有越来越多的国家走上低碳发展之路。碳税作为促进碳减排的主要手段，在理论和实践上都已经被证明为最有效的应对气候变化的经济手段之一，并频频见诸于各国发展低碳经济的战略中。但由于碳税对国际竞争力的影响而产生的碳泄漏等问题，最终使碳税的有效性降低，而碳税的国际协调将有利于发挥碳税的调节作用，促进全球向低碳经济模式的转变，积极应对气候变化。

6.1.2 提高能源效率，实现全球范围内能源的有效配置

能源是现代人类赖以生存和发展的重要资源。但人类过多过滥、粗放式地使用能源，不仅使单位能耗量过高而造成资源日益枯竭，也使大气中排放的温室气体增加，导致全球性气候变化和环境变化。因此，如何提高能源的使用效率，削减能源系统二氧化碳排放，实现能源全球范围内的有效配置，是目前温室气体排放控制的关键。

理论和实践已经证明，市场机制是最有利于提高资源配置效率的经济机制。但由于国家之间资源分布的不平衡和生产力发展水平的客观差异，决定了只从一国角度来配置资源，其优化的程度会受到限制，国家层面市场机制所实现的资源配置的优化程度是低层次的。只有当市场经济充分发展，市场机制的作用空间范围从国家层面拓展至全球的范围，资源配置才是最有效率的。

随着各国经济的日益开放和国际经济的发展，税收国际化成为一种趋

势。税收作为政府调节市场的一种有效的经济手段，不应该成为市场机制的干扰因素，而应将其干扰程度控制在最低限度。课税行为要有利于全球范围内资源配置效率的提高，就要消除其对资源基于市场机制自由流动的消极影响，而这正是可以通过税收国际协调来达到的。

碳税的征收将会影响到各国生产的相对成本，从而影响到商品的价格，使国际贸易中国家的比较优势不能充分发挥，继而影响到国际交换领域的效率，不利于世界资源的最优配置的实现。而通过碳税的国际协调，则能最大限度避免这种状况，促进资源在世界范围内有效配置。

6.1.3 协调碳税的国际政治、经济影响

碳税的国际协调，从经济层面看，是经济全球化下国家间的税收冲突的协调，表现为税收利益的冲突和税收制度的冲突，其实质是国家间经济利益的冲突。由于国家层面的碳税在不同国家的差异很大，随着经济全球化的发展，自由贸易将使碳税在国际层面上产生的税收利益冲突愈发明显，碳税国际协调将主要解决税收利益冲突问题。

从另一个层面看，随着“碳驱动”下的国际政治、经济冲突不断升级，碳税不仅仅是经济刺激手段，甚至嬗变成各国在应对气候变化过程中的政治手段。近期西方发达国家针对发展中国家的“碳关税”、“碳边境税收调节税”等都是很好的佐证，其最终目的是迫使发展中国家在气候谈判中让步，实现对发展中国家政治上的遏制。实行碳税的国际协调，协调碳税的税制差异，将有利于协调碳税的国际政治、经济影响。

6.1.4 确保碳税在全球范围内的有效性

根据《里约宣言》所规定的标准，一国有效的环境税应满足以下条件：一是环境有效；二是经济有效（低边际成本）；三是便利管理；四是对贸易或国际竞争没有影响或影响很小。这些标准同样适用于对碳税有效性的判断。由于碳税对国际竞争力、贸易以及投资方面的影响，少数国家开征碳税不可避免地导致“碳泄漏”的结果，从而使开征碳税的国家对污染严重的行业采取大量的税收优惠以逃避税收负担，碳税有效性受到质疑。实施碳税的国际协调，有利于提高碳税在全球范围内的有效性。

6.2

碳税国际协调的基本原则

前面已经分析，碳税不仅仅是单纯的经济手段；在某种程度上，碳税已经成为国际气候中的政治工具，这意味着碳税国际协调不同于一般意义上的税收协调。碳税国际协调是在应对全球气候变化公共风险的前提下进行的，碳税国际协调在遵从税收国际协调原则的基础上，必须同人类应对气候变化中业已形成的重要国际公约中的原则相一致。

目前，关于环境问题的国际合作已经取得了很大进展，“为生存而结成伙伴关系”（Forging Partnership for Survival）已逐渐成为国际社会的共识，并逐步演变成国际习惯法的一个基本概念。所提出的一些基本原则和概念，在一系列体现国际合作的环境协定中已经广为国际社会接受，并在解决国际环境合作问题中发挥着积极的作用。主要包括：（1）可持续发展原则；（2）尊重国家主权原则；（3）共同但有区别责任原则；（4）不损害他国环境和各国管辖范围以外环境原则；（5）损害预防原则；（6）睦邻互利原则；（7）代际平等原则；（8）和平解决国际环境争端原则；（9）污染者付费原则；（10）国际合作原则①。

综合上述各项国际合作原则，碳税的国际协调应遵循下文阐述的原则。

6.2.1 集体行动原则

由于全球公共风险的共同性和不可分割性，要求全球治理主体通过合作的集体行动来防范和化解、治理日趋增多的全球公共风险。但在应对气候变化合作领域中，各个国家充满了理性且自利的行为，根据奥尔森（Mancur Olson）在《集体行动的逻辑》中的假设，理性的国家行为体通常无法自动产生集体行动，即存在着通常所说的集体行动困境。但是多数情况下，在政治、经济等多种因素的博弈中，全球环境集体行动往往在曲折中前进。《蒙特利尔臭氧层议定书》是集体行动的典范，而以《联合国气候变化框架公

① 崔大鹏：《国际气候合作的政治经济学分析》，商务印书馆2003年版。

约》和《京都议定书》为核心的集体行动也在曲折中不断前进。

碳税的国际协调也同样应该遵循集体行动原则，单个国家的行动只能降低碳税的有效性，甚至引发更多的税收利益冲突。在碳税国际协调中的集体行动，也存在着国家的个体理性同“地球村”的集体理性的冲突。许多国家一方面不断权衡自身利益，另一方面又追求集体行动，但对自身利益的过度重视通常会损害集体行动的成效。只有有效解决这一集体行动困境才能确保集体行动顺利实施。

碳税的国际协调，要克服各国的“免费搭车”行为，就需要通过制度创新，建立激励机制，并发挥大国在国际合作中的作用，这对集体行动的最终达成至关重要。

6.2.2　“共同但有区别的责任”原则

碳税国际协调在遵循税收国际协调一般原则的同时，必须要受到人类应对气候变化公约的约束。1992 年，联合国制定的《联合国气候变化框架公约》（以下称《公约》）考虑到各国经济发展水平、历史责任和当前人均碳排放上存在的差异，在其第三条明确提出“共同但有区别的责任”原则。根据这个原则，发达国家应率先减排，并给发展中国家提供资金和技术支持；发展中国家在得到发达国家技术和资金支持下，采取措施减缓或适应气候变化。1997 年，《公约》第三次缔约方大会通过了《京都议定书》，把发达国家与发展中国家“共同但有区别的责任”在人类历史上首次以法规的形式固定下来。

碳税是实现《公约》规定的促进碳减排目标的主要经济手段，其主要目的是通过经济刺激手段控制二氧化碳的排放。因此，碳税税制的设计必然要与一国碳减排量的确定和减排成本密切相关。发达国家几百年的工业化进程是全球气候变暖的主要原因，发达国家理应承担减排责任。在税收协调中必须认识到这一历史责任的差异，允许在一定阶段内，对发达国家和发展中国家实施有差别的碳税制度。

6.2.3　部分主权让渡原则

“主权”通常是指国家具有的对内的最高权力和对外的独立地位。以法国启蒙思想家卢梭为代表的古典的主权观念强调国家主权属于人民，即

“主权在民说”，并确认了主权不可转让、不可分割、绝对而神圣不可侵犯的三个原则，由此形成了国家主权是绝对而不可侵犯的观点。

随着全球化的发展，世界各国之间的政治、经济交往不断增加，发展依存度增强，需要人类合作与协调解决的全球性问题越来越多。而这些问题的解决，通常要超过一国主权范围，需要世界各国的合作与协调。参与国际活动则要遵守一系列条约、协议、机制和国际性规则，如果单纯强调国家主权至高无上，不可侵犯，合作与协调则无法顺利进行。各国在相互影响、相互依赖、相互渗透、相互合作的过程中逐渐形成了一种开放性、渗透性的“共变关系”，这种趋向全球化的“共变关系”与国家主权原有的排他性、专属性发生了冲突。“主权再也不像过去一样是无可争辩的基本价值”，固守国家主权的绝对性已不适合全球化的发展趋势。于是，国家主权让渡理论应运而生。主权让渡是指主权国家以国家主权原则为基础，将国家的部分主权权利转让给他国或国际组织等行使的一种主权行使方式。它是国家主权在全球化背景下“相对化”的一种表现。事实上，各国加入联合国并对其决议表示尊重，就是对自己主权的部分限制和放弃，就是主权让渡原则的结果。

国际税收协调是对两个或两个以上国家税收利益的协调，必然要涉及各国的税收主权。税收主权是一国主权在税收方面的体现，是各国可以根据自身经济发展目标制定相应的税收政策、对税收活动进行有效管理，以及自主、独立地参与国际税收利益分配的权利。随着经济全球化的发展，各国税收主权行为主体之间相互联系、相互影响日益广泛和深入，国际税收协调成为消除国际税收利益冲突，促进经济全球化发展的必然选择。国际税收协调在不同的国家之间进行，涉及税收管辖权的冲突，税收制度的差异等方面的问题，如要达成协调，必然意味着对税收主权的侵蚀，导致税收主权与税收国际协调之间的矛盾。因此，税收主权的部分让渡是推动主权行为主体实现合作发展的重要条件。

但如何让渡税收主权，以及在多大程度和范围上让渡税收主权，这是每个国家都必须根据本国国情来加以权衡的问题。应该说，此时的税收主权更多地应表现为一种“责任”，而不是纯粹“民族”意义上的。这样，税收主权就转化为“负责任的税收主权”①。负责任的税收主权并不意味着硬性限制税收主权权力，而是赋予主权以一种弹性的平衡调整性质，其效果是产生一种结构性的规范约束效力，从而促使各国在享有税收行动自由的同时，与

① 崔晓静：“负责任税收主权与国际税收协调”，《光明日报》，2009 年 11 月 29 日。

相关各方进行必要的协调平衡。

在碳税的国际协调中，更应该体现“负责任”的税收主权，只有部分让渡税收主权才能保证协调顺利进行。因为全球气候变化是“我们”共同的问题，无论排放源是在纽约，还是在上海，或是在非洲的好望角，由此带来的气候变化对所有人来说是相同的。国际合作是应对气候变化的唯一选择。只有本着对“地球村”负责、对人类负责的态度，部分让渡主权，才能共同应对全球性的公共风险。这要求一国政府既要考虑眼前利益，也要考虑长远利益。在关注本国税收利益的同时，也要兼顾他国的税收利益，要促进国际社会的协调发展。

在实践中，环境问题和国家主权之间的冲突，从另一方面也佐证了在碳税的国际协调过程中，存在着税收主权的部分让渡问题。主权虽然是一国处理对内事务的最高权力，但它在环境问题的处理上并不是绝对的。因为一国的环境保护行为在维护本国利益的同时应对全球负责，一国在开发利用本国资源的同时也要对全球负责。“哈曼主义”是行不通的（见专栏6－1）。

专栏6－1　哈曼主义

国家主权学说运用于国家环境事项的一个早期的例子是哈曼主义（Harman Doctrine）。1895年，美国与墨西哥就流经两国边界的黑格朗德河水资源的使用问题发生了纠纷，起因是美国将其境内河段改道的单方面行为影响了河水的流量，从而对墨西哥的农业造成了危害，当时的美国司法部长哈曼发表意见认为，墨西哥政府无权就黑格朗德河水资源在美国境内的使用问题向美国政府提出要求。因为在国际法上没有任何规则、原则和先例表明美国对于此类问题负有责任或义务。所以墨西哥所受到的损害是一个政治问题而非法律问题。

哈曼主义显然是有利于国际河流的上游国家的，但国际河流的下游国家与上游国家一样，拥有自己的主权权利。假如主权是绝对的话，按照主权平等的原则，下游国家主权的绝对性并不低于上游国家。在国与国之间的利益发生冲突的情况下，如果双方只强调各自的所谓“绝对主权”，也就不存在和平解决冲突的余地了。因此，哈曼主义不可能成为解决越境环境问题的国际法原则，在国际实践中也鲜见运用，即使是美国，在后来的实践中也从未采纳过这一“主义”。

资料来源：王前军：《国际环境合作问题分析》，中国环境科学出版社2007年版，第47页。

6.2.4 国际税收中性原则

税收中性是国内税法的一项基本原则。在国际税法领域内，税收中性仍具有同样重要的地位。所谓国际税收中性原则，是指国际税收体制不应对跨国纳税人跨国经济活动的区域选择以及企业的组织形式等产生影响。一个中性的国际税收体制应对纳税人的投资和消费行为既不鼓励也不限制，尽可能避免对纳税人产生扭曲。国际税法同样不应对资本、劳动和货物等在国际间的流动产生影响，从而有助于实现资源在世界范围内合理利用。

关税是众所周知的贸易壁垒，是与国际税收中性原则相违背的，因此关税的国际协调一直是国际税收协调的重点。但事实上，一些国家利用国内商品税作为贸易壁垒的也并不鲜见。如果一国对本国很少生产、主要依靠进口的商品规定较高的国内商品税税率，同时给与生产这类商品的本国企业各种可能的优惠和补贴，那么该国就可以利用国内商品税对本国生产的这类产品以及国产的其他替代品进行保护。碳税目前在国际上的应用就面临像这样的一个局面，一些发达国家拟利用碳税的边境调节手段对发展中国家进行课征，从而对促进生产要素的国际间流动构成一种非贸易壁垒，这有悖国际税收中性原则。

坚持国际税收中性原则进行碳税国际协调，将有利于实现碳税在全球范围内的有效性，促进碳税国际协调的顺利实施。

6.3 碳税国际协调的思路

本书所要探讨的国际协调是广义的国际税收协调，广义的国际税收协调是指各国的税种、税制要素之间，乃至相关税收政策之间的全方位协调，即除了协调税收管辖权之外，还应包括各国税收制度在国际范围内的趋同乃至某种形式的一体化（邓力平，2000）。当前国际税收的协调与合作包含以下三个层次：一是在经济全球化的背景下，一国政府对本国国内税收制度进行主动调整，并在“双边”基础上进行必要的协调，通常采用税收协定的形式；二是在区域经济一体化的背景下，进行区域性贸易和组织内部的协调；三是指由国际组织对各国的税收制度和税收管理进行协调。

碳税国际协调同一般意义上税收国际协调既有区别又有联系。碳税是由气候政策所引起。气候政策不仅是气候问题，而且是政治问题，“碳政治”成为多边外交和国际政治博弈中的一张王牌。因此，碳税的国际协调问题不得不考虑国际政治、经济关系问题的协调。《联合国气候框架公约》虽然制定了“共同但有区别的责任原则”，但在实践中，如何在发达国家和发展中国家之间、在历史排放和未来排放之间、在气候安全与发展权利之间作出公正的划分，仍然是悬而未决的问题。虽然从责任上看，发达国家应该为其历史排放负责，从其历史收益中抽出一部分作为兑现减排承诺的成本，而不应该将此成本通过其他方式（如边境税调整等）转嫁给发展中国家，但这只为碳税的国际协调提供理论支撑，而在技术上碳税的国际协调难度仍然存在。

因此，碳税的国际协调需要把气候变化政策因素纳入协调框架内予以考虑，最终使其成为超越一般意义上的某一税种的国际协调，它的目标及形式都不同于一般意义上的国际税收协调。本书设计碳税的国际协调，是在与国际气候框架公约不相违背的前提下，按照国际税收协调的三个层次，提出对不同层次的具体协调方式。

6.3.1　在引入碳税的基础上进行双边或多边协调

6.3.1.1　引入碳税

近年来，主权国家通过改革本国税制，进行单方面的自主性的税收协调，使国内税制适应国际化潮流，促进国际经贸的发展，已经成为一种趋势。20 世纪 80 年代以来，以“降低税率、扩大税基”为主要特征的席卷全球的税制改革，就是各国适应税制变化潮流的一种主动性的税收国际协调。

目前开征碳税的国家为数不多，主要局限在 OECD 的成员国之间。然而，世界上很多国家已经认识到碳税的重要性，特别是一些新兴工业化国家，为了发展低碳经济，改革本国的发展方式，大多有较强的“绿化”税制愿望，而碳税往往是这个计划中的一个部分。从未来的发展趋势看，碳税的开征是必然的。各国在“绿化”税制改革中，应考虑引入对化石燃料的含碳量进行课税的碳税或其他相关税种。

6.3.1.2 发达国家与发展中国家的双边协调

在大多数国家主动引入碳税的基础上，由于对碳排放历史责任的认定问题，碳税的国际协调的难点主要表现为发展中国家和发达国家之间的协调。发展中国家和发达国家碳税的国际协调关键在于税率的协调。事实上，不论是直接税还是间接税协调，税率协调都是其中最为敏感的环节。碳税的国际协调中，税率协调也是最为关键的一个环节。

1. 碳税国际协调的内容

在本书的第5章中，我们论述到，碳税最终表现为对产品的征税，因此碳税的国际协调在国际税收中表现为商品课税的协调问题。商品课税同所得税的情况相似，也存在着税收管辖权问题，它涉及对进入本国流通的外国商品或将要出口的本国商品的课税原则。一般来说，商品课税管辖权有两种，即产地原则和消费地原则。产地原则是指一国政府有权对产自本国的所有商品课税，而不论这些商品是在本国消费还是在国外消费；目的地原则是指一国政府有权对本国消费的所有商品课税，而不论这些商品产自本国还是国外进口。这样，当一国实行产地原则而另一国实行目的地原则时，同一批商品既要负担出口国征税的碳税，又要负担进口国的碳税，因此不利于国际贸易的公平竞争原则。

边境税收调整措施通常被视作使国内产品税收与消费地原则相协调一致的一种体制。当前，一些发达国家也正酝酿使用碳税的边境调整措施对发展中国家进行协调。我们已经在前面的章节中讨论了使用边境税收调节制度对碳税进行国际协调的合法合理性问题，指出碳税不同于一般的国内税，由于涉及二氧化碳排放的历史责任确认问题，碳税的边境调整措施对发展中国家来说是不公平的。在相关讨论的同时，要认识到，发达国家运用碳税的边境调整措施的做法并不会停止，发展中国家应该进行积极的国际协调。引入碳税就是关键的一步。

那么，是不是发展中国家在引入碳税后，发达国家就不再运用边境税收调整措施呢？我们知道，由于国际经济水平和产业结构等条件的限制，发展中国家在引入碳税后，碳税的税率设计往往会和发达国家存在一定的差距。如果按照国际商品课税协调的规则，即使发展中国家引入碳税，但由于碳税税率的差异，发达国家依然可以对发展中国家的产品按照本国的税率进行课税。西方学者对此进行了相关研究，其中比较有代表意义的观点是有 Riehard A Westin（1997）提出的。Riehard A Westin 对在涉及环境问题的进口国与出口国之间，由谁来负责征收环境税，又由谁最后承担环境税，如何通过双方的共同努力与合作以解决环境税的最终税收归宿问题等进行了论述：为了使环境税保持完整性，进口国需要建立一种类似的国内税，有权在边界征收差额税收，以抵消在出口国退掉的税收。因为没有一个相应的国内税，一般不允许进行边界税收调整。这种差额性调节税收的优点在于可使商品的环境成本完全内在化。针对环境损失发生在出口国和消费国不同的情况下，区分出口国是否进行退税，最终确定消费国在保证环境税完整性的前提下进行差额性调节①。

本书作者对此持有异议：碳税的国际协调不仅仅是税收利益分配问题，更多的是体现气候变化问题中的“共同但有区别的责任”原则，对发达国家和发展中国家区别对待。为保证环境税的完整性对碳税的差额性调节，无疑是忽略了碳排放的历史累积，而导致发展中国家承担超出其能力的税收负担。在实践中，对发展中国家可以确定最低水平的碳税，发达国家则应该承担较高水平的税率。其税率差异具体协调可以参照以下办法：

（1）碳税的“税收饶让”制度。碳税的“税收饶让”是指在两国签订的税收协定中，发达国家可以对开征碳税的国家实行税收饶让，对已经开征碳税的缔约国的进口产品不再按照本国标准征收进口环节的碳税。

在国际税收学中，税收饶让是指一国政府对本国居民在国外得到减免的那部分所得税视同已经缴纳，并允许其用这部分被减免的外国税款抵免在本国应缴纳的税款。严格来说，税收饶让不是一种消除国际重复征税的方法，而是居住国对从事国际经济活动的本国居民采取的一种税收优惠措施，但由于税收饶让是在税收抵免基础上进行的，与税收抵免有密切的关系，因此在国际税收中具有重要意义。税收饶让一般在发达国家与发展中国家之间进行。发达国家对发展中国家投资的跨国纳税人实行税收饶让，这对于发展中国家吸引投资具有十分重要的意义。但也有发达国家如美国一直持反对态度。美国认为，税收饶让与免税法一样，会鼓励本国投资者把资本投到税率低的国家，从而有悖于其一贯主张的税收对资本输出应保持中性的原则；同时税收如果鼓励本国资本外流，会导致国内资本短缺，从而减少国内的就业机会。

碳税的“税收饶让”同国际税收学的“税收饶让”是不同的，本书是借用这一名词，体现的是发达国家对发展中国家单方面放弃征收进口环节的碳税。

---

① 张会萍：“环境税及其国际协调”，厦门大学博士论文，中国知网博士论文文库。

（2）预约碳税税率制度。所谓预约碳税制度是发展中国家和发达国家在签订税收协定的时候，根据出口国的实际环境成本，或者对发展中国家无法提供而经过推算的出口国环境成本，预先制定出相应的双方认可的碳税税率。

预约碳税税率制度是来自国际税收的预约定价制度的启发（见专栏6-2）。不同的是，预约转让定价是在税务部门与企业之间的事前定价，而预约碳税税率则是两个或两个以上国家之间就碳税税率的事前约定。

预约碳税税率制度是国与国之间事先对双方的碳税税率按照“共同但有区别的责任”原则予以确认，确认的根据是出口国产品的实际环境成本，或者对由于发展中国家无法提供而经过推算的出口国环境成本。预约碳税税率制度的难点在于对这种环境成本的确认，但事先协商谈判将给双方留下很大的操作空间。

专栏6-2 转让定价与预约定价

转让定价是跨国公司在跨国关联企业之间进行收入和费用的分配以及利润的转移的一种国际避税方法。不合理的转让定价必然会造成收入和费用不合理的国际分配格局，从而影响有关国家的实际利益。世界上多数国家在国内税法中规定，对跨国关联企业之间以及跨国总公司与常设机构之间不合理的转让定价，本国税务部门要进行一定的调整。但在实践中，各种转让定价的调整方法都不尽如人意。

1991年，美国税务部门率先采用预约定价协议来解决跨国关联企业的转让定价问题。所谓预约定价协议指的是纳税人事先将其和境外关联企业（有些国家还适用于境内关联企业）之间内部交易与财务收支往来所涉及的转让定价方法，向税务机关申请报告，经税务机关审定认可后，可作为计征所得税的会计核算依据，并免除事后税务机关对定价调整的一项制度。分为单边预约定价协议和双边或多边预约定价协议。预约定价制的建立，最明显的好处是，税务机关对关联企业转让定价的事后审计改变为事前审计，对保护纳税人的合法经营和税务机关的依法征税都有利。不只如此，一国政府如果将经审定认可的预约定价制，通过协商程序取得相关国家政府的同意，可以纳入国际税收协定的实施范围，还可免除转让定价首次调整和相应调整的繁琐程序。从宏观方面看，它有利于经济的国际交往和合作，会对经济生活国际化产生积极的影响。

比较上述两种方法，不难发现，碳税饶让制度简单、透明，便于实施。但由于是发达国家单方面放弃对发展中国家的征税权力，出于对国际竞争力考虑，在实践操作过程中极容易遭到发达国家的反对。相比之下，预约碳税税率制度则比较可行。

2. 签订国际税收协定

所谓国际税收协定是指两个或两个以上主权国家，为了协调相互间跨国纳税人征税事务方面的税收关系，本着对等原则，经由政府的谈判后所签订的一种书面协议。国际税收协定按照参加国家的多少，可以分为双边和多边两类；按照涉及内容范围的大小，可以分为一般与特定两种形式。国际税收协定由有关国家政府之间谈判签订以后，还必须通过各自国家的正式批准，并经外交途径互换批准文件，然后方可生效。在协定有效期满后，只要原缔约国中任何一方经由外交途径发出终止通知，该协定即自动停止生效。在国际税收协定的整个有效期间内，缔约国有关各方，都必须对协定中的一切条款承担义务。任何一方的原有单方面规定，如有与协定内容相抵触的，必须按照协定的条款执行。

通过谈判、协商自愿签订各种双边或多边税收协定对税收进行协调是当前运用最为广泛的税收协调形式。通过协定的形式调整国家之间税收管辖权与税收分配关系，这种方式没有从根本上改变各国原有的税收立法权及税收管辖权，只是在原有体制基础上的一种协调，可用于灵活处理因摩擦而带来的国际税收分配问题。

在解决发达国家和发展中国家在碳税方面的税收利益冲突方面，采用税收协定的形式，更加灵活便利。税收协定制定的标准可以参考国际税收协定范本，目前国际上影响较大的主要有两个范本：一是经合组织范本，一是联合国范本。这两个国际性税收协定范本是世界各国处理相互税收关系的实践总结。

在税收协定中应对相关碳税税率等进行约定，还要规定双方建立定期的碳税情报交换制度。交换税收情报，是加强国家之间税务管理合作和防止国际间偷逃税行为的重要措施，也是保证税收协定正确执行的一个重要手段。主要分自动、自发情报交换和专项情报交换。通过情报交换，缔约国各方可以了解跨国纳税人碳排放信息。

6.3.2 区域性碳税国际协调

随着区域经济一体化的发展，区域性税收协调在全球不断取得新的进展，如欧盟、亚洲、东南非和拉美等区域的国际税收协调都在不断推进中，其中以欧盟的税收协调最为深入，一体化程度最高，从而区域性税收协调形成了以欧盟为领头雁、多区域并存的雁阵式发展格局①。

区域性协调是目前最有效的、影响范围最大的税收协调形式。也是目前国际碳税协调中唯一有过国际实践的一种方式。虽然欧盟在这方面的探索是短暂的，但其已有的经验为碳税区域性协调提供了借鉴。

6.3.2.1 区域性国际税收协调起源与发展

通常，区域性协调是和区域性组织的形成和发展密切相关的。区域性组织是指特定区域中的两个或两个以上的国家或地区，为谋求区域内商品和要素流动的自由化，通过达成经济合作的某种承诺或签订条约、协议，在经济上结合起来形成一个区域性经济发展联合体的过程。它是建立在区域差异和地区优势基础上的一种高层次的经济发展的区际组织。区域性国际经济组织可以分为一般区域性国际经济组织和区域性经济一体化组织，后者比前者反映了更紧密的地区经济依赖和协作。目前大量的和重要的区域性国际经济组织都是经济一体化组织。

区域性组织出现于20世纪50年代。根据其建立的出发点不同，大致可分为两个阶段：第一个阶段是20世纪50年代到20世纪70年代，这一时期区域性组织建立的目的在于强化政治和军事上的合作，如华约、北约等；第二阶段是20世纪80年代至今，经济合作成为这个时期区域性组织建立的主要目标。在之后的20年的时间里，区域性浪潮几乎席卷了整个世界，其中最为典型的区域性组织当属欧共体。欧共体的迅速崛起，是因为“二战”后，世界经济中心由欧洲转移到美洲，日本也快速崛起，世界经济呈现出“三足鼎立" 的局面，欧洲成为三极中较弱的一极。欧洲对这种弱势地位并不甘心，从20世纪70年代起，欧共体将一体化的重点由政治转向经济，经济一体化使欧共体迅速崛起，并日渐强盛。美国在感受到来自欧共体以及日本经济“黄金时期" 发展的巨大压力后，也将一体化的重点转移到经济上，北美自由贸易区得以建立并迅速发展起来。

发达国家的经济一体化进程使发展中国家面临更加严峻的经济发展环

① 常世旺：“国际区域性税收协调——理论与实证分析”，山东大学博士论文，中国知网博士论文文库。

境。为此，发展中国家也开始寻求区域经济组织的保护。东盟则是比较成功的发展中国家区域性经济组织。到目前为止，全球共有区域性经济组织100多个，在WTO注册的区域经济一体化协定170多个，几乎覆盖了全球所有国家。

区域性贸易或经济组织内部的税收协调在未来将成为税收协调的主要形式。主要原因：一是区域性贸易或经济组织的发展壮大以及深化相互之间经济合作的需要，使其必须在内部进行税收协调；二是区域性贸易或经济组织内部的税收协调比国家间通过自愿签订各种税收协定、条约、协议以及双边或区域性多边自由贸易协定进行的税收协调更有效；三是近期在世界范围内成立专门处理税收事务的国际性税收组织不太可能，因此区域性贸易或经济组织将是税收协调的主要承担者。

区域组织国际税收协调是以各成员国向有关区域组织部分让渡税收主权为前提，通过多边协商或区域性组织的立法程序制定税收协调法律措施，以减少区域间各国税收冲突，构建合理的区域税收制度。区域性国际税收协调要解决的是适应区域一体化发展需要的税收协调，具有明显的目的导向性和整体协调性，是协定协调和全球性协调所不可替代的。区域性税收协调一般要求较高，参与协调的国家经济发展水平不应该有很大差异，应保持在相近的水平。

为有利于经济一体化的深入发展，建立共同市场，在区域性商品税收协调内取消财政边境控制是重中之重。取消财政边境控制有不同的方案，但每种方案都是对成员国的国内商品税税率进行一定程度的协调：（1）可以通过建立间接税同盟的办法来实现。所谓间接税同盟，是指国内商品税在成员国之间按照产地原则课征，在成员国与第三国之间按消费地原则课征的经济一体化形式。由于产地原则，成员国之间进行贸易将不需要在边境对商品实施出口退税和进口征税，前提是成员国之间的商品税率不能有很大。但到目前为止，还没有经济一体化组织将间接税同盟付诸实施，原因就在于成员国之间税率差异较大，容易引起成员国贸易发生偏转。（2）可以对传统的边境税收调整办法进行彻底改革，出口退税和进口征税都不能再依赖边境控制进行，新的税收调整办法包括借助中央清算机构间接地实施税收调整和在成员国税务当局紧密配合下实施以申报为基础的直接税收调整。后者调整是在商人正常的纳税过程中进行。上述两种办法都只适用于经过注册和有票据管理的进（出）口商，而不适用于未经注册的商品及游客。同时，取消边境控制制度之前，应对成员国的国内商品税税率进行协调，使成员国之间的税率差异缩小到不足以刺激人们出境购物的程度。税率协调是间接税区域性国际协调的关键。

6.3.2.2 碳税区域性国际协调的内容

在碳税的区域性协调中，碳税税率的协调依然是个棘手的问题。实行单一税率无疑是最优选择，碳税会因为区域内的税收政策统一而减少发生“碳泄漏”的可能，从而提高其在区域内的有效性。

但事实上，很难用“一刀切”的方法实行统一税率。欧盟的间接税一体化进程也提供了例证。由于碳税和碳排放紧密相连，而各国减排的成本高低不一，决定了碳税水平差异很大，正如 OECD（1997）在论述经协调国家税的税率水平确定时所论述的那样，“由于假设所有的政府的效用函数都相同是非常不现实的，经协调的税收协议在理论上需要所有政府谈判达成一个集体的效用函数。在缺乏这一函数的情况下，单独的税率不再作为直接评判经济效率的基础。它或许还依赖于国际谈判过程的内部逻辑，通过提供一个中心议题来防止谈判过程中的分散讨论。”欧盟最终是通过规定最低税率的形式，进行税收协调。

鉴于此，对于区域性碳税国际协调，应该根据区域经济一体化程度，加以区分。

1. 区域性经济一体化经济组织

对经济一体化程度较高的区域性组织，如欧盟，区域性协调可以以确定最低水平的碳税税率方式进行协调。同时还要注意碳税同现有能源税的协调，并允许实行收入中性改革。欧盟已经取得的关于统一碳税的经验可以为这一思路提供佐证。

碳税税率水平的确定，要同稳定的碳排放轨迹以及如何成功避免危险性气候变化相联系。对于发达国家来说，要实现这一排放发展趋势，则需到 2020 年在 1990 年基准上实现减排 30%，到 2050 年至少实现减排 80%。UNDP 在其《2007/2008 年人类发展报告》中提出，模拟测试表明，在 60—100 美元/吨二氧化碳范围内的碳价格与所需要的减排目标大致相符。制定税收政策后必须有条有理，按顺序进行，以便在不扰乱市场的情况下实现表明政策长期方向的两个目标。可行的选择应遵循以下分等级的方法：在 2010 年制定每吨二氧化碳 10—20 美元的碳税制度；考虑到国家排放轨迹，在滚动基准上调整税收，每年每吨二氧化碳增长 5—10 美元。

受此启发，对经济一体化程度较高的发达国家来说，在区域一体化组织内，最低水平的碳税税率可以考虑设在每吨二氧化碳 10—20 美元的区间，并考虑到各国排放趋势的发展，建立动态调整机制，在此基础上逐步提高。

2. 其他区域性经济组织

对于一些经济一体化程度较低或较松散的区域性组织，其成员国内部构成比较复杂。如北美自由贸易区，其发展是在美国的主导下进行的，由发达国家和发展中国家共同组建的经济一体化组织。北美地区区域性经济组织的税收协调仅限于关税协调，由于美国、加拿大和墨西哥三国所处的经济发展阶段不同，税制结构存在较大的差异，对税收管辖权行使的侧重点也有所不同，有时甚至观点和立场是截然相对的，在税收协调过程中，要实现两者利益均等颇为困难。

在这样的区域性经济组织内进行碳税的国际协调，如果简单地效仿经济一体化程度较高的欧盟做法，显然是行不通的。因此，在南北差异较大的贸易自由区内，应该实行“双轨制”，即发达国家之间可以采取统一的最低碳税税率形式；而发达国家和发展中国家则应采用双边或多边税收协定的形式，采用预约碳税税率或碳税“税收饶让”的方式，双轨运行，区别对待。这种“双轨制”对不同发展阶段的区域间税收协调加以区分，既体现了税收负担公平的原则，还有利于推进区域内的碳税协调进程。

6.3.3 全球性碳税国际协调

全球性税收协调是指通过权威的全球性经济组织对相关的国际税收问题进行协调、规范、指导和仲裁，以减少国际税收利益分配及税收主权行为的冲突。全球层面的税收协调应该属于一种宏观层面的税收协调，其所关注和解决的是税收权力与利益在全球范围的协调。与协定协调和区域协调相比，全球性税收协调由于缺乏一个全球性的税收组织，其税收协调更加复杂，难度很大。

20 世纪 90 年代，有专家提出建立一个专门的国际组织征收国际碳税。即在全球范围内建立一个国际组织，规定统一的碳税税率，由该组织统一征收，所得收入用于应对气候变化。这种模式当前还只能处于“理想”中的状态，在实践中很难操作，主要是因为各国经济发展差异很大，减排成本各不相同，征收统一的碳税很难实现。应该说，在全球范围进行碳税协调是发挥碳税有效性的最佳途径。虽然目前很难实现“理想的”国际碳税模式，但可以寻求一个“折中”的方式，即尝试在全球范围内建立“碳基金返还制度”，对发达国家和发展中国家实行不同的碳税税率，吸引不同国家加入，最终达到促进碳减排的目的。

6.3.3.1 一种折中的全球模式：全球碳基金返还体系

虽然在国际层面实行统一的碳税在当前很难做到，但国际社会一直没有停止对国际层面碳税的探索。

Hans Gersbach（2008）提出了一种基于国际组织框架的全球碳基金返还体系（Global Refunding System，GRS），这一体系在体现发达国家与发展中国家“共同但有区别的责任"方面有相似之处，然而却更加明确了征收碳税作为主要筹资渠道，从而成为当前国际上热议的话题。全球碳基金返还体系具有如下几个特点：一是由各国自行决定是否加入，只要接受全球碳基金返还体系的规章并征收最低水平的碳税，就可以成为该体系的成员。由工业化国家负担全球碳基金返还体系的启动费。二是在每个阶段，各国自行决定碳税的征收水平，但碳税只能是该国用来控制碳排放的唯一手段（但随着时间的推移，这一政策将被取消）。所有碳税收入将纳入全球碳基金返还体系。三是在每个阶段，全球碳基金返还体系都将把一部分资金返还给各个加盟国①。各加盟国按照在一段时间内实现的总减排额度②的比率按照年度获得返还基金。四是为保证未来的资金返还，未返还的基金将用于投资。五是在任何阶段，加盟国都可以退出，退出后将失去返还资金的权利。六是全球碳基金返还体系所作的决定要在大多数加盟国统一认可后方可生效。

从其内容上，全球碳基金返还体系同现已实施的全球环境基金（见专栏6－3）虽有相似之处，但是两个不同的概念。前者的资金来源于加盟国的碳税收入，并规定了加盟国的最低碳税水平，而后者则完全来源于各加盟国的捐款。

---

① Gersbach and Requate（2004）建议直接将资金返还给加盟国的某些特定的行业。

② 为了鼓励发展中国家加入，避免对其经济发展的负面影响，应结合经济发展水平确定减排的水平。

专栏6－3　全球环境基金（GEF）

在1989年的国际货币基金和世界银行发展委员会年会上，法国提出建立一种全球性的基金用以鼓励发展中国家开展对全球有益的环境保护活动。1990年11月，25个国家达成共识建立全球环境基金，由世界银行、联合国开发计划署和联合国环境规划署共同管理。1991年3月31日，21个国家捐款约1.4亿美元作为3年（1991年—1994年）试运行期的运行资金。在之后的正式运行期中，基金捐款国（主要是发达国家）定期向基金捐款。中国也是捐款国之一。正式运行期的全球环境基金第一期（1994年7月1日—1998年6月30日）总承诺捐资额为20.2337亿美元。中国捐款560万美元。全球环境基金第二期（1998年7月1日—2002年6月30日）的总承诺捐资额为19.9128亿美元，中国捐款820万美元。2002年8月，全球环境基金第三期增资谈判结束，各国承诺新增捐款额约为22.1亿美元，中国承诺捐款951万美元。截止到2002年7月底，全球环境基金共有173个成员国。

作为一个国际资金机制，全球环境基金主要是以赠款或其他形式的优惠资助，为受援国（包括发展中国家和部分经济转轨国家）提供关于气候变化、生物多样性、国际水域和臭氧层损耗四个领域以及与这些领域相关的土地退化方面项目的资金支持，以取得全球环境效益，促进受援国有益于环境的可持续发展。它是联合国《生物多样性公约》、《气候变化框架公约》的资金机制和新近签署的《持久性有机污染物公约》的临时资金机制。这些公约的缔约方大会为全球环境基金相关领域规划和项目的合格性作出指导。全球环境基金也同其他的公约和协议有着密切的合作。全球环境基金与《维也纳臭氧层损耗物质公约》的《蒙特利尔议定书》下的多边基金互为补充，为俄罗斯联邦及东欧国家提供赠款，帮助它们开展消除臭氧层损耗物质的活动。此外，全球环境基金业务原则也与《防治荒漠化公约》及一系列有关国际水域的区域和国际条约相一致。

截止到2002年6月30日，全球环境基金已资助了160多个国家的1000多个项目，赠款总额40亿多美元。其中约39%为生物多样性领域项目，约36%为气候变化领域项目，约18%为国际水域和臭氧层损耗领域项目，其余为综合领域项目。

续

全球环境基金的影响力大大超出了它资助各个单独项目所获得的成果。作为一个战略性联盟，它能够汇集其执行机构的最大效力，有效地帮助发展中国家履行国际公约。它也是全球环境科学技术有关信息的主要“消费者”。通过吸取各方面教训，传播其自身经验，全球环境基金为全球环境的良好发展作出了积极贡献。目前，全球环境基金正在发挥着其他基金无法替代的作用，有潜力成为其他国际环境公约的资金机制。

资料来源：http：//www. expo2010. cn

6.3.3.2 评述

1. 全球碳基金返还体系的优势

全球碳基金返还体系的第一个也是最重要的优势在于，一旦一国选择加入，就可以选择该国可接受的税率。即使对高碳税税率国家来说，可能损失大，但它依然可以获取高额的返还，全球碳基金返还体系的核心也是加强这方面的影响，这需要工业化加盟国在加入时缴纳适当的启动资金。第二个优势是，加盟国轻易不会选择退出全球碳基金返还体系，因为一旦退出，加盟国将失去所有的资金返还。第三个优势是，对发展中国家来说，碳减排不仅意味着较高的边际损失，而且还缺乏清洁技术。全球碳基金返还体系可以在这两个方面支持发展中国家：首先只有富裕国家缴纳启动资金，这将增加未来的返还资金，使发展中国家受益。其次，返还公式将按照有益于发展中国家的模式设计，即按照人口比重和单位增加值减少排放量来确定发展中国家实现的减排量。第四个优势是，全球碳基金返还体系是弹性机制的。在国际层面上，没有减排目标或价格的谈判，约束这个体系的两个变量是最小税率和返还公式，这将强化或弱化对加盟国的激励机制。事实上，确定最优减排量是相当困难的，也是目前国际社会上争议最大的一个问题。最后一个优势是，发展中国家由于不需要缴纳启动资金从而成为净收益者。而上述各项已经讨论的优势也会促使发展中国家加入。

2. 全球碳基金返还体系的缺欠

全球碳基金返还体系同样也存在缺欠，需要人均碳排放数据来确定碳税返还，而这些数据很难收集，同时也容易产生“出于政治因素考虑而制造数据”的动机。这就需要依赖一个国际组织以控制和监督这些数据的获取和资金返还的程序。在国际组织的问题上，是重新构建一个新的国际组织还是依靠原有的国际组织，都是一个实际问题。

另外，全球碳基金返还体系要求成员国让渡部分税收主权。从政治经济学的角度来说，这是最实质性的障碍。当然，这个问题能通过增加发达国家缴纳的启动资金以及给予各成员国定期固定的返还资金而有所减轻。

最后，同气候变化政策中其他国际框架一样，全球碳基金返还体系需要对各国的碳税达成一个协议，但在世界如此多的国家范围内达成协议无疑是一个巨大的挑战。值得欣慰的是，对最低碳税税率水平的弹性规定无疑会促使各国在这个问题上达成广泛的共识。

3. 改进建议

本书作者认为，同以往国际社会所提出的全球性碳税模式相比，碳基金返还制度较好地体现了“共同与有区别的责任”原则，对发展中国家设定最低税率等措施具有一定可操作性，是一个很好的选择。但在具体的制度设计中，应进一步完善。

（1）不能把碳税作为碳减排的唯一方式。国际经验已经证明，碳税如同其他经济手段如排污权交易的配合运用，减排效果较好。单一的方式显然不利于将减排效果最大化。

（2）对返还标准的确定。由于各国发展水平、能源结构、经济结构和其他因素不同，即使发展中国家之间也依然存在很大的差异。因此，不同的碳排放标准意味着迥异的义务和责任。根据南非开普顿大学能源与发展研究中心的 Harald Winkler，Randall Spading - Fecher，Lwazikazi Tyani 的研究，比较阿根廷、巴西、中国、印度、尼日利亚和南非 6 个较大的发展中国家不同碳排放分配方案，其结果表明任何单一的自上而下的、以某种标准为基础的分配方案都不大可能适合所有发展中国家，为所有发展中国家所接受①。因此，为了提高碳基金返还体系的可接受性，有必要对不同发展中国家进行分类，分别制定不同的标准。

（3）要加强约束机制的规定。该制度最大的问题在于缺乏约束机制。如果一个国家选择退出，损失的只是返还资金。应该建立相应的惩罚机制，以避免处于像《京都议定书》的尴尬境地。

---

① 中国气候变化网，http：//www. ccchina. gov. cn/cn/NewsInfo. asp？NewsId =3949。

6.4 碳税国际协调的难点分析

碳税国际协调在具体的实施过程中，依然存在很多难点。如何处理这些难点将直接影响到碳税国际协调的结果。

6.4.1 基于应对气候变化问题视角

气候问题的政治化，使碳税的国际协调之路充满了荆棘。碳税不仅是一种经济手段，在某种意义上，碳税也是国际政治博弈的“利器”，极有可能成为各国在碳减排过程中讨价还价砝码。

“南北”公平问题仍然存在，这使得发展中国家和发达国家之间的协定谈判可能演变成一场久悬不决的“讨价还价”。发展中国家和发达国家在减排义务的负担、资金和技术转让以及能力建设等方面，都有着难以弥合的分歧。碳税的国际协调涉及很多与气候相关的敏感领域，如果发达国家对发展中国家实行“饶让”或者“预约碳税税率”，发达国家会担心这种做法被视作对发展中国家减排承诺的降低，或者是对“南北”在气候问题差异上的认可，这最终将影响到谈判的进程。

6.4.2 基于国际税收学视角

税收的国际协调是个非常复杂的问题，涉及范围很广，包括税收政策、税收制度和税收征管等方面的“全方位”的协调。碳税的国际协调涉及的内容更加广泛，并且在国际税收学上并无太多的经验可循，“摸着石头过河”无疑使协调的难度加大。

6.4.2.1 碳税形式的协调难度

正如本书第 4 章对 OECD 国家碳税实践介绍中所说，大多数国家采用碳—能源税的形式，将两者简单地分开的做法难度非常大。一些国家的消费税等税种中，也包含了很多对化石燃料的课征。如果进行碳税的国际协调，如何对碳税的形式加以界定，是个很关键的问题。

6.4.2.2　碳税税率的协调难度

正如在设计三个层次的碳税协调机制所分析的那样，如何确定协调的碳税税率是最大的难点，具体的碳税税率会因为涉及各国减排成本的差异而难以确定。目前国际上的争议也非常大。从理论上来说，碳税只有在同一碳税水平上进行协调才能有效，而不同的碳税水平可能会引起“碳泄漏”。为了防止出现“泄露”现象，碳税税率不能定的太高。但即便是制定统一的低水平的碳税税率，这个标准的确定也很难达成一致。

6.4.2.3　不对称条件下国际税收协调的难度加大

参与碳税国际协调的国家在各种特质或特点上的差异与不同，构成了一种不对称条件下的国际税收协调①。这种不对称包括国家或地区在人口数量、资源禀赋、基本规模、体制背景、市场特性乃至经济实力等方面的差异，也包括国家或地区在决定国际税收竞争效应的诸因素，如拥有信息的多寡、拥有税收手段的不同等方面的差异。在不对称条件下的国际税收协调，要实现政策的趋同性或达成双边或多边协议，难度很大。

6.4.3　基于国际协调机制视角

除了上述两个主要方面的问题之外，碳税的国际协调仍然面临着许多实际困难。

区域性组织的管理机制将为区域性协调带来障碍。以欧盟为例，欧盟在决策方式上实行的“一票否决”制度为欧盟的税收一体化进程带来很大的障碍。

另外，国际履约难度大。即使碳税的边际效应能计算出来，国际法的软弱无力也将增加碳税协调的执行难度。而且由于一个国家违约造成的违约效应会在所有的履约国家中扩张，使其他国家也产生违约的动机，从而使国际履约变得更加困难。

---

① 不对称条件下的税收协调具体内容，可参见邓力平：《国际税收竞争：基本分析、不对称性与政策启示》，经济科学出版社 2009 年版。

第 7 章

碳税国际协调的实施

碳税国际协调的目标和思路确定后，关键问题在于实施。本章将具体分析碳税国际协调实施战略，以及如何保障碳税国际协调的实施。

7.1 碳税国际协调实施战略

碳税的国际协调的内容和形式都非常宽泛，因此，在具体的实施过程中应采取先易后难、逐步推进实施战略。

7.1.1 碳税国际协调进程

在所设计的碳税的三个协调模式中，由于各国具体国情的差异，很难勾勒出一个具体的时间表。但由于目前欧盟各国及美国等发达国家拟在 2020 年开始对发展中国家征收碳关税，各国应考虑在 2020 年之前引入有差别的碳税制度，这是碳税全球性国际协调的基础，同时也是各国向世界表明减少碳排放的负责任的国际姿态。

对于已经开征碳税的国家，因碳税而产生税收利益的冲突，可以选择双边或多边税收协定、协议等方式进行协调；而对一体化程度比较高的区域性组织，如欧盟则可以开展区域性协调。

全球层面的碳税是碳税最理想的模式，但需要在全球范围对碳税税率水平加以协调，并由一个国际组织统一征收协调，这都将涉及国际主权问题，因此将会非常艰难。但在全球范围内引入碳税，开展区域性协调都是为全球层面碳税协调提供基础。碳税的全球性协调可以在时机成熟时运作。

从上面的分析中可以看出，三个碳税的国际协调模式是相互联系的，并没有明显的时间界限。

7.1.2 碳税国际协调的路径

碳税的国际协调是一条漫长而又艰难的道路。从近期看，碳税国际协调要在全球范围内实施，还需要克服一些非常困难的实际障碍。有鉴于此，有必要从“小规模”开始，即从双边、多边到区域范围，逐步扩大发展到全球范围。

7.2 碳税国际协调的保障

碳税国际协调难度很大，其顺利实施需要在制度构建方面加以完善，包括税制完善和国际税收组织的构建与完善等；也需要多主体、多种经济手段的配合予以保障。

7.2.1 国家税收制度和国际税收组织的构建与完善

7.2.1.1 碳税形式的协调方式

碳税的形式选择是个关键问题，是在原有税种的基础上再重新开征一个新税种，还是完全替代现有的税种，抑或是对现有的某些税种的“改良”，是碳税国际协调中一个颇具争议的问题。Hoel（1992）认为，统一的税制既不可能完全替代现有的税制，也不能简单地加到现有税制之上。对于那些税收负担已经很重的国家，应当允许其通过减少其他方面能源税的方法予以补偿，以达到各国间与税收相关的“净重”损失的平衡。

我们认为，引入碳税时可以用以下两种方式：

（1）各国引入一个新的碳税税种，即对化石燃料征收的碳税。但引入新的税种，并不能替代现有税种，各国可根据税收负担状况对现有的能源税进行调整，前提是各国不能将现有的相关税收负担降低到协议所规定的最低水平之下。

（2）对现有税种进行改良。各国可以自主改变现有的税制，形成有区别的碳税税制。但之前对化石燃料课征较高税收的国家应承担较高的协调税率。

7.2.1.2 取消国家层面对碳税的补贴和减免

开征碳税的国家为避免碳税对国际竞争力的影响，通常对能源密集型行业采用补贴和减免的方式，结果往往使碳税的效果降低。在碳税国际协调实施中，应在协定中包括一些对上述补贴和减免的额外限制，以避免任何一方逃避协议的责任。

7.2.1.3 建立区域性或全球性国际税收组织

区域性或全球性碳税国际协调是碳税国际协调的较高阶段。从目前全球范围内已经成立的24个区域性贸易或经济组织的情况来看，除欧盟外，大多数区域性贸易或经济组织还只是松散型组织，处于国家联盟的初级阶段。这些区域性贸易或经济组织内部成员国之间在政治制度、宗教、文化、经济发展水平、经济制度和税收制度等方面都存在不同程度的差异。为了更有效地进行税收协调，在区域性贸易或经济组织内成立一个超国家的专门机构对税收乃至经济进行协调，则显得至关重要。不具备条件的也可在区域性贸易或经济组织内部成立一个经济委员会或税收委员会。只有这样，碳税的国际协调才能得以顺利进行。

有专家学者倡议成立一个专门处理世界范围内税收事务的国际性组织，称为世界税收组织，也称为WTO（World Taxation Organization）来进行世界范围的税收协调。其宗旨：一是制定国际税收组织原则，并在该原则框架下通过政府间谈判的形式，来强制性地协调各国的税收政策和税收征管，促进税收合作；二是提供一个解决税务争端的仲裁机制，解决各国在对跨国纳税人征税过程中发生的争议；三是征收全球税，建立组织基金，发挥国际财政的职能，可作为组织运作经费的一个来源，或作为援助发展中国家、提高其征管水平的技术援助资金。但在全球或区域的范围内建立一些超国家的机构，在谈判时是十分困难的，不仅要耗费很长的时间，且可能因为涉及各国的国家主权而产生许多冲突，最终将延缓碳税国际协调的进程。另外，成立一个新的国际组织能否实现更有效的税收管理，这一点还具有不确定性。

当前，在世界范围内存在的大量国际组织，在不同的领域内促进了国家间的合作。在世界范围内，联合国、世界银行、世界贸易组织、国际货币基金组织等国际组织在全球公共产品的供给中都起着极其重要的作用。联合国的宗旨是为了促进世界和平；世界贸易组织的宗旨是提供自由贸易；世界银行宗旨是“通过促进生产事业的投资，开发成员国的生产源”；世界卫生组织的宗旨是“使全世界人民获得最高水平的健康”。这些国际组织为谋取全球、全人类的共同福利，弥补了全球公共产品提供的不足，也解决了单个民族国家不能够解决的问题。因此，考虑利用现有的国际组织，既避免了因新增设国际组织而引起的争议，也可以充分利用国际组织已经较为成熟的运作机制发挥作用。

当前的国际组织涉及税收协调领域的国际组织，主要有国际货币基金组织和世界银行，他们都非常关注各国税制发展动态，支持发展中国家的税制改革。世贸组织、经济合作与发展组织以及欧盟都直接参与了税收国际协调。世贸组织在解决影响国际贸易的税收障碍方面作出了积极的探索和贡献；经济合作与发展组织的《OECD 协定范本》在消除各国双重征税方面效果显著；欧盟则在税收一体化方面作出了突出的贡献。但这些组织都并不是专门的国际税收组织，在税收事务处理方面并不占优势。

联合国经社理事会下属的税收事务国际合作特别专家小组 2003 年提出的《国际税收合作的制度框架》（Institutional framework for international tax cooperation，以下简称《框架报告》），其中关于将税收事务国际合作特别升格为政府间委员会的提议值得关注。该报告认为，在处理国际税收问题中，几乎所有的国际税收“游戏规则”都出自被称作“富国俱乐部”的 OECD，有必要把“专家小组”升格为一个政府间的委员会，建立一个服务于发展中国家利益的国际税收合作中心，改变发展中国家的被动局面。该委员会的设置，可参照国际联盟时期下属财政委员会（the Fiscal Committee）的范例（该财政委员会曾经在国际税收事务中发挥了重要作用）。《框架报告》还建议：新的税收事务国际合作委员会的成员，应依照经社理事会下属其他委员会和实体的一般程序，经选举产生，在委员会中应当继续保持发达国家、发展中国家和经济转型国家的代表席位，以充分反映不同国家集团的呼声和利益。在税收事务国际合作委员会中也要设置一个长期性、专职的税收专家组，其最佳的成员结构是从会计、经济和法律专业中遴选专业人员。专家组的领导要由一位熟知国际税收事务的资深官员担任。若资金充足，专家组的成员可以不定期地与各成员国代表会晤，与他们商讨各项国际税收协调、对话方面的具体问题；或代表联合国秘书长参加各类活动，如参与由世界银行、IMF 和 OECD 共同发起的国际税收对话论坛等。该税收事务国际合作委员应专门从事与国际税收合作、协调有关的工作。①

我们比较赞同上述观点，将联合国下属的联合国经社理事会下属的一个“税收专家组织”，发展成为联合国下属的政府间组织——国际税收委员会，用于处理碳税的国际税收协调和合作工作，这将收到事半功倍的效果：一是该组织的建立方面，是将原有的机构升格，而不是新设置一个机构，大大缩减了国际谈判的时间，比较容易为国际社会接受；二是组织的成员选择方面，在委员会中应当对发达国家、发展中国家和经济转型国家的代表席位按照合理的比例设置，以便发展中国家在国际税收事务处理中也有“话语权”；三是组织的机构设置方面，应按研究课题设立常设工作组，对每一问题首先制定出基本框架，然后开会征求各国政府代表的意见，综合各方意见后，形成报告，作为不具有约束力的税收指导原则。其法律效力类似于现行的税收协定范本，各国在制定税收政策、实施税收征管和进行双边谈判时作为重要的参考依据。这些国际税收规则经过充分的实践、补充和完善后，形成统一的原则，逐步具有法律约束力。

7.2.2 强调国际履约机制

一项国际制度能否顺利实施，国际履约和遵约机制是关键。履约和遵约机制是在有关条约框架内解决可能出现的不遵约问题，在迄今为止国际社会制定的 240 多项全球性或区域性国际环境条约中，大多数都有国际履约或遵约的保障机制。但由于遵约问题的复杂性和政治敏感性，在国际环境条约谈判过程中确定遵约机制非常困难，因此，多数国际环境条约本身并未详细规定处理遵约问题的制度，而是授权缔约方会议制订相关的机制和程序。

---

① 凌岚：“建立国际税收组织的动议、发展趋势与我国的对策”，《涉外税务》，2004 年第 5 期。

当前，国际环境条约中的遵约机制大多强调以促进性措施为主，惩罚性措施为辅助。由于强制性的惩罚措施更加容易招致缔约国的反对，引起缔约国之间的对抗，损害条约的实施效果，因此强制性措施并没有普遍使用。从已经缔结的几个著名的国际公约中不难发现这一特点：《巴塞尔公约》遵约机制对此未作规定；《生物安全议定书》遵约机制有意回避了“更为严厉的措施”，留给以后的缔约方会议决定；《蒙特利尔议定书》遵约机制规定，可根据关于暂停条约实施的适用国际法规则，暂停议定书规定的具体权利和特权，包括缔约方与工业合理化、生产、消费、贸易、技术转让、财务机制和体制安排有关的权利；《京都议定书》遵约机制规定，对于不遵约的发达国家和经济转轨国家，强制执行分支机构可暂停其参加温室气体减排贸易的资格，如缔约方排放量超过排放指标，还将在该缔约方下一承诺期的排放指标中扣减超量排放 1.3 倍的排放指标①。可以看出，《蒙特利尔议定书》和《京都议定书》遵约机制虽规定了强制性措施，但也都对强制措施的适用进行了限制，仅限于一再发生的重大违约情况。分析其原因，一方面是从程序上看，要真正决定采取强制性措施相当困难；另一方面也是就缔约方会议决议建立的遵约机制而言，法律约束力有限。

碳税的国际协调，特别是在全球性碳税协调中，必然要以国际条约的形式加以约定。条约中应强化国际履约和遵约机制，提高其法律约束力。为此应设立“履约和遵约委员会”这一机构，并设秘书处，负责启动日常事务。其主要任务包括提供咨询，包括就发展中国家和经济转轨国家如何获得财政和技术援助提供建议；协助收集和汇报数据，提供信息、培训、转让技术，协助建立和加强管理体系等；定期审查履约计划的实施情况；对不遵守条约的情况，进行警告和公布，对仍有可能发生不遵约情况，应采取更为严厉的惩罚性措施。

7.2.3　强调多种手段配合促进碳减排

碳减排是个非常复杂的问题，涉及政治、经济等多方面因素，单纯依靠碳税这一种经济手段解决所有问题是过于理想化了，必须综合运用多种可以

---

① 苟海波、孔祥文：“国际环境条约遵约机制介评”，中国外交部网站。

选择的手段，发挥优势互补的作用以应对气候变化。

实现碳减排目标，使用较多的手段主要包括：限量与交易、碳税政策和碳税措施（PAMs）。前面的章节已经分析，这三种手段各有优缺点，三者之间是互补关系。因此，在碳税的国际协调中，不能夸大三者之间的差异而将它们割裂起来，应该相互配合，将三种方法结合起来，实现优势互补，在应对气候变化的过程中发挥最大的作用。

在三种手段的综合使用中，国内外学者作了很多探讨。崔大鹏①（2003）认为，应运用综合方案解决《京都议定书》的难题。其思路是：首先根据气候谈判达成的减排二氧化碳的终结目标按全球人均标准分配排放配额（排放权），这样绝大部分国家的现实排放量会大大超过排放配额，此时，不会存在所谓的“热空气”问题，而且，排放权交易市场上的许可证应是货真价实的。然后，对超出配额的排放量征收碳税。发达国家所征碳税上缴多边基金，按历史人均累计排放量的价格补偿发展中国家，用于技术转让和能力建设等方面的项目。同时，对国际气候谈判中尚无法量化的或难以达成协议的减排问题，采用 PAMs 方法去解决或使其进入减排的正确轨道。这一思路为我们在碳税的国际协调中综合运用多种手段达到促进全球碳减排提供了借鉴。

7.2.3.1 同碳排放权交易制度的配合

碳排放交易制度也是当前国际社会公认的有效解决碳减排的手段之一。虽然正如本书在第 2 章所分析的那样，与碳税相比，限额——交易制度存在一些局限性。但是，限额——交易制度往往能达到碳减排的短、中期目标。而短、中期目标正是最终避免危险性气候变化成功的关键。从减缓气候变化的角度看，税收使价格具有很大的确定性，而限额——交易制度则为环境保护带来更大的确定性。因为严格执行配额制能够保证排放总量的上限，从而使市场进行调整。美国酸雨方案就是实行限额——交易制度带来实质性环境受益的例子。1995 年制定该方案，其目标是减少 50% 的二氧化硫排放量。可转让的许可配额分两个阶段分发给发电厂和其他二氧化硫排放密集的单位，为快速的技术变革创造了动力。现在，这些目标都即将实现。

碳税国际协调的顺利实施，最佳方法是将碳税和碳排放交易配合使用。

---

① 崔大鹏：《国际气候合作的政治经济学分析》，商务印务馆 2003 年版，第 185 页。

对于发达国家来说，应在积极引入碳税的同时，根据《京都议定书》规定的减排目标来建立限额——交易制度，并与澳大利亚、欧洲、日本和美国的新兴碳市场结合起来，为全球碳交易提供一个框架结构。发展中国家也应在自愿减排的基础上，确定可持续发展的减排目标，积极探索引入符合本国国情的碳税制度，要建立自己的限额——交易制度，逐步融入到国际系统中。

7.2.3.2 同管制手段的配合

仅仅依靠碳定价的方法实现碳减排的目标是行不通的，有很多障碍只能通过政府行为来消除，即发挥政府“看得见的手”的作用。关于管制的公共政策、能源补贴和信息在应对气候变化中都起着关键作用。当前提出的向低碳经济模式转变的前景，如改变能源结构需要大量的前期投资和长期的远景规划等，都不能在市场内部自行解决，以补贴和激励机制为后盾的政府管制机制在决定能源结构上起着关键作用。行之有效的公共政策有助于实现全球气候安全、国家能源安全及生活水平的“双赢”的成果。因此，管制手段仍然应该在应对气候变化领域发挥重要作用。

但要说明的是，管制手段在国际层次执行几乎是不可行的，在全球范围内削减碳排放，更多地需要灵活的市场手段。管制手段可以在国家层面发挥作用，以促进碳税国际协调目标的实现。

7.2.4 发挥非政府组织的作用

气候变化问题需要集体行动，全球治理。在全球治理中，合作主体呈现出逐渐扩大的趋势。由于全球市民社会的兴起，政府组织与非政府组织的合作越来越为人们所接受。正如联合国全球治理委员会指出：“治理在世界层次上一直被主要视为政府间的关系，如今则必须看到它与非政府组织、各种公民运动、跨国公司和世界资本市场有关。”许多国家的政府已经认识到非政府组织的重要性，通过建立与各种非国家行为体之间的协作联盟以提高自身处理跨国威胁的能力。在这些协作联盟中，非政府组织的作用尤其不容忽视。

环境非政府组织大概可以划分为研究型、战略型和行动型三类。这种分类大概能够反映环境非政府组织的资源、目标定位与其行为策略的关系。当然也有些非政府组织兼具某两方面或三方面的优势。研究型非政府组织

（包括一些独立的科研机构）一般具有智力优势，拥有自己的研究力量，可以直接提供谈判方案，直接影响和推动国际气候制度的进程，也可以应对气候变化的技术行动。战略型非政府组织一般有政府背景。前世界银行首席经济学家尼古拉斯·斯特恩爵士于2006年10月完成的《斯特恩报告》就是在英国政府和时任首相布莱尔的邀请下完成的。这份报告全面反映英国政府的主张和战略思想。2008年6月，在布莱尔办公室和气候组织专家的支持下，英国首相布莱尔发表了《打破气候制度僵局：通往低碳经济未来的全球协议》报告。该报告总结了当前国际气候制度构建的基本议题和选择，布莱尔及其组织以此积极游说八国集团的领导人，希望各国首脑能够积极推动全球协议谈判进程。行动型环境非政府组织侧重舆论影响、发动组织大众参与，行动方式也丰富多彩。行动型非政府组织一般倡导或支持较为激进的减排目标。欧盟推崇的2℃升温上限目标为WWF（世界自然基金）等许多环境非政府组织所接受。在巴厘岛会议上，许多环境非政府组织认为各国代表应该接受IPCC第四次评估报告中提出的与2℃升温目标相对应的450ppm浓度水平作为谈判目标。其中，WWF和绿色和平等希望能够达成有约束力的“巴厘授权”，从而彻底为2009年达成全球协议铺平道路①。

碳税的国际协调，也需要发挥非政府组织的作用。不论是在科学认证方面，还是在舆论宣传方面，非政府组织都能起到有益的补充作用。碳税国际协调应充分调动国际社会各种行为体，形成合力应对全球性气候变化风险。

① 王伟光：《应对气候变化报告（2009）》，社会科学文献出版社2009年版。

第 8 章

碳税国际协调框架下的中国碳税制度构建

8.1 碳税国际协调框架下中国碳税制度的把握

碳税只有在全球范围内实施，才能实现其有效性，减少“碳泄漏”，因此碳税的国际协调是未来碳税制度发展的趋势。中国现行税制中已经体现了应对气候变化的政策理念，并在节能减排方面取得一定的效果，但尚没有开征碳税。为了应对来自国际社会的压力，也同时有助于树立中国“负责任大国”的形象，引入碳税是中国的必然选择。

中国碳税制度的设计，不但要借鉴发达国家的成功经验，结合中国的国情循序渐进地引入，还应考虑在碳税国际协调的框架下进行，考虑如何应对发达国家通过碳税对发展中国家实行可能的经济遏制等现象，从而可以事先完善制度设计，避免被动的事后应对。

8.1.1 应对国际社会的压力

中国作为世界上最大的碳排放国家之一，毫无疑问承受着巨大的国际压力。

8.1.1.1 中国的碳排放现状及减排目标的压力

作为世界上最大的以煤炭为主的能源消费国之一，中国的碳排放量逐年增加，而且增长很快。2006 年，中国的二氧化碳排放已经达到 62.3 亿吨，占全球二氧化碳排放的 23%，已经超过美国成为世界第一，其中新增排放占全球新增排放的 2/3。2007 年，中国的二氧化碳排放总量达 67.2 亿吨，比美国高出 14%，占全球二氧化碳排放的 24%，而美国占 21%，欧盟占 12%，印度为 8%，俄罗斯为 6%①，中国已经成为世界上最大的二氧化碳排放国之一，减排压力巨大。

虽然依照“共同但有区别的责任”原则，《京都议定书》暂时没有规定发展中国家的减排义务，但根据“巴厘岛路线图”达成的协议，2012 年以后发展中国家也要在可持续发展的前提下采取对国家合适的减排行动，同时这种行动要以可测量、可报告、可核实的方式提供技术、资金和能力建设方面的支持，首次明确提出了发展中国家的责任。以美国为首的发达国家更是以此为借口，忽略中国从人均排放量一直低于世界平均水平的事实，要求中国承担“大国责任”。

在哥本哈根会议前，中国政府宣布减排目标为到 2020 年，单位 GDP 的二氧化碳排放比 2005 年下降 40%—45%，作为约束性指标纳入国民经济和社会发展中长期规划，并制定相应的国内统计、监测、考核办法。这一减排目标虽为中国赢得了国际社会的赞誉，为中国树立起“负责任大国”的形象，但也为中国的经济发展带来了极大的压力。中国目前的经济发展相对较低，正处于工业化、城镇化过程当中，距离完成工业化还有相当长的一段距离，温室气体排放增长较快难以避免。因此，要达到这一目标，必须采用碳税等经济刺激手段，促进产业结构调整，发展低碳经济。

8.1.1.2 碳关税及其他非关税贸易壁垒的压力

在应对气候变化的政策框架下，欧盟、美国等一些发达国家和地区正通过对尚未设立碳价格信号的国家进口的商品和服务征收“碳关税”，以保护本国产品的国际竞争力，并避免全球范围内的“碳泄漏”。这将导致中国一

① 胡鞍钢、管清友：《中国应对全球气候变化》，清华大学出版社 2010 年版。

些耗能较高、附加值较低的制造业产品的出口中间费用及附加费用增加，从而使出口产品的生产成本提高，国际竞争力面临着挑战。

当下所说的"碳关税"，并不是纯粹意义上的关税，而是一个非常笼统的概念。"碳关税"涵盖了国际社会可能采取的三方面的措施：一是直接对产品或服务征收的关税；二是通过边境调节税的手段对产品和服务的进口环节征税；三是强制要求从总量排放与交易体系（CAT）或排放权交易体系（ETS）下购买排放额度。事实上，后两种做法都属边境调整措施，只是一种是相对于税收形式的调整；一种是对没有实施碳税而实行限额——交易制度的国家进行的调整。

虽然上述做法在 WTO 框架下的合理及合法性尚存在着争议，但中国应积极研究应对措施。引入碳税则是其中最关键的环节。一方面可以向国际社会发出中国主动实行碳定价机制的信号，表明中国负责任的国际社会形象；另一方面，也为主动参与全球碳税协调，应对美国等国家在出台碳税后的国际协调增加砝码。

8.1.2 国内的生态和经济发展压力

8.1.2.1 中国的生态环境压力

全球气候变暖已经是不争的事实，政府间气候变化专门委员会 IPCC 四次评估报告已经提供了科学的论证。中国政府 2007 年发布的《中国应对气候变化国家方案》表明，中国气候变暖趋势与全球基本保持一致，未来的气候变暖趋势将进一步加剧。最新模拟结果显示：预计到 2020 年，中国年平均气温可能比 20 世纪后 20 年升高 0.5—0.7℃；到 2030 年，可能升高 0.6—1.0℃；到 2050 年，可能升高 1.2—2.0℃，到 21 世纪，可能升高 2.2—2.4℃

气候变暖对中国的生态环境和经济发展造成了很大的影响。主要表现在以下几个方面：一是极端气候事件发生的频率和强度变化明显；二是气候变暖对中国自然生态产生了不利影响；三是气候继续变暖将威胁到中国的生态系统与经济安全。

8.1.2.2 转变经济发展方式，发展低碳经济的要求

应对气候变化，转变经济发展方式，发展低碳经济已经成为国际社会的共同的理念。低碳经济是实现可持续发展的具体路径和必由之路，包括中国在内的发展中国家将和发达国家站在同一条起跑线上，共同探索这种新的发展模式。

一直以来，中国实行的是粗放型经济发展模式，经济结构不合理，为经济发展带来诸多矛盾和问题。当前世界范围内开展的转变经济发展方式，向低碳经济转变的发展模式为中国转变发展方式提供了良好的契机和外部环境，将推动中国产业结构的战略性调整和产业升级，促进节能减排技术的发展，促进转变外贸增长方式，进一步抑制高耗能产品的出口，逐渐扭转高耗能产业在国民经济中占比过重的趋势。

碳税作为重要的环境政策工具，对于调整产业结构，促进节能减排，发展低碳经济都具有现实的意义。碳税的作用原理，主要是通过化石燃料和其他高耗能产品的价格上涨，刺激消费者减少此类产品的消费，最终达到减少使用化石燃料，继而减少二氧化碳以及其他污染物排放的目的。通过开征适度的碳税，一方面通过加重高耗能企业和高污染企业的税收负担，抑制高耗能、高排放产业的增长，促进产业结构的调整；另一方面，企业在成本提高的压力下，将主动探索和利用可再生能源，加快淘汰耗能高、排放高的落后工艺，研究和使用碳回收技术等节能减排技术，积极探索向低碳经济模式的转变。

8.1.3 主动引入碳税，完善“绿色”税制，实现同国际接轨

碳税作为国际社会应对气候变化的主要经济手段，未来必将成为国际社会的一种趋势。发达国家在环境税制的研究方面已经取得了很多成效，普遍建立以硫税、碳税等环境税税种为核心的环境税制或“绿色”税制，并在减少温室气体排放，改善生态环境，实现可持续发展方面发挥着积极作用。

近年来，中国提高税制“绿色化”程度的理念不断加强。现行税制中也存在着一些与环境保护相关的税种，如资源税、消费税等，但目前尚缺乏独立的环境税种，尚未建立起符合市场经济的环境税制度，在保护生态环境方面的作用有限。

将碳税作为一个独立税种或者作为环境税的一个税目开征，将有助于中国环境税制的完善，提高税制的“绿色化”程度。另外，根据收入中性原则，可以将开征碳税的收入，用于弥补减少其他扭曲性税收的收入，实现整个税制结构的完善和优化。所有这些，都将有助于实现同国际社会的接轨。

8.2 中国应对气候变化的税收政策现状

“地球是你们的，也是我们的。”作为最大的发展中国家之一，中国充分认识到在应对气候变化问题上必须采取全球共同治理的方式，任何单个国家的行动都将难有作为。虽然依照《京都议定书》规定，中国没有强制性减排的义务，但一直以来中国为应对气候变化，减少温室气体的排放，促进节能减排，发展低碳经济等进行着积极的探索和努力。早在《中华人民共和国国民经济和社会发展第十一个五年规划纲要》中，中国政府就提出了“十一五”期间单位国内生产总值能耗降低 20% 左右，主要污染物排放总量减少 10% 的约束性指标。在 2009 年 12 月 7—19 日召开的哥本哈根联合国气候变化大会上，中国政府宣布将在 2020 年将单位碳排放比 2005 年减少40%—45% 的目标，表明配合国际社会承担大国社会责任的决心。

税收政策在应对气候变化中的重要作用已经被中国政府充分认识。中国在税制改革和完善过程中，逐步调整税制绿色化程度，以积极应对气候变化，促进节能减排和低碳经济的发展。目前中国尚没有独立的专门针对气候变化的环境税或碳税，与气候变化关系密切的税种主要有资源税、消费税和车船税等，同时，为了配合“十一五”规划提出的节能减排目标，现行税制的多个税种中也包含了大量的体现鼓励清洁生产，提高效率，促进产业和技术升级的税收优惠政策。但总体看，目前与环境相关的税制体系尚未建立，相关税种收入比重较小，难以有效地发挥经济手段的调节作用。

8.2.1 应对气候变化主要相关税种

8.2.1.1 资源税

资源税是对所开采应税矿产品和生产盐的单位和个人按销售量或自用量定额征收的税种。资源税在1984年开征之初，只对原油、天然气、煤炭三种矿产品，按销售利润率设起征点、超率累进征收的方法征收，1994年分税制改革中恢复和扩大了资源税的征收范围，将实际征税范围扩大到原油、天然气、煤炭、其他非金属矿原矿、黑色金属原矿、有色金属原矿和盐等7个类别，同时取消了盐税。近年来，相关部门根据资源税运行中的实际情况，对资源税部分应税产品的税额、征管规定等方面又相继进行了局部的调整，最主要的是大幅度提高了征收标准。

现行的资源税在保护和促进自然资源的合理开发和利用，调节级差收入等方面发挥了重要的作用，但也存在很多问题。我国1984年开征资源税时，将其定位于调节矿山企业由于矿产资源自然及经济条件优越而引起的级差收益，纳税人具体适用的税额主要取决于资源的开采条件，却与资源开采造成的环境影响无关，这就极大地限制了资源税应有的环境保护作用，不利于将资源开采的社会成本内部化，对遏制资源浪费的作用有限。因此，完善资源税首先应该将其在“科学发展观”、“建设资源节约型、环境友好型社会”和“节能减排”的大视野下重新定位。按照可持续发展的需要，将外部成本内在化，把保护环境，促进资源可持续利用的理念作为征收资源税的政策目标。

8.2.1.2 消费税

现行的消费税是在对货物普遍征收增值税的基础上，选择少数消费品再征收的一个税种。主要包括对鞭炮焰火、汽油、柴油以及小汽车、摩托车等直接或间接排放温室气体的产品征收。征收消费税对促进减少温室气体的排放，应对气候变化方面发挥一定的作用。而其中2008年中国进行的燃油消费税的改革，可以说是与应对气候变化关系最为紧密的一项改革了。

早在1994年，有关部门就提出过开征燃油税的动议。初衷主要是通过税费改革解决养路费征收不公平，根治公路乱收费现象，同时为公路建设和维护提供稳定、可靠的资金来源。1997 年 7 月 3 日，全国人大常委会通过公路法，首次提出以燃油附加费替代养路费，从 1998 年 1 月 1 日起实施。1999 年 10 月 31 日，全国人大常委会通过公路法修正案，规定国家采用依法征税的办法筹集公路养护资金，具体实施办法和步骤由国务院规定。2000 年 10 月 22 日，国务院将燃油税列入交通和车辆税费改革实施方案，拟在适当时机开征。但是，由于近年来国际油价居高不下等原因，燃油税一直没有开征。

时隔多年之后，燃油税改革已经不再是单纯的“费改税”，改革承担了促进科学发展，节能减排，保护环境，构建资源节约型和环境友好型社会等更多的“使命”。这一目标，通过对目前消费税成品油税目的改进同样可以达到，因此就没必要开征独立的燃油税。由于调整消费税，不涉及新设税种，税收立法和征纳成本不会有大的增加，便于操作，还能起到简化税制、公平税负的作用，因此，本次改革选择了对目前消费税成品油税目的改进。

2008 年 12 月 18 日，国务院发出《关于实施成品油价格和税费改革的通知》。2008 年 12 月 19 日，财政部、国家税务总局联合发出《关于提高成品油消费税税率的通知》（财税［2008］167 号）和《关于提高成品油消费税税率后相关成品油消费税政策的通知》（财税［2008］168 号），决定从 2009 年 1 月 1 日起实施成品油税费改革，主要包括取消公路养路费、航道养护费、公路运输管理费、公路客货运附加费、水路运输管理费、水运客货运附加费 6 项收费；逐步有序取消政府还贷二级公路收费；提高成品油消费税单位税额。加上现行单位税额，提高后的汽油、石脑油、溶剂油、润滑油消费税单位税额为每升 1 元，柴油、燃料油、航空煤油为每升 0.8 元。

成品油价税费改革是在国际金融形势动荡、国内经济社会发展与资源环境矛盾突出、节能减排工作形势严峻的背景下推出的，改革体现了“多用油多负担，少用油少负担”的原则，在促进节能减排，推动汽车工业的技术进步和结构调整方面有着重要作用。

8.2.1.3　车辆购置税

车辆购置税是对在中国境内购置应税车辆的单位和个人征收的一种税，

实行从价定率的方式征收，税率为 10%。为了鼓励对小排量车辆的购买，对 1.6 升及以下排量的乘用车实行优惠政策，2009 年的征收比率是 5%，2010 年为 7.5%。鼓励小排量汽车的使用，客观上对减少温室气体排放，应对气候变化起到一定作用。

8.2.1.4 车船税

对中国境内的车辆、船舶的所有人或者管理人，按其适用的计税单位从量定额征收。主要是为了组织收入、控制车船的使用和消费。通过对车船的征收，起到一定程度的减排作用。

8.2.2 促进节能减排、资源综合利用的税收优惠政策

现行的增值税、企业所得税、营业税等相关税种中，都有多项针对节能减排，促进资源综合利用的税收优惠政策。现行的进出口税收政策，实行对部分“两高一资”（高耗能、高污染、资源性）产品加征出口关税，并取消部分资源性产品的出口退税政策，调低资源类、基础零部件类、日用品类产品的进口关税税率，减免进口环保设备税收等系列优惠政策。

值得一提的是，2009 年中国对清洁发展机制基金及清洁发展机制项目实施企业实行企业所得税优惠政策，体现了中国政府对运用税收手段应对气候问题的重视。具体内容包括：

（1）中国清洁发展机制基金（以下简称“清洁基金”）取得的下列收入免征企业所得税：清洁发展机制项目（以下简称“CDM 项目”）温室气体减排量转让收入上缴国家的部分，国际金融组织赠款收入，清洁基金资金存款利息收入，购买国债利息收入，国内外机构、组织和个人的捐赠收入。

（2）CDM 项目实施企业按照国家发展和改革委员会等部门制定的《清洁发展机制项目运行管理办法》将温室气体减排量的转让收入按照以下比例上缴国家的部分，可以在计算应纳税所得额的时候扣除：氢氟碳化物（HFC）和全氟碳化物（PFC）类项目，为温室气体减排量转让收入的 65%；氧化亚氮（N_2O）类项目，为温室气体减排量转让收入的 30%；《清洁发展机制项目运行管理办法》第四条规定的重点领域和植树造林项目等类清洁发展机制项目，为温室气体减排量转让收入的 2%。

（3）企业实施的将温室气体减排量转让收入的 65% 上缴国家的 HFC 和 PFC 类 CDM 项目，将温室气体减排量转让收入的 30% 上缴国家的 N_2O 类 CDM 项目，其实施该类 CDM 项目的所得，自项目取得第一笔减排量转让收入所属纳税年度起，第一年至第三年免征企业所得税，第四年至第六年减半征收企业所得税。

8.3 中国碳税制度设计

由于中国目前还没有独立的环境税种，因此研究开征碳税对构建环境税制，完善我国税制体系意义重大。碳税税制的具体设计，包括课税对象、征税环节与纳税人、税率、税收优惠，以及税收收入的归属与使用等税收要素的设计，既要借鉴国外碳税先进经验，又要结合中国的现实国情，坚持循序渐进的原则。

8.3.1 征税对象

确定课税对象是税制设计中关键的一个环节。顾名思义，碳税的课税对象应该是对生产经营和生活过程中向大气排放的二氧化碳。而化石燃料的使用是产生二氧化碳的主要原因，因此，将化石燃料作为最终的课税对象是顺理成章的。具体应包括煤炭、天然气、成品油等化石燃料。

8.3.2 计税依据

开征碳税的主要目的是减少化石燃料的二氧化碳排放量，因此其课税对象理所当然应该选择二氧化碳的排放量。然而，正如在前面章节论述的那样，对二氧化碳的排放量征税，需要系统的信息和征管手段的技术性，其成本与税收收入相比是不对称的，因此出于可操作性的考虑，对二氧化碳排放量直接课征存在一定困难。

中国可以考虑借鉴西方发达国家的经验，同时考虑二氧化碳排放是因为消耗化石燃料而产生的，因此在开征之初可以将煤炭、天然气、成品油等化石燃料按照含碳量测算的排放量作为碳税的计税依据，待测量手段提升等条件具备后，再充分考虑是否以二氧化碳的排放量作为计税依据。

8.3.3 征收环节与纳税人

对化石燃料的征收环节主要包括生产环节和消费环节，不同的征收环节各有利弊。

（1）在生产环节征税，由化石能源的生产、精炼、加工企业缴纳。通常情况下，生产企业会通过提高化石燃料价格的方式将税负转嫁给最终消费者。这种模式，相对于消费环节征税，可以实现税款的源头扣缴，减少偷逃税的机会，从而在一定程度上保证税款的及时足额征缴。

（2）在消费环节征税，即批发或零售环节，由化石能源的销售商缴纳。原则上来看，由于碳税的纳税人是消耗化石能源的企业和居民，在消费环节采取价外税的形式向消费者征税，更加清晰透明，有利于提高消费者减少能源消耗的意识。但在消费环节征税，对税收征管水平要求较高。

中国现行消费税对成品油的征收是在生产环节，资源税对煤炭、天然气和石油的征收也是在生产环节。因此，从实际管理和操作角度考虑，在生产环节征税更有利于税收的管理和源泉控制。纳税人则确定为煤炭、石油和天然气的开采企业以及汽油、柴油等成品油的精炼、加工企业。

8.3.4 税率

从世界开征碳税的国家经验看，碳税税率的设计是个难点。碳税税率设计过高，将影响到本国企业的竞争力，对外贸产生不利的影响；碳税税率设计过低，则达不到刺激减排的目的。中国碳税制度设计，碳税税率水平也是个关键。特别是在碳税国际协调的未来趋势下，合理的碳税税率水平是决定着碳税国际协调成功与否的关键。

当前对中国碳税税率的设计，大多主张从低方案起征、循序渐进的原则。对于碳税税率的起征方案，目前主要有以下几种：

王金南等（2009）采用国家发展和改革委员会能源研究所自主开发的中国能源政策综合评价模型——能源经济模型（IPAC - SGM 模型），

模拟不同碳税方案对中国国民经济、能源节约和二氧化碳排放的影响，进而提出未来中国碳税方案。中国碳税税率方案宜遵循逐步提高、循序渐进的原则，2012 年征收碳税税率为 20 元/吨二氧化碳，2020 年提高到 50 元/吨二氧化碳，2030 年再提高到 100 元/吨二氧化碳。折合成各种燃料的碳税税率方案如表 8－1 所示。

表 8－1　碳税税率方案

指标	2012 年	2020 年	2030 年
碳税税率（元/吨二氧化碳）	20	50	100
煤炭碳税（元/吨煤）	11	27	54
石油碳税（元/吨石油）	17	44	87
天然气碳税（元/千立方米）	12	29	59

资料来源：王金南等："应对气候变化的中国碳税政策研究"，《中国环境科学》，2009，29（1）。

财政部科研所苏明等在《中国开征碳税问题研究》等系列报告得到社会的高度认可。该报告认为在中国开征碳税的条件基本成熟，并在国际经验借鉴基础上，对中国碳税的基本税收制度以及开征碳税的"路线图"提出了基本的设计思路。他们认为从税率形式上看，需要采用从量计征的方式，即采用定额税率形式。从税率水平来看，应遵循以下原则：一是税率水平应最大限度地反映减排二氧化碳的边际成本；二是税率水平应该考虑对宏观经济和产业竞争力的影响；三是税率水平的设计应该充分考虑差别因素；四是税率水平应该循序渐进地提高。苏明等采用的碳税 CGE 模型，根据测算开征碳税的效果、碳税对各个产业部门经营活动的影响、对物价的影响、对 GDP 的影响以及对居民消费的影响等结果，按照从低方案起征、循序渐进的方式，提出中国碳税税率征收方案（见表 8－2）。

表 8－2　　二氧化碳设计税率水平

税率	2012	2020
碳税（元/吨二氧化碳）	10	40
其中：原煤碳税（元/吨）	19.4	77.6
原油碳税（元/吨）	30.3	121.2
汽油碳税（元/吨）	29.5	118
柴油碳税（元/吨）	31.3	125.2
天然气碳税（元/千立方米）	22	88

注：（1）假设在2012年开征碳税；（2）碳税税率与煤炭、石油和天然气的碳税税率的换算关系为：1元/吨二氧化碳＝1.94元/吨煤炭＝3.03元/吨原油＝2.95元/吨原油＝3.13元/吨原油＝2.2元/千立方米天然气。

国合会政策研究报告（2009）《能源效率和环境保护经济政策》则进一步提出，为了减少开征阻力和减少对经济的影响，建议在碳税开征初期选择低税率起步的做法，即碳税税率采用最高不超过15元/吨二氧化碳的水平开征，并可以根据实际需要设计5元/吨二氧化碳、10元/吨二氧化碳和15元/吨二氧化碳作为高、中、低三种选择方案。而在开征后，再根据社会经济的实际情况逐步提高碳税税率水平，建立碳税税率的动态调整机制。

综合各方观点来看，碳税税率的设计一方面要对纳税人二氧化碳减排行为形成激励，另一方面又不能过多影响中国能源密集型产业的国际竞争力和过度降低低收入人群的生活水平。因此，我国纳税税率设计，应该放在碳税国际协调视角下研究，关键在于以下几方面：

（1）初始值的设立，也就是碳税最初开征时的起点值设立。目前各方大多主张低标准开征，建立动态调整机制，逐步提高。但碳税的激励作用，必须是建立在某一临界值基础上的，否则很难对企业的行为产生影响。低标准起步，无疑能够减小当期开征的阻力，但从长远看，碳税应纳入国际协调的视角，应该准确地传递中国政府利用碳税进行碳减排的信心，而不是一个单纯符号意义的课征。因此，这一初始值的选择至关重要。

（2）确立明确的碳税调整时间表。碳税的开征要有明确的时间进度表，以初始值为起点，按照一定比例逐步提高，明确各目标年度碳税税率的水平。时间进度表可以明晰地传达政府的政策信息，对企业也是起提前告知作用，企业可根据时间进程表及时调整安排生产。

8.3.5　税收优惠

是否实行碳税的税收优惠政策，在国际上曾经有过争议。就国际经验看，碳税的优惠主要包括以下几个层面：对能源密集型行业的优惠；对二氧化碳排放削减达到一定标准的（超过国家排放标准）企业给予奖励；对居民个人，主要是低收入群体的优惠。对后两者的优惠体现了税收公平的原则，基本上得到国际社会的认同。但对能源密集型行业的优惠，一直被认为会对碳税的有效性产生影响，从而在全球范围内产生“碳泄漏”问题。但大部分开征碳税的国家都采用了对能源密集行业的税收优惠，理由是碳税并没有实现全球范围的征税，以消除对这些行业的负面影响，提高其国际竞争力。比如芬兰，对电力行业免税；瑞典，对工业企业只按正常税率的一半来征收碳税；荷兰，对大规模能源的使用者不征收碳税。

碳税的税收优惠政策应区分两个阶段考虑：未进入碳税国际协调的国家阶段和进入碳税国际协调阶段（很大可能是区域性）。

首先，基于碳税短期内尚无法实现全球化的前提，在借鉴国际经验的基础上，我国碳税的税收优惠也应考虑以下几方面：

第一，对能源密集型行业实行优惠政策，尽可能减少碳税开征对其产生的负面影响。具体的优惠手段包括低税率或税收返还制度，这也是国际上为消除碳税征收对企业国际竞争力影响而采取的通行办法。虽然在客观上会降低碳税的实施效果，但有助于碳税的推行和保障产业竞争力。需要指出的是，对能源密集型行业的税收优惠政策是有“附加”条件的，这些企业必须在节能降耗方面作出积极的努力，包括与国家签订一定标准的二氧化碳减排或提高能效的相关协议等，经税务机关审核符合条件的方能减免。

第二，鼓励采取技术手段减排和回收二氧化碳，例如实行 CCS（碳捕获和储存减少排放），并达到政府制定的统一标准，甚至能够实现逐年减排的能源消耗者应给予一定的税收优惠。

第三，对个人生活使用的煤炭和天然气排放的二氧化碳，暂不征税。一方面是出于保障居民基本生活水平和维护社会稳定的考虑；另一方面也有利于减低税收征管成本。

其次，如果将碳税放在国际系统背景考察，每个国家既保障碳税的国内效率，也要考虑其应履行的国际义务，确保本国税法的透明性。所谓透明性，就是指碳税不应该充斥着大量种类繁多的税收优惠和补贴等，应在税收协调过程中，向其他签约国传递明确的诚意和可信性，即适当取消一些保护竞争力的税收优惠措施，而保留鼓励技术创新等优惠政策。

8.3.6 收入归属与使用

碳税收入归属的安排，既要充分考虑碳税在全国范围内实施节能减排战略的重要意义，以及对外统一调整相关政策以便与国际社会相协调的积极影响，同时也不能忽视地方政府的积极能动作用，因为碳税的开征及其发展确实需要充分调动地方政府的积极性，才能更好地得以执行。由此考虑应将碳税设计成为中央与地方共享税，但在分成比例上中央要占大头。

关于碳税收入的使用，从本书第 4 章的国际经验看，主要分为四种，各国大多是对这四种经验的综合使用。虽然有个别国家最初采用了专款专用的形式，但由于碳税收入规模不大，并不能独立支撑环境支出的需求，因此，最终大都将碳税收入纳入国家预算进行统一管理并规范使用。我国学者对此观点不一：王金南等建议对碳税税收实行专款专用，但苏明（2009）等认为碳税的收入有必要纳入预算管理，与其他税收收入统一进行使用和管理。

借鉴发达国家的成熟经验，中国碳税收入应纳入预算统一管理。这一方面是因为碳税最初开征标准不高，收入不足以支撑节能减排方面所需的资金要求；另一方面，将碳税纳入统一预算管理可以强化我国财政管理，合理地利用碳税收入，加大在节能环保方面的支出。由于碳税有一定的累退性，OECD 国家在实行碳税的时候，都制定了相应的补偿机制。因此，在碳税收入使用上，应加强对低收入群体的补助，建立国家专项基金，专门用于应对气候变化等方面的支出。

8.3.7 碳税的实施时机选择

碳税的实施时机选择，是关系碳税能否顺利实施的关键。当下国内理论界普遍认为中国碳税理论研究已经成熟；多年的排污收费实践也为碳税的开征提供了技术支撑；民众对应对气候变化，促进节能减排，发展低碳经济已经有较为深刻的认识，环保的理念深入人心；适逢欧盟、美国等发达国家针对发展中国家提出“碳关税”以及各种绿色非关税贸易壁垒，主动开征碳税不仅可以树立中国负责任的大国形象，更可以应对其他国家的贸易壁垒，因此建议碳税开征易及早进行。苏明等（2009）提出了中国碳税的实施路线图：中国已经在 2009 年进行燃油税费改革，资源税改革也势在必行，可以考虑在 2009 年或之后择机进行。在资源税改革后的 1—3 年期间择机开征碳税。考虑到一个阶段性出台的税种不能过于密集，需要有一段时间来消化化石燃料价格上涨的影响。在资源税改革后有必要设置一定的过渡期，再开征碳税，初步建议将碳税的实施时间确定为资源税改革后的 1—3 年期间内，即预计为2012—2013年。

本书认为，中国碳税的开征，不仅仅是简单地开征一个税种，更多地涉及我国政府在应对全球气候变化上的态度，是中国政府主动运用经济手段应对气候变化的积极举措。碳税的开征应在国际社会已经达成的国际气候制度框架下进行，遵循“共同但有区别的原则”，体现中国政府主动参与碳税国际协调的决心。因此，碳税的开征在结合国内宏观经济环境的考虑的同时，还应该考虑到国际政治、经济的影响。美国提出开征“碳关税”的时间在 2020 年，这为中国开征碳税的时间提供了一个“期限”。在当前中国为应对金融危机实施税制结构性调整的前提下，资源环境税制作为结构性增税措施可以择机出台。资源税改革应该先行一步，一方面是资源税改革方案已经论证很久，基本成熟；另一方面资源税改革可以理顺我国资源和能源的价格形成机制，同时在提高有关化石燃料的税率水平时，应该考虑为后续的碳税改革留下一定的税负空间，从而为在资源税改革基础上开征碳税提供一定的条件。因此，碳税的实施不应过急，应基于中国的实际国情，遵循循序渐进的改革思路，合理设计碳税的实施路线和步骤。但最迟不能晚于 2020 年出台碳税。

8.4 中国碳税国际协调框架

8.4.1 中国碳税国际协调基本原则

在前面章节的研究中，我们已经分析到，碳税的国际协调同一般意义上的税收国际协调是有区别的。碳税的国际协调首先是应该在国际气候制度约束下，采用碳税这一经济手段达到刺激和促进减少碳排放的目的。对各国因课征碳税而引起的税收利益冲突，应该在国际气候制度已经达成的共识基础上，按照国际税收协调的规则进行。

本书的第 6 章对碳税的国际协调的原则已经进行了阐述，中国参与碳税的国际协调应该在遵循这些原则的同时，从中国的国情出发，坚持发展中国家在应对气候变化中的原则和立场，遵循符合中国国情的碳税国际协调原则。

具体来说，中国参与碳税国际协调应遵循“坚持以负责任的主权和公平原则为前提，效率优先，应对全球公共风险”的原则。

作为一个负责任的发展中大国，中国已经充分认识到应对气候变化的重要性和紧迫性，应主张在负责任主权的前提下，积极参与切实有效的国际合作，共同应对气候变化的全球公共风险。

在气候变化问题上，发达国家工业化进程中排放了大量的二氧化碳，是造成气候变暖的主要原因，国际社会对这一点已经达成了共识。发达国家应该率先采取减排行动。发达国家同发展中国家之间的合作应该建立在“共同但有区别的责任”原则基础上。任何混淆发达国家和发展中国家责任的作法对发展中国家来说都是不公平的。对碳减排而言，不仅有历史责任、现在责任，还包括未来的责任。只有在对这三者关系清晰界定基础上，碳税国际协调才能顺利实施。

气候变化既是环境问题，也是发展问题，归根结底是发展问题。我国当前正处于经济转型的关键时期，面临着发展经济、消除贫困、应对气候变化的多重压力。发展始终是当前的第一要义，中国未来的发展中对资源的需求仍然将保持增长的态势。强调效率原则，通过参与国际协调，保障和促进我国的经济发展。

应对全球公共风险，集体行动是最佳选择。中国政府应从国情和实际出发，承担与我国发展阶段、应负责任和实际能力相称的国际义务，为应对气候变化作出应有的贡献。

8.4.2 中国参与碳税国际协调的对策建议

引入碳税是中国作为负责任的发展中大国在应对气候变化全球风险中作出的积极举措，也是中国积极参与碳税国际协调的第一步。目前国内学者所设计的中国碳税制度，大都主张采用较低的碳税税率，如国合会提出最低可以考虑 5 元/吨二氧化碳；苏明等建议中国碳税的税率水平为 10 元/吨二氧化碳，这些碳税税率的设计，更多地是强调碳税的“符号”意义。仅法国提交议会讨论的碳关税税率标准就为 17 欧元/吨二氧化碳，两者相差巨大，发达国家极有可能据此要求运用边境税收调节措施进行补差。显然仅在国内开征低水平的碳税并不足以应对国际碳关税的压力。

综上所述，建议中国参与碳税国际协调，应考虑如下对策。

8.4.2.1 及时引入碳税

及时引入碳税，是中国积极主动参与碳税国际协调的第一步。开征碳税，不仅向国际社会表明中国负责任的大国形象，而且按照税收国民待遇原则，只有这样，中国才能有机会与国际社会进行相应的碳税协调。

8.4.2.2 积极同发达国家通过签订税收协定等方式进行碳税协调

碳税的国际协调是未来的发展趋势，中国政府应积极主动同发达国家就碳税问题进行协调，通过国际双方谈判，与相应国家签订税收协定，争取与发达国家达成碳税“税收绕让”或预约碳税制度。

8.4.2.3 研究开征碳关税的可行性

在引入碳税的前提下，可以考虑研究开征碳关税：一方面是与发达国家就拟通过的碳关税问题针锋相对，表明中国政府在碳关税问题上的“共同但有区别责任”的立场；另一方面，这一作法与 WTO 的国民待遇原则不相违背。在中国的碳税基础上，积极开展与可持续发展和环境保护相协调的关税制度改革研究。制定和实施环境关税制度，有利于实现可持续发展。构建中国环境关税的基本思路是改革现行关税，开征新税种。制定环境进口关税要根据中国统一的环境标准，向对环境有一定的污染或可能造成环境污染的产品征收环境进口关税。其作用在于：提高进口质量，增加环境友好产品的进口。征收环境出口关税的主要对象是资源性产品（原材料、初级产品和半成品），主要目的是保护国内不可再生资源，减少其出口，鼓励高附加值的技术密集型产品的出口，优化出口商品结构[①]。

8.4.3 中国参与碳税国际协调的国别对策

中国参与碳税的国际协调，应在坚持总原则基础上，根据中国与不同国家在应对气候变化问题中的立场和关系的不同，区别对待，制定不同国别对策。

8.4.3.1 中美碳税的国际协调

1. 中美应对气候变化的分歧与合作

作为当今世界最大的两个能源消耗国和温室气体排放国，中美两国在应对气候变暖问题上既有着共同的利益，也存在着分歧。

在气候变化问题上，中美两国最主要的分歧在于，是否坚持“共同但有区别的责任”原则，即中国认为美国应该承认其在碳排放方面的历史责任，承诺强制性减排；而美国则反复强调发达国家与发展中国家的“共同责任”，认为中国应加入到全球性减排方案中来，主动承诺减排。这一冲突，在布什政府期间表现尤为明显。2001 年，布什总统以中国和其他发展中大国没有强制性减排目标为由拒绝加入《京都议定书》，使国际减排的进程遭受重大挫折。

自 2009 年初奥巴马入主白宫以后，在有关能源气候问题的内政外交政策方面都发生了一系列微妙的变化：奥巴马政府通过了大规模经济刺激计划，拨巨款发展新能源产业；积极开展“绿色外交”；与中国在气候变化领域合作方面，更是给予了特别的重视。2009 年，奥巴马政府的多名高官和国会议员相继访问中国，探讨加强两国在新能源领域应对气候变化问题上的合作。

---

① 碳关税同早在 20 世纪 70 年代的环境关税意义相近。广义来说，是指把保护环境的需要考虑在内的关税政策与制度。狭义上看，环境关税包括环境进口税和环境出口税。环境进口税是一国以保护环境为由，对入境的有严重污染或污染难以治理、影响生态环境的进口产品，以及大量消耗能源和自然资源的生产设备等，除了征收一般进口关税外，还另外课征进口附加税，限制其进口，以利于环境保护和治理，如 1987 年美国对从墨西哥、西欧等地进口的原料和石化产品征收环境进口附加税，用于重建有毒废料垃圾场等。环境出口税则是指一国输往国外的产品，如原材料、初级产品或半制成品，这些产品对进口国的污染极轻或几乎无污染，但消耗了出口国的大量资源，如果其生产过程或生产过程的残余物对环境产生损害，则对其征收环境出口税。

事实上，中美之间在减少温室气体排放，从而减缓气候变化可能引起的灾难性后果方面有着较强的合作动力，双方在节能减排、能源安全、应对金融危机和推动联合国多边气候谈判问题上都有着一致的利益。因此，中美在应对气候变化问题上的合作发展有着广阔的前景。正如 2009 年 1 月由美国亚洲协会美中关系研究中心与皮尤全球气候变化中心联合发布的《共同的挑战，协作应对——中美能源与气候变化合作路线图》的报告和布鲁金斯学会发布的题为《克服中美气候变化合作的障碍》报告中所提到的那样，如果中美在气候变化问题上加强合作，美国和中国也将在各自的能源安全、环境保护和确保本国人民经济繁荣方面更加接近。两国还将成功地建立起整体上更加稳固和有合作基础的中美双边关系，促使在《联合国气候变化框架公约》下达成更有效的多边协议和行动。相反，不进行合作有可能导致在能源和气候问题上新的相互指责，加深在战略意图上的彼此猜疑，给双边关系施加新的压力，进而削弱两国在一系列问题上合作的能力①。

中美双方在应对气候变化领域的合作很早就已经启动，已达成了一系列的合作机制（见表 8－3）。

表 8－3　　中美应对气候变化双边合作

年度	双边协定名称	有关应对气候变化内容
1985	《中美化石能技术开发与利用合作议定书》	2000 年，由中国科技部（原国家科委）和美国能源部续签。在续签的议定书中，气候科学被列入附件五，成为双方合作的新领域。具体由中国气象局、中国科学院和美国能源部负责执行，其目的是改进全球和区域气候模式，认识和预估区域气候变化及其相关影响。2006 年，中国科技部与美国能源部在北京续签了《中美化石能合作议定书》框架下关于电力系统、石油与天然气、能源与环境污染、气候科学等领域的四个附件，双方一致同意将合作期限延长至 2010 年。

① 方曙兵："中美应对气候变化挑战：弥合分歧，拓展合作"，《世界经济与政治论坛》，2009 年第 5 期。

续表

年度	双边协定名称	有关应对气候变化内容
1995	《中美能源效率和可再生能源技术发展与利用合作议定书》	该协议包含了三个可持续发展目标：（1）通过促进中国能源资源多元化，来提高世界能源安全度、降低未来对石油的需求；（2）在能源需求快速增长的同时，利用可再生能源及能源效率缓解对环境的破坏；（3）加强美国工业在中国能源市场的竞争力。通过发展能源效率和可再生能源，促进这些能源的合理利用，来满足中国农村电气化及环保的要求。
1999	《中国国家发展计划委员会和美国国家环保局关于清洁大气和清洁能源技术合作的意向声明》	该意向声明旨在：（1）进一步确认能够支持中国可持续发展优先领域；（2）确定通过中美双边合作能够推进的适合中国的有益于环境的能源技术；（3）分析并确定向中国进行技术转让的障碍；（4）提出克服这些障碍的建议。本项目将定位于具有提高经济发展效率，进一步确认能够支持中国可持续发展优先领域。在前期工作中，中国专家组已经确定了优先技术领域，包括高效电动马达、并入电网的风力发电、提高燃煤工业锅炉的效率和用于发电的清洁煤技术。
2000	《中美环境与发展合作联合声明》	中美重申坚决支持国际社会在《联合国气候变化框架公约》及其《京都议定书》下应对全球气候变化的努力。两国表示愿意就发达国家和发展中国家在气候变化合作方面考虑新的和创造性的思维和方式。
2004	《2008 年北京夏季奥运会清洁能源技术合作议定书》	为中美两国在 2008 年北京奥运会清洁能源技术方面的合作建立了基本框架。双方确定了包括天然气高效利用、燃料电池、奥运村能源规划、绿色建筑示范、水质量、智能交通、能源效率、大气质量、天气监测与预报、洁净煤技术等合作领域。
2008	《中美能源环境十年合作框架》及《中美能源环境十年合作框架下的绿色合作伙伴计划框架》	在十年合作框架下，建立第一阶段的五大合作目标：电力，发电和传输方面的节能、提高能效；交通运输领域的提高能效、减低排放；水污染的治理；大气污染的治理；森林和湿地的自然资源保护。
2009	《关于中美两国加强在气候变化、能源和环境合作的谅解备忘录》	备忘录虽未设立硬性目标，更多的是提供了一种对话框架，但在应对气候变化问题上，仍然具有重要意义。

除了上述中美双边合作机制外，中美二国还共同参与了多边合作机制，如亚太清洁发展和气候伙伴计划、国际甲烷市场化合作计划和主要经济体能源与气候变化会议等。同时，美国的一些环保团体也参与中国在气候变化领域的合作。虽然中美在气候变化领域已建立了多渠道、多层次、多领域的合作模式，但与中美在气候变化领域的合作潜力和需求相比，中美应对气候变化合作的进展是有限的，实质性合作项目少，合作的深度和广度有限。

2. 未来碳关税的冲突及中国应对方案

虽然中美在应对气候变化领域表现出了合作，但双方的冲突也不少，并在近年来呈现出不断“升温”的态势。2009 年 6 月份美国众议院通过的《清洁能源与安全法》宣称，要对包括中国在内的来自未采取措施减排温室气体国家的钢铁、水泥、玻璃、纸张等高污染产品采取“边境调节”措施，即当前热议的“碳关税”。本书的第 5 章已经对边境调节税在 WTO 规则下的合法性和在《联合国气候框架公约》下的合理性进行了具体的分析，认为“碳关税”模糊了发展中国家和发达国家之间对气候变化“共同但有区别的责任”，实际上以无差别的减排标准“共同”负担气候变化的减排成本费用，实施“碳关税”是对“共同而又有区别的责任”的否认，发展中国家应该联合起来进行抵制。

美国对中国不大可能采用碳税的边境调整措施，因为这与 WTO 的国民待遇原则相违背。美国所谓的碳关税，更多的是对达不到美国环境标准的产品，强制要求从总量排放与交易体系（CAT）或排放权交易体系（ETS）下购买排放额度。

中国在应对同美国的碳关税冲突时，应考虑如下对策：一是要积极运用现有的国际环境外交和贸易合作框架，以“共同但有区别的责任”原则为前提，坚持 WTO 相关原则，联合发展中国家共同抵制美国的企图；二是应在大力发展低碳经济的同时，适时开征碳税，不仅表现出中国在碳减排过程中负责任的大国姿态，也使中国在国际税收利益分配中抢占先机；三是研究对美国开征碳关税的可能性。

8.4.3.2　中国—欧盟碳税的国际协调

欧盟是中国第一大贸易伙伴、第一大出口市场、第一大技术供应方和第四大利用外资的来源地；中国是欧盟第二大贸易伙伴、第一大进口来源地，并跃居欧盟第三大出口市场。尽管受到国际金融危机的严重影响，中欧经贸合作仍然实现了平稳发展。据统计，2009 年前 10 个月中欧贸易额达到 2924 亿美元，占中国外贸总额的 16.7%。

中国和欧盟直接的贸易伙伴关系从另一个侧面也说明，在未来的环境与贸易的冲突中，来自于欧盟的冲突将占据重要的地位。法国早已提出要对发展中国家征收碳关税，虽然在欧盟内尚有异议，但随着哥本哈根会议的最终未能达成有法律约束力的协议，极有可能在后哥本哈根时代，欧盟各成员国会更加团结，从而推动碳关税的发展。如同瑞典环境大臣 Andreas Carl－gren 在 2010 年 1 月 15 日召开的欧盟国家环境与能源部长的非正式会议[①]上所说，“我们应该表明不满意哥本哈根的成果，欧盟将考虑使用我们的武器，迫使其他经济体来解决碳排放上升的问题。”由于欧盟在哥本哈根会议上的“失意”，各成员国强调欧盟在国际气候减缓与适应的谈判进程当中，应该表现得更加“强硬”一些。这个强硬的武器就是碳关税，尽管之前法国提出的碳关税举措在成员国内争议较大。

因此，研究中国和欧盟在应对气候变化领域的异同点，寻求合理的碳税国际协调路径意义重大。

1. 中国和欧盟在气候变化问题上的分歧和合作

就其对气候变化的责任和影响来说，中国和欧盟是全球气候变化治理的关键参与者。中国和欧盟之间在共同应对气候变化问题上存在着共同的关切和利益。双方都承认气候变化问题的存在及其危害，并强调共同应对气候变化问题的重要性。双方按照“共同但有区别的责任”原则以及各自不同的能力，积极寻求加强合作的途径。中欧之间在气候变化领域的合作不仅有多边层面的制度基础，也有双边层面的制度保障，从而使双方的合作富有成效。另一方面，中欧之间在一些特定的问题上显然存在着分歧。除了对美国的立场和态度持有不同的观点外，双方对“中国在后京都进程中的承诺问题”实际上观点也不同。欧盟希望中国更加积极地应对气候变化问题，在全球削减温室气体排放的过程中发挥更大的作用，并希望中国作出一定的减排承诺；而中国拒绝目前接受具有约束力的减排义务，并且强调发达国家应当在率先减排的同时，给予发展中国家资金和技术等方面的援助。

然而，这些分歧不会导致中欧在气候变化领域的关系走向对抗。对中国

---

① http://news.stockstar.com/info/Darticle.aspx?id=JL，20100118，00001712&columnid=955.

来说，通过与欧盟合作，可以获取一定的资金和技术，提高应对和适应气候变化的能力，从而有助于在全球气候变化治理中发挥更大的作用。对欧盟来说，如果能够赢得作为最大的发展中国家——中国的支持和合作，不仅有助于推动联合国框架下的全球气候变化治理，而且有助于在双边合作领域获得巨大收益。如果双方能够完善沟通对话和政策协调方式，双方的合作对全球气候变化治理和中欧关系都将产生积极而深远的影响。

2. 实际案例：中法之间碳税的国际协调

欧盟开征碳税的国家，未来会不会对中国采用边境税调节手段，或对进口的相同产品征收相同的税收等问题还是个未知数。作为欧盟成员国的法国，虽然目前没有开征碳税，但从法国提出的碳税方案在 2009 年的几起几落，不难看出法国政府引入碳税的决心。而法国更是对中国实施碳关税的积极推动者。因此，研究中法之间碳税的国际协调具有特殊意义。

未来法国可能会采取以下两项措施：一是谋求争取碳税的边境税收调整措施在 WTO 下的合法化；二是将碳税直接演化成“绿色”贸易壁垒。

（1）谋求碳税的边境税收调整措施在 WTO 下合法化。在法国引入碳税的前提下，法国将会寻求在 WTO 下使碳税边境税收调整措施合法化的途径。由于 WTO 对这个问题的处理态度还很模糊，碳税的边境税收调整措施能否合法化充满悬念。而一旦法国实施碳税的边境税收调整措施，根据法国的碳税法案，法国将对每吨二氧化碳征收 17 欧元的碳税。如果法国据此为标准，对中国进口产品进行边境调整，则意味着中国的产品要承受 17 欧元的碳税，即使中国开征碳税，以 10 元/吨二氧化碳计算，按照 1:9 的汇率计算，法国仍然可以向中国征收 143 元的进口碳税。如此巨大的差异，对中国的产品出口无疑是个沉重的负担。

（2）将碳税演化成“绿色”贸易壁垒。在本书第 5 章的分析中，我们已经提到，碳税作为国内的商品课税，不仅能对国产商品课征，而且可以对进口商品征税，所以一国政府完全可以利用国内商品税进行贸易保护。通过对本国很少生产，主要依靠进口的商品规定较高的国内商品税率，同时给予国内生产同类产品的本国企业一些帮助，那么该国完全可以利用国内商品税对本国生产的这类商品以及国产的其他替代品进口保护。因此，法国这次拟开征碳税，在国内就被指责欲通过国内税设置贸易壁垒。

我们认为，中法之间碳税的国际协调，应该按照发展中国家和发达国家碳税协调的国际模式，积极展开双边谈判，以税收协定的形式对碳税的

“税收绕让”或预约碳税税率制度达成一致意见。这在促进双方之间的贸易往来、促进中国同欧盟的贸易伙伴关系以及取得国际气候谈判新进展等方面都有积极的作用。

8.4.3.3 中国可能的区域性碳税国际协调模式：中国—东盟

区域性经济一体化是21世纪经济发展的一个重要特征。我国在区域经济合作和区域税收协调方面已经取得了一定成果，但是中国参与区域经济合作的起步晚，参与的区域性经济合作总体水平低，与欧洲、美洲、非洲和大洋洲的国家相比，在参与区域经济合作方面是远远落后的。在区域税收协调方面，主要还停留在降低关税这样的初级阶段。因此，中国未来在参与区域税收协调方面还有很大的发展空间。

从已有的中国参与区域性国际税收协调的实践看，主要是中国—东盟自由贸易区的国际税收协调。

1. 中国与东盟自由贸易区的国际税收协调现状

东盟是东南亚国家联盟的简称，包括原东盟6国（印度尼西亚、马来西亚、菲律宾、新加坡、泰国、文莱）和4个新成员国（越南、老挝、缅甸、柬埔寨），共10个国家，陆地总面积为450万平方公里，人口5.3亿。经过10年的构建，原东盟6国于2002年正式启动自由贸易区，其他新成员国也加快关税的削减速度。

虽然中国与东盟各国经济发展水平相差较大，但税收制度的差别并不突出。东盟各成员国税收占GDP的比重都在15%左右，税收结构也相类似。成员国间接税占税收总收入的比重均在50%左右，税种设置大致相同，因此，自中国与东盟10国在2002年签订《中国—东盟10国自由贸易区的基本框架协议》以来，与东盟各国的直接投资和经济合作不断加强，与东盟的税收协调也不断加强。

相比与欧盟经济一体化的区域性组织而言，东盟更多地表现为比较松散的自由贸易区。2000年11月，在新加坡举行的第四次中国—东盟领导人会议上，首次提出中国计划与东盟签署自由贸易协议。随后，中国和东盟有关部门就建立自由贸易区（China - ASEAN Free Trade Area，简称CAFTA）问题进行了多次接触，就CAFTA的目标、原则、内容、时间框架以及法律依据进行了全面的磋商。2002年11月4日，在柬埔寨举行的第六次中国—东盟领导人会议上，中国与东盟正式签署了《中华人民共和国与东盟全面经济合作框架协议》（以下简称《10+1》协议》），至此CAFTA正式启动。《10+1协议》主要涉及货物贸易自由化、服务贸易自由化和经济技术合作，计划中国与东盟双方从2005年起开始正常产品的降税，2010年，把文莱、中国、印度尼西亚、马来西亚、菲律宾、新加坡和泰国建成自由贸易区；2015年，中国与东盟10国建成自由贸易区。届时，中国和东盟将实行零关税，取消非关税壁垒，最终实现货物贸易自由化、服务贸易自由化、建立开放和竞争的投资机制、建立有效的贸易与投资便利化措施、逐步拓展合作争议领域等目标。

2004年1月，"早期收获"[①]（Early Harvest program）计划开始实施，对东盟的600多种进入中国市场产品率先实行零关税。2004年11月29日，东盟与中国领导人第八次会议上，中国与东盟共同签署了《中国—东盟全面经济合作框架协议货物贸易协议》（简称《货物贸易协议》）和《中国—东盟全面经济合作框架协议争端解决机制协议》，表明CAFTA的建设已进入全面合作的阶段。前者规定从2005年7月20日起，双方正式开始对原产于对方的7 000余种产品予以关税优惠待遇，后者为贸易争端的解决提供了法律基础。2007年1月，中国与东盟领导人共同签署《东盟—中国全面经济合作框架协议服务贸易协议》，这标志着CAFTA建设向前迈出关键的一步，有力地促进了双方服务贸易合作。

自中国与东盟10国签定自由贸易区协定后，双边的贸易有了长足的发展。2004年，双边贸易额提前1年实现了1 000亿美元的目标。2007年达到2 025亿美元，提前3年实现2 000亿美元的目标。双边贸易额占全球贸易总额的比重由2004年的1.2%上升到2007年的1.5%。2008年，双边贸易额达2 311.2亿美元，同比增长13.9%。截至2008年底，东盟对华投资累计达520亿美元，前三位依次是新加坡、马来西亚和泰国。同时，中国对东盟的投资也出现了快速增长态势。2008年中国对东盟直接投资达21.8亿美元，同比增长125%。越来越多的中国企业把东盟国家作为主要投资目的地[②]。2010年1月1日，中国—东盟自由贸易区，这个拥有19亿消费者的世界最大自由贸易区正式建立。整个自由贸易区的国内生产总值达6万亿美

---

① 早期收获计划（Early Harvest Program）是在中国—东盟自贸区框架下最先实施的降税计划，是根据2002年11月签署的《中国与东盟全面经济合作框架协议》而实施的。

② 龙朝晖等："中国—东盟贸易自由化中的税收协调"，《亚非纵横》，2010年第1期。

元，贸易总额达4.5万亿。自中国—东盟自贸区全面建成以来，双边经贸合作的积极效果已初步显现。据统计，2010年1—2月中国—东盟贸易额391.2亿美元，同比大幅增长66%，其中中方出口同比增长53%，进口增长80%。目前，双方互为第三大贸易伙伴。同时，中国—东盟双向投资不断增加。截至2010年2月底，中方企业在东盟直接投资存量已达85.7亿美元，2010年底有望接近或达到100亿美元。目前，东盟已成为中国企业“走出去”的主要目的地之一。此外，双方在基础设施、农业、旅游、紧急救灾等领域的合作也初见成效。

在东盟自由贸易区获得长足发展的同时，需要关注的是，中国与东盟的税收协调主要还停留在关税协调层面，而国内税制的协调基本没有涉及。虽然成员国之间签署了不少双边税收协定，但税收协定网络并不健全，柬埔寨没有与中国及其他成员国签署任何税收协定，老挝、缅甸签署的税收协定也非常少。就中国和东盟成员国而言，与柬埔寨、缅甸都还没有签订税收协定。另外，国际税收管理方面的协调与合作尚未形成有效机制，税收信息交换仍只限于双边税收协定中传统条款的规定，而反避税的合作也没有真正展开。

2. 中国与东盟碳税国际协调的未来方向

中国与东盟的间接税协调已经取得了初步成效，在应对气候变化问题上，中国参与碳税国家协调最有可能的区域模式选择就是中国与东盟自由贸易区形式。

(1) 中国与东盟在应对气候变化问题上的异同点。2009年11月召开了东盟环境部长会议东盟国家就碳气体减排、减轻地球温室效应等方面问题达成协议，并提交到哥本哈根会议上。会议提出东盟成员国家应努力控制平均气温上升不超过2℃，或将造成大气层形成温室效应的二氧化碳气体的浓度控制在450ppm的保护地球的目标，各国所采取的具体、合理的环保措施细节由各国自行决定。会议还对“G7＋中国”会议提出的要求各个发展中国家要建立实施减少排放二氧化碳温室效应气体及其影响的扶持基金的提议表示认同，认为应按发达国家的GDP的0.5%—1%的比例来建立相关的基金，而且基金来源主要由政府负担。同时发达国家在应对减碳、防止地球气候暖化方面应该有更加积极的动作①。这些观点体现了发展中国家的共同利益，

① http：//www.china.com.cn/international/txt/2009-11/30/content_18979774.html.

与中国在应对气候变化问题上的观点是一致的。

(2) 区域性碳税国际协调的取向。中国—东盟税收协调大体还是可以遵循“关税—商品税—所得税”的协调路线，但这并不意味着这三个阶段不可逾越，而是可以同时兼顾。只是阶段不同，侧重点不同。首先，要通过规范各国国内税制，减少税制差异，以减少东亚区域范围内阻碍商品流动的税收因素；其次，广泛开展中国与东盟国家间的税收情报交换，及早建立中国与东盟国家间的税收征管互助机制，减少围绕资本所进行的有害国际税收竞争；再次，还可以通过创建“区域性税收合作论坛”，建立有关国家财政和税务机构高层官员的会晤机制。在此基础上，通过协商和对话逐步协调区域内国家税种、税率和税基。

碳税的国际协调可以作为中国与东盟间接税协调的一部分，但由于双方都没有开征碳税，因此短期内似乎不存在着税收利益冲突的问题。但必须认识到，碳税的国际协调是未来应对气候变化的国际趋势，中国与东盟应提高意识，未雨绸缪。首先，引入碳税。由于东盟大多是发展中国家，属于《京都议定书》附件 2 的国家，没有强制减排的承诺。因此，积极引入碳税，完善环境税制，不但可以表明发展中国家减排的决心，也为主动参与碳税国家协调，促进经济全球化发展作出贡献。其次，在引入碳税后，可以考虑设置最低碳税税率标准，进行碳税区域性国际协调。

主要参考文献

著作类

1. 庇古:《福利经济学》(金镝译), 华夏出版社 2007 年版。

2. 马歇尔:《经济学原理》(朱志泰译), 商务印书馆 2005 年版。

3. 科斯等:《财产权利与制度变迁》, 上海人民出版社 1994 年版。

4. 锡德里克·桑德福:《成功税制改革的经验与问题》(第四卷), 中国人民大学出版社 2001 年版。

5. 蕾切尔·卡逊:《寂静的春天》, 吉林人民出版社 1997 年版。

6. [美] 曼瑟尔·奥尔森:《集体行动的逻辑》(陈郁等译), 上海人民出版社 2003 年版。

7. K·汉米尔顿等:《里约后五年》(张庆丰等译), 中国环境科学出版社 1998 年版。

8. OECD,《环境管理中的经济手段》, 中国环境科学出版社 1996 年版。

9. OECD,《环境税的实施战略》, 中国环境科学出版社 1996 年版。

10. OECD,《国际经济手段和气候变化》, 中国环境科学出版社 1996 年版。

11. OECD,《税收与环境: 互补性政策》, 中国环境科学出版社 1996 年版。

12. OECD,《贸易的环境影响》, 中国环境科学出版社 1996 年版。

13. 王金南:《环境经济学》, 清华大学出版社 1994 年版。

14. 中国气候变化国别研究组:《中国气候变化国别研究》, 清华大学出版社 2000 年版。

15. 武亚军、宣晓伟:《环境税经济理论及对中国的应用分析》, 经济科学出版社 2002 年版。

16. 葛查忠、王金南、高树婷主编:《环境税收与公共财政》, 中国环境科学出版社 2006 年版。

17. 杨金田、葛查忠等编:《环境税收的新发展: 中国与 OECD 比较》, 中国环境科学出版社 2000 年版。

18. 苏明、傅志华:《中国节能减排的财税政策研究》, 中国财政经济出版社 2008 年版。

19. [美] 威廉·J·鲍莫尔等:《环境经济理论与政策设计》(严旭阳译), 经济科学出版社 2003 年版。

20. 胡鞍钢、管清友:《中国应对全球气候变化》, 清华大学出版社 2010 年版。

21. 崔大鹏:《国际气候合作的政治经济学分析》, 商务印务馆 2003 年版。

22. 王伟光:《应对气候变化报告 (2009)》, 社会科学文献出版社 2009 年版。

23. 蔡林海:《低碳经济, 绿色革命与全球创新竞争大格局》, 经济科学出版社 2009 年版。

24. 2050 中国能源和碳排放研究课题组:《2050 中国能源和碳排放报告》, 科学出版社 2009 年版。

25. 课题组:《中国可持续能源实施"十一五"20% 节能目标的途径与措施研究》, 科学出版社 2008 年版。

26. 张坤民:《可持续发展论》,《中国环境科学出版社》1997 年版。

27. [法] 亚历山大·基斯:《国际环境法》(张若思编译), 法律出版社 2000 年版。

28. 解学智、刘尚希:《公共收入》, 中国财政经济出版社 2000 年版。

29. 刘尚希:《公共风险视角下的公共财政》, 经济科学出版社 2010 年版。

30. 俞可平等:《全球化: 全球治理》, 社会科学文献出版社 2001 年版。

31. [英] 戴维·赫尔德等:《全球大变革——全球化时代的政治、经济与文化》(杨雪冬等译), 社会科学文献出版社 2000 年版。

32. 陈共:《财政学》, 四川人民出版社 1994 年版。

33. 邓力平:《国际税收竞争: 基本分析、不对称性与政策启示》, 经济科学出版社2009年版。

34. 计金标：《生态税收论》，中国税务出版社2000年版。

35. 王雍君：《税制优化原理》，中国财政经济出版社1995年版。

36. 刘剑文：《国际税法》，北京大学出版社1999年版。

37. 靳东升：《税收国际化趋势》，经济科学出版社2003年版。

38. 朱青：《国际税收》，中国人民大学出版社2004年版。

39. 边曦：《东盟十国税收制度》，中国财政经济出版社2007年版。

40. 曾国祥：《税收学》，中国税务出版社2000年版。

报纸期刊类

1. 刘尚希："财政风险：一个分析框架"，《经济研究》，2003年第5期。

2. 刘尚希："论公共风险"，《财政研究》，1999年第9期。

3. 刘尚希："财政风险：防范的路径与方法"，《财贸经济》，2004年第12期。

4. 周战超："风险文明：一种新的解释范式"，《马克思主义与现实》（双月刊），2005年第6期。

5. 周战超："当代西方风险社会理论引述"，《马克思主义与现实（双月刊）》，2003年第3期。

6. 杨雪冬："风险社会理论述评"，《国家行政学院学报》，2005年第1期。

7. 陈迎："国际环境制度的发展与改革"，《世界经济与政治》，2004年第4期。

8. 方曙兵："中美应对气候变化挑战：弥合分歧，拓展合作"，《世界经济与政治论坛》，2009年第5期。

9. 许航敏："全球公共产品：演进的公共产品理论"，《地方财政研究》，2007年第4期。

10. 张坤民："低碳世界中的中国：地位、挑战与战略"，《中国人口·资源与环境》，2008年第3期。

11. 邵任薇、彭未名："全球公共问题治理：制度与途径"，《武汉大学学报》，2007年第6期。

12. 汪晓风："从相互依赖到全球化国际合作理论的发展"，《国际论坛》，2002 年第 2 期。

13. 张海滨：“中美应对气候变挑战与机遇”，《国际经济评论》，2007 年第 11—12 期。

14. 马小军等：“全球气候变化中的政治风云——‘巴厘岛路线图’诞生始末”，《国际瞭望》，2008 年第 2 期。

15. WTO 与 UNEP 联合报告：“贸易与气候变化”（李威编译），《世界贸易组织动态与研究》，2009 年第 9 期。

16. 谢来辉、陈迎：“碳泄漏问题分析”，《气候变化研究进展》，2007 年第 7 期。

17. 马建平：“国际边境碳调整问题研究述评”，《经济论坛》，2009 年第 8 期。

18. 龙朝晖等：“中国东盟贸易自由化中的税收协调”，《亚非纵横》，2010 年第 1 期。

19. 凌岚：“建立国际税收组织的动议、发展趋势与我国的对策”，《涉外税务》，2004 年第 5 期。

20. 钟晓敏：“欧盟税收政策的协调：过去、现在与未来”，《涉外税务》，2003 年第 12 期。

21. 齐晔等：“中国进出口贸易中的隐含碳估算”，《中国人口资源与环境》，2008 年第 3 期。

22. 陈迎等：“中国外贸进出口商品中的内涵能源及其政策含义”，《经济研究》，2008 年第 7 期。

23. 于宏源：“国际环境合作中的集体行动逻辑”，《世界经济与政治》，2007 年第 5 期。

24. 崔晓静：“负责任税收主权与国际税收协调”，《光明日报》，2009 年 11 月 24 日。

25. 章国锋：“全球风险社会”：困境与出路——贝克的‘世界主义’构想”，《马克思主义与现实》（双月刊），2008 年第 2 期。

26. 陈新平、周劲松：“碳关税若干问题研究”，《宏观经济管理》，2009 年第 12 期。

27. 李齐云、商凯：“二氧化碳排放的影响因素分析与碳税减排政策设计”，《财政研究》，2009 年第 10 期。

28. 傅京燕：“国际贸易中‘污染避难所效应’的实证研究述评”，《中国人口·资源与环境》，2009 年第 19 卷第 4 期。

29. 刘强等："中国出口贸易中的载能量及碳排放量分析"，《中国工业经济》，2008 年第 8 期。

30. 邓子基、韩瑜："促进循环经济发展的税收制度设计"，《税务研究》，2008 年第 3 期。

31. 徐华清："发达国家能源税制变化趋势及碳税特征"，《中国能源》，1996 年第 8 期。

32. 魏一鸣等："关于我国碳排放问题的若干对策与建议"，《气候变化研究进展》，2006 年第 1 期。

33. 王金南等："减排温室气体的经济手段：许可证交易和税收政策"，《中国环境科学》，1998，18（1）：16—20。

34. 王金南等："应对气候变化的中国碳税政策研究"，《中国环境科学》，2009，29（1）。

35. 苏明等："碳税的国际经验与借鉴"，《环境经济》，2009 年第 9 期。

36. 苏明等："我国开征碳税的效果预测和影响评价"，《环境经济》，2009 年第 9 期。

37. 苏明等："我国开征碳税问题研究"，《经济研究参考》，2009 年第 72 期。

38. 贺小勇："论世贸组织制下的环境边境税调整"，《国际商务》，1997 年第 5 期。

39. 马中、蓝虹："贫困约束下对消费者征收环境税的绩效分析"，《复旦学报》，2005 年第 2 期。

40. 马杰、陈迎："碳税：减排温室气体的重要税收制度"，《涉外税务》，1999 年第 9 期。

41. 张克中、杨福来："碳税的国际实践与启示"，《税务研究》，2009 年第 4 期。

42. 陈洪宛、张磊："我国当前实行碳税促进温室气体减排的可行性思考"，《财经论丛》，2009 年第 1 期。

43. 徐玉高等："再分配碳税收入的国际碳税机制的经济分析"，《数量经济技术经济研究》，1998 年第 4 期。

44. 福建省国税局课题组："欧盟间接税协调的回顾与启示"，《涉外税务》，2006 年第 3 期。

45. 徐玉高等："一种部分碳税机制的经济分析"，《中国环境科学》，1998，18（6）：521—523。

46. 王淑芳："碳税对我国的影响及其政策响应"，《绿色经济》，2005 年第 10 期。

47. 张健等："碳税与碳排放交易对中国各行业影响"，《现代化工》，2009 年第 6 期。

48. 张梓太："关于我国碳税立法的几点思考"，《法学杂志》，2010 年第 2 期。

49. 周剑、何建坤："北欧国家的碳税研究与启示"，《环境保护》，2008 年第 11 期。

50. 秦艳艳："关于国际税收中性原则的探讨"，《内蒙古科技与经济》，2009 年第 3 期。

51. 金慧华："多边贸易体制下的碳税问题探析"，《社会科学》，2009 年第 1 期。

52. 林成："从市场失灵到政府失灵——外部性理论及其政策的演进"，辽宁大学博士论文，2007 年 6 月。

53. 邢丽："对我国开征独立的环境税的设想"，《经济研究参考》，2009 年第 5 期。

54. 邢丽："开征环境税：结构性减税中的'加法'效应研究"，《税务研究》，2009 年第 7 期。

55. 贾康、王桂娟："改进完善我国环境税制的探讨"，《税务研究》，2000 年第 9 期。

56. 魏陆："我国应对全球气候变暖的税制绿化分析"，《税务研究》，2008 年第 3 期。

57. 宁学敏："我国碳排放与出口贸易的相关关系研究"，《生态经济》，2009 年第 11 期。

58. 张海滨："应对气候变化：中日合作与中美合作比较研究"，《世界政治与经济》，2009 年第 1 期。

59. 刘强等："中国出口贸易中的载能量及碳排放量分析"，《中国工业经济》，2008 年第 8 期。

60. 余慧超、王礼茂："中美商品贸易的碳排放转移研究"，《自然资源学报》，2009 年 10 月。

61. 冯相昭：“高度重视气候变化与国际贸易关系新动向”，《环境保护》，2008 年第 22 期。

62. 曲如晓等：“贸易与气候变化：国际贸易的新热点”，《国际贸易》，2009 年第 7 期。

63. 王军：“气候变化经济学的文献综述”，《世界经济》，2008 年第 8 期。

64. 李伟等：“关于碳税问题的研究”，《税务研究》，2008 年第 3 期。

65. 张明文等：“碳税对经济增长、能源消费与收入分配的影响分析”，《技术经济》，2009 年第 6 期。

66. 童锦治、朱斌：“欧洲五国环境税改革的经验研究与借鉴”，《财政研究》，2009 年第 3 期。

67. 魏涛远、格罗姆·斯洛德：“征收碳税对中国经济与温室气体排放的影响”，《世界经济与政治》，2002 年第 8 期。

68. 龙朝晖：“中国—东盟贸易自由化中的税收协调”，《亚非纵横》，2010 年第 1 期。

69. 张会萍：“环境税及其国际协调”，厦门大学博士论文，中国知网博士论文库。

70. 常世旺：“国际区域性税收协调——理论与实证分析”，山东大学博士论文，中国知网博士论文库。

71. 李爽：“WTO 争端解决机制对 GATT 第 3 条和第 20 条的解释和适用”，吉林大学硕士论文，2006 年。

72. 潘岳：“中国需要什么样的环境经济新政策”，《中国经济时报》，2007 年 9 月 13—14 日。

73. 李芙蓉、郭红雨：“100 多位美国市长聚焦‘碳税’”，《中国税务报》，2007 年 11 月 14 日第 5 版。

74. “拉米表示世贸组织尚未向碳关税开绿灯”，《中国气象报》，2009 年 9 月 15 日。

75. 周勇刚：“丹麦能源发展战略：节能与环保并举”，《中华工商时报》，2007 年 4 月 16 日。

外文类

1. Pigou, A. C, Socialism Versus Czpitalism, London, Macmillan & Campany, 1947, p42 -44.

2. Cordato, Roy E. , Welfare Economics and Externalities in an Open Ended Universe, A Modern Austrian Perspective, Boston, Kluwer Academic Publishers, 1992, p 140.

3. Baumol, W. J, Oates, W. E, The Theory of Environmental Policy, 2nd ed. , Cambridge: Cambridge University Press, 1988.

4. Cordato, Roy E. , Welfare Economics and Externalities in an Open Ended Universe, A Modern Austrian Perspective, Boston, Kluwer Academic Publishers, 1992, p 10140 .

5. Baumol, W. J, Oates, W. E, The Use of Standards and Prices for Protection of the Environment, Swedish Journal of Economics, 1971, 73: 42 -54.

6. Oates. W. E. , Strassmann. D. L. , Effluent Fees and Market Structure, Journal of Public Economics, 1984, 24: 29 -46.

7. Fullerton, Don and Garth Heutel, The General Equilibrium Incidence of Environmental Taxes, Working Paper 11311, National Bureau of Economic Research, 2005.

8. Ulrich Beck, 1992, Risk Society: Towards a new modernity, translated by Mark Ritter. London: Sage Publications, p21.

9. Oran Young, "The Politics of International Regime Formation: Managing Natural Resources and the Environment," International Organization, Vol. 43, 1989, pp. 336 -360.

10. Gilbert E, Metcalf. A distributional analysis of an environmental tax shift [J]. NBER Working Paper No. 6546, May 1998 JEL Nos. H22, H23.

11. Kai Schlegelmilch, The impact of the ecological tax reform in Germany, 2007.

12. Kevin Siqueira, International Externalities, Strategic Interaction, and Domestic Politics [J]. Journal of Environmental Economics and Management, 2003, (45): 674 -691.

13. An international carbon tax to combat global warming: an economic and

political analysis of the European Union proposal, American Journal of Economics and Sociology, July, 1995 by Bernard P. Herber, Jose T. Raga.

14. Paltsev S V. The Kyoto agreement: regional and sectoral contributions to the carbon leakage [J]. The Energy Journal, 2001, 22(4):53 -79.

15. McKibbin W, Ross M T, Shackleton R, et al. Emissions trading, capital flows and the Kyoto Protocol [J]. The Energy Journal (special issue onthe Kyoto Protocol), 1999: 287 -333.

16. Dale Chua, The Scope For Economic Instruments For Mitigating redients, Global Environmental Problems, TEGMFI, 183 -195.

17. Using the Market for Cost - effective Environmental Policy, EEA REPORT, NO. 1, 2006.

18. Effectiveness of environmental taxes and charges for managing sand, gravel and rock extraction in selected EU countries, EEA REPORT, NO. 2, 2008.

19. Energy and environment report 2008, EEA Report, No 6/2008.

20. Environmentally Related Taxes and Tradable Permit Systems in Practice. COM/ENV/EPOC/CTPA/CFA (2007) 31/FINAL, 11 -Jun -2008.

报告类

1. UNDP:《2007/2008 人类发展报告—应对气候变化:分化中的人类团结》, 2008 年。

2.《联合国气候框架公约》, 联合国, 1992 年。

3. Jean - Philippe Barde 等:《环境税国际经验报告》, 中国环境与发展国际合作委员会专题报告, 2009 年。

4. IPCC 核心撰写组:《气候变化 2007 综合报告》, 2007 年。

网站类

1. http://www2. oecd. org/ecoinst/queries/index. htm

2. http://energy. amr. gov. cn

3. http://world. people. com. cn

4. http://www. 65et. com/news/1/20080814110437. html

5. http://zt. bjwmb. gov. cn/dtbjwxx/gjtt/t20100330_290083. html

6. http://www.gmw.cn/CONTENT/2009－11/29/content_1013915.htm

7. http://consulate－fukuoka.fmprc.gov.cn

8. http://www.022net.com/2009/12－30/526454403393041.html

9. http://www.china.com.cn/international/txt/2009－11/30/content_18979774.html

10. http://www.carbontax.org

11. www.mof.gov

后　记

本书是在博士论文修改基础上完成的。选择这样的一个题目，颇有点“小题大做”的感觉，起源于很早就有的环境税研究情结。早在 1997 年，我硕士刚毕业分配到财科所工作，所承担的第一个国际项目就是亚洲银行的技术援助项目——基于市场机制下的环境经济手段。作为中方的财经专家，我得以较早地了解环境税及其在环境污染控制中的重要作用。之后，我的诸多研究与环境税结下不解之缘，先后参与了 UNDP 的《中国环境税制度设计》和财政部、国家税务总局以及国家环保部组织的《我国开征环境税的总体思路和初步建议》等课题，积累了大量的第一手研究资料。但在做了诸多制度设计研究后，发现自己的研究视角过窄，一国的研究视角是被动的，站在国际视角研究才能争取中国未来在低碳经济中的话语权。同时，也是为了挑战自我，在导师刘尚希的精心指导下，几易其稿，终于完成。

师从刘尚希研究员，使我三年的求学生涯收获颇多。老师严谨的治学风格和创新与超前的意识，开阔了我的视野，启迪了我的思路。老师“不但要学做学问，还要学会做人”的教诲，更使我振聋发聩，受益终生。论文从提纲的形成，到初稿的修改，无一不凝聚着老师的辛劳。在此，我对老师多年的辛勤栽培和谆谆教诲表示衷心的感谢！

三年的学习期间，所内的领导和同事给了我诸多的关心和帮助，使我得以顺利完成学业。贾康、苏明、王朝才、白景明各位所长对我的关怀；杨照南、孙钢、吕旺实、马晓玲老师对我的悉心教诲；研究生部罗文光主任，张东明、孟翠莲、王萍、李兰、赵琪、曾静、郑斐斐等老师对我的帮助，我都铭记在心。

本书的写作，还得益于我的同事和同学的热心帮助。写作中的每个

“瓶颈”，都在他们的讨论中集思广益，豁然开朗。张学诞、许文、梁季、胥玲、施文泼等同事从论文的构建到最终的形成，都提出了宝贵的意见。高小平、万寿琼、黄燕飞等好友更是用关心和帮助伴我度过了写作中最困难的时光。每念于此，我都满怀感激之情。

家人的爱是我顺利完成本书的动力源泉。年迈的父母为了我能安心写作，不顾体弱多病，帮我照看孩子。先生陈波，更是在繁忙工作之余，承担大量的家务，从本书的构思到最终的文稿审校给我极大的帮助，深夜中的相伴读书和那盏始终是温热的铁观音，都让我感到无限温馨。上小学的儿子，更是成为我的精神动力，每每看着他挥着胖胖的小手，欢声高唱：“老妈，加油！为了 happy！”我就会心一笑，摈弃杂念，专心写作。

本书能得以顺利付梓，还得到了中国财政经济出版社的伍景华、陆宗祥等老师的帮助。他们为本书的总体设计、编辑、核校等做了大量的工作。在此对他们表示诚挚的谢意。

另外，限于自身的能力和各方面条件制约，本书肯定存在着很多的错误和不足，恳请各位专家、学者给予批评指正。

邢　丽

2010 年 5 月 22 日

于北京定慧寺丽雅小筑